주님의
기도로
피정하기

EJERCICIOS ESPIRITUALES CON EL PADRENUESTRO
Pablo Domínguez Prieto

© SAN PABLO 2011 (Protasio Gómez, 11-15. 28027 Madrid, Spain)
　www.sanpablo.es
© José Manuel Domínguez Rodríguez - María del Pilar Prieto Duplá, 2011
Korean translation copyright © 2025 by ST PAULS, Seoul, Korea

주님의 기도로 피정하기

초판 발행일 2025. 6. 13
1판 2쇄 2025. 8. 6

글쓴이 파블로 도밍게스 프리에토
옮긴이 강기남
펴낸이 강병완

펴낸곳 성바오로
출판등록 7-93호 1992. 10. 6
주소 서울특별시 강북구 오현로7길 20(미아동)

취급처 성바오로보급소　**전화** 944-8300, 986-1361
팩스 986-1365　**통신판매** 945-2972
E-mail bookclub@paolo.net
인터넷 서점 www.paolo.kr

책값은 뒤표지에 있습니다.
ISBN 978-89-8015-959-8
교회인가 서울대교구 2025. 1. 3　SSP 1102

성경·전례문·교회 문헌 ⓒ 한국천주교중앙협의회, 2025.

• 이 책은 저작권법의 보호를 받으므로 무단전재와 무단복제를 금합니다.
이 책 내용의 전부 또는 일부를 재사용하려면 반드시 저작권자와 성바오로출판사의 동의를 얻어야 합니다.

주님의 기도로 피정하기

파블로 도밍게스 프리에토 글
강기남 옮김

머리말

지극히 사랑하는 저의 주님, 제 삶의 모든 순간, 그 어떤 상황에서도 참되고 거룩한 사제의 모습으로 살아갈 수 있도록 성령의 도우심을 간절히 청하나이다.

평생 동정이신 성모님의 전구 아래 저 자신을 거룩한 성교회의 기도에 온전히 의탁하나이다.

주님, 당신을 거스르는 죄 속에 사느니 차라리 죽음을 허락해 주소서. 죄로 가득한 영혼의 죽음보다는 차라리 육신의 죽음을 제게 허락해 주시기를 간절히 비옵나이다.

저의 하느님, 주님께서 주신 용서의 선물에 참으로 감사드리나이다. 또한 주님께서 주신 사제직이라는 큰 은총에 깊은 감사의 마음을 바치나이다.

무엇보다도, 사람들이 주님의 용서를 받게 하는 도구로 부족한 저를 선택하시어 사제로 불러 주심에 진심으로 감사드리나이다. 아멘.

- 2007년 4월 5일 성목요일
아직 공개되지 않은 파블로 도밍게스 신부의 일기 중에서 파블로 도밍게스 신부님은 자신이 받은 사제직의 은총과 직무에 대해 깊은 감사와 기쁨을 자주 표현하곤 했습니다. 1991년 4월 20일 마드리드에서 사제품을 받은 이후, 파블로 신부님은 다른 사제들을 위한 피정 지도를 하는 데 특별한 소명을 느꼈습니다. 그래서 신부님은 사제들에게 피정을 지도하는 것이 자신의 특별한 소명이라고 여러 차례 고백했습니다. 2009년 1월 콜롬비아에서 교구 신부님들을 대상으로 진행된 피정 강의가 이 책으로 출간되었습니다. 당시 파블로 신부님의 전후 상황을 간략히 소개하는 것이 이 책을 이해하는 데 도움이 될 듯합니다.

2008년 12월, 파블로 신부님은 여러 해 동안 매월 두세 차례 방문하던 레르마(Lerma, 마드리드에서 200km 떨어진 마을)를 다시 찾았습니다. 나중에 '예수 공동체(Iesu Communio)'로 불리게 된 수녀님들의 공동체를 영적으로 돌보기 위해서였습니다. 파블로 신부님은 그 수녀님들과의 만남이 자신에게도 큰 기쁨을 가져다준다고 가족들에게 말하곤 했습니다. 멀리 떨어진 곳이었지만, 당일치기로 그 공동체를 방문해야만 했습니다. 왜냐하면 일상적인 업무 외에도 「논리학 매뉴얼Manual de Lógica」(BAC, 2010)과 신학 박사 논문인 「신학적 유비La analogía teológica」(산 다마소 신학교Teología San Dámaso, 2009)를 동시에 마무리해야 한다는 압박감을 느끼고 있었기 때문입니다.

결국 파블로 신부님은 논문을 성탄절 직전에 완성했고, 그해 성탄절은 가족과 가장 많은 시간을 보낸 특별한 날이었습니다. 하지만 집에 있으면서도 신자들을 돌보고 전화를 받고 계속 바쁘게 여기저기 다니며, 여러 문제를 해결하기 위해 신학교에도 며칠간 다

녀왔습니다.

　12월 27일, 파블로 신부님은 시구엔사Sigüenza로 떠나 피정에 참여했습니다. 새해를 맞이하자마자 우에스카Huesca에 있는 산에 이틀 동안 오르고, 다시 본당으로 돌아와 사목 활동과 신학 공부를 병행했습니다. 그렇게 바쁜 와중에도 시토회 수도자들과 며칠 동안 만나 학술 연구를 위한 회의에도 참석했고, 안토니오 마리아 루코 바렐라Antonio María Rouco Varela 추기경님과 식사도 함께했습니다. 그러나 그 시절 가장 놀라웠던 일은 교황님과의 면담 요청이 신속하게 받아들여졌던 사실이었습니다. 파블로 신부님은 1월 15일에 로마로 떠나, 다음 날 오전 11시에 베네딕토 16세 교황님과 개인 면담을 했습니다. 교황님과의 면담 후에는 루코 추기경님과 카니사레스Cañizares 추기경님도 만났습니다. 이 두 추기경님과는 계속 친밀한 관계를 유지해 왔습니다. 로마 일정을 마치고 마드리드로 돌아온 다음 날, 파블로 신부님은 친구였던 페레르Ferrer 본당의 헤수스 라파엘 로퀘로Jesús Rafael Roquero 신부님이 선종했다는 소식을 듣고 큰 충격을 받았습니다. 그러나 2009년 1월 18일, 파블로 신부님은 콜롬비아 킨디오Quindío주의 아르메니아Armenia로 곧바로 떠나야만 했습니다. 아르메니아 교구 사제들을 대상으로 한 피정 지도를 다음 날부터 시작해야 했기 때문입니다. 이 피정은 파비오 두케Fabio Duque 주교님의 초청으로 이루어졌으며, 피정 주제는 '주님의 기도로 피정하기'였습니다.

　피정을 마친 후, 1월 27일에 마드리드로 돌아온 파블로 신부님은 논리학과 관련된 저술 작업을 계속하면서 많은 사람들을 만나는 한편, 매일 부모님을 방문해 건강을 살폈습니다. 2월 3일에는 산티아고 마르틴Santiago Martín 신부님이 주관하는 변증법Apologética 포럼에서 '이성의 위기'라는 주제로 강연했습니다. 이 장면은 후안 마누엘 코텔로Juan Manuel Cotelo가 제작한 다큐멘터리 영화 '라 울티마 시마(La última cima, 마지막 정상)'[1]에서 확인할 수 있습니다.

또한 산 다마소 신학교의 학장으로서, 2011년 마드리드 세계 청년 대회를 위한 문화 행사와 프로그램을 마련하라는 루코 추기경의 요청을 받고 즉시 준비에 착수했습니다.

2월 4일에는 베르토네Bertone 추기경님을 비롯한 여러 주교님들과 회의를 했습니다. 2월 5일엔 콜메나르 비에호Colmenar Viejo의 산타 테레사Santa Teresa 본당에서 열린 '가정'을 주제로 한 심포지엄에서 몸신학과 관련된 강연을 했습니다. 2월 10일에는 나바라Navarra의 툴레브라스Tulebras로 이동해 시토회(트라피스트) 수녀님들을 대상으로 피정을 지도했습니다. 이 피정은 2009년 11월 「HASTA LA CUMBRE」[2]라는 제목으로 출간되었습니다.

이렇게 바쁜 와중에도 파블로 신부님은 조금도 지친 기색 없이 기쁨과 평화 속에서 살았습니다. 하지만 건강이 걱정되었던 저는 2월 14일에 파블로 신부님에게 전화를 걸어 삶의 속도를 조금만 늦추시면 어떻겠냐고 조언했습니다. 그때 신부님의 답변은 지금도 제 마음속에 깊이 남아 있습니다. "시간은 하느님의 선물이잖아

---

1 유튜브에서 검색하면 파블로 신부에 관한 다큐멘터리 영화를 볼 수 있습니다. - 역주
2 한국에서는 「마지막 피정」(2023)이라는 제목으로 성바오로출판사에서 출간되었습니다. - 역주

요. 우리는 그 선물로 열매 맺는 삶을 살아야 하고요. 주님께서 정해 주신 저의 마지막 시간이 오면, 그때부터는 저도 평안한 안식을 영원히 누리게 될 겁니다." 파블로 신부님은 늘 그랬듯이 사제로서 참으로 기쁘고 행복하다고 하면서, 인생에서 유일하게 중요한 것은 그리스도와 함께 사는 삶이고, 예수님을 다른 이들에게 전하는 것이라고 재차 강조하셨습니다. 이런 삶이야말로 하늘에 보물을 쌓는 것이며, 그 외의 다른 것은 아무 가치가 없다고도 했습니다. 며칠 뒤, '바오로와 그리스도'라는 제목으로 산 다마소 신학교에서 발표할 강연을 준비하던 날 밤에도 도움을 청하는 사람들과 계속 통화를 했다고 합니다.

  2월 15일 성체 앞에서 오랫동안 기도한 후, 파블로 신부님은 몬카요산Moncayo을 등반했습니다. 그리고 오후 3시, 하산을 시작한 지 얼마 지나지 않아 등반 동료인 사라 데 헤수스Sara de Jesús와 함께 영원하신 하느님 아버지의 집으로 초대되었습니다.

  이 책은 파블로 신부님이 세상을 떠나시기 25일 전에 사제들을 위해 피정을 지도하며 강의한 내용을 담고 있습니다. 2주 후에 툴레브라스에서 시토회 수녀님들을 위한 피정을 지도하며 강의하신 내용과 비교해 보자면, 거의 같은 시기에 이루어졌고 서로 다른 표현을 사용하고 있지만 동일한 내면의 상태를 반영하여 하나의 통일체를 이루고 있습니다.

  마지막으로 아직 공개되지 않은 파블로 도밍게스 신부님의 일기 중에서, 피정을 앞두고 자신의 마음가짐을 기도의 형식으로 풀어낸 부분을 소개합니다.

주님, 이제 제가 피정 강의를 시작합니다.

그들을 하느님께 더 가까이 인도할 수 있도록 도와주십시오.

··· 이것만이 제게 중요합니다.

저는 하느님에 대한 사랑과 영광을 최우선으로 삼으려 합니다.

주님, 제 삶이 당신의 손길에서 벗어나지 않도록 지켜 주소서.

오직 하느님이 제 삶에서 가장 우선이 될 때,

제가 만나는 사람들, 하는 일, 그리고 모든 상황과 순간들이 변모됩니다.

호세 마누엘 도밍게스 프리에토 XOSÉ MANUEL DOMÍNGUEZ PRIETO

† 이 책은 파블로 신부님의 피정 강의를 그대로 옮겼습니다. 이 피정은 콜롬비아 교구 사제들을 대상으로 진행되었지만, 그 안에 담긴 묵상과 성찰은 보편적 가치를 지니고 있습니다. 다만, 파블로 도밍게스 프리에토 신부님이 피정 중에 언급했듯이, 이 피정은 사제들을 위해 특별히 기도하며 묵상한 내용을 담고 있다는 점을 염두에 두고 읽으시면 좋겠습니다.

차례

머리말

1장 기도 중의 기도	13
2장 하느님을 감히 '아버지'라 부른다는 것	43
3장 우리는 하느님의 자녀입니다	63
4장 '우리 아버지'에 담긴 심오한 뜻	92
5장 하늘에 계신 하느님	117
6장 '하늘'의 본질에 대하여	137
7장 아버지의 이름이 거룩히 빛나시며	156
8장 사제의 직무와 생활 지침	179
9장 사추덕	199
10장 아버지의 나라가 오시며	223
11장 아버지의 뜻이 하늘에서와 같이 땅에서도 이루어지소서	243
12장 주님의 뜻	260
13장 오늘 저희에게 일용할 양식을 주시고	278
14장 주님의 기도에 담긴 성체성사의 의미	302
15장 저희에게 잘못한 이를 저희가 용서하오니	317
16장 유혹에 빠지지 않게 하시고 악에서 구하소서	334

맺음말

1장
기도 중의 기도

피정을 시작하기 전에, 사제로서 형제애 안에서 신앙을 함께 나눌 수 있는 이런 기회를 허락해 주신 하느님께 진심으로 감사드립니다. 부족한 저를 이 자리에 초대해 주신 주교님에게도 감사드립니다. 너무도 경이로운 우리의 신앙을 함께 나눌 수 있는 귀한 시간을 주신 아르메니아 교구와 여러분 모두에게 진심으로 감사를 드립니다. 이번 피정은 저에게도 큰 축복이자 값진 은총으로 다가왔습니다. 사실 피정에서 우리가 해야 할 가장 중요한 일은 기도를 통해 주님과 깊이 만나는 시간을 갖는 것입니다. 제가 이 피정에서 나눌 내용 또한 지난 몇 달간 기도하며 스스로에게 던졌던 질문에서 나온 묵상의 결실과 통찰입니다. 주님과의 만남을 통한 기도와 묵상의 결실을 여러분과 함께 나누고자 합니다. 이 피정을 준비하면서 저는 특별히 여러분 모두를 위해 계속 기도해 왔습니다. 피정 날짜가 정해진 후에는 더욱 간절히 기도드렸습니다. 사흘 전, 로마에 있는 베드로 사도의 무덤 옆에서 이 피정을 위한 특별한 지향으로 미사를 봉헌했습니다. 우리 모두가 가톨릭교회의 훌륭한 자녀이자 더욱 거룩한 사제가 될 수 있도록 도움을 청하고, 특별히 베드로 사도의 전구를 청하며 주님께 간절히 기도드렸습니다. 피정 동안 이 지향을 마음에 두고, 온 마음을 다해 주님께 기도해 주시기를 간곡히 부탁드립니다.

좋은 피정을 위한 지침들

본격적인 피정 강의에 들어가기 전에, 피정을 제대로 하기 위해 매우 중요하다고 생각되는 몇 가지 지침들을 말씀드리고자 합니다. 우리는 선한 의지를 지니고 있습니다. 하지만 절대로 잊지 말아야 할 중요한 사실은, 원죄의 상처로 인해 죄로 기울기 쉬운 성향을 보인다는 것입니다. 어떤 학생들이 제게 "시험 시간에 꼭 감독이 필요합니까? 학생들을 더 믿어야 하지 않을까요?"라고 물었습니다. 저는 이렇게 대답했습니다. "물론 저는 학생들을 믿습니다. 다만 우리 안에 여전히 남아 있는 '죄의 불씨'인 사욕[3]을 믿지 못할 뿐입니다." 그렇습니다. 우리 자신에 대해서는 어느 정도 경각심을 가지는 것이

---

[3] 세례 받은 사람에게는 고통, 질병, 죽음 등 죄의 현세적 결과 그리고 연약한 기질과 같은, 인생에 내재한 나약함이 남아 있다. 그리고 교회 전통이 '사욕邪慾'이라 부르고, 은유적으로는 '죄의 불씨'라고 부르는, 죄로 기우는 경향도 그대로 남아 있다(「가톨릭 교회 교리서」, 1264항). - 역주

필요합니다. 제가 왜 이런 말씀을 드리는 걸까요? 주님께서는 분명히 이 피정을 통해 기적을, 진정한 기적을 이루실 것입니다. 우리가 주님께 돌아가는 회개야말로 참된 기적이며, 이 기적은 우리 안에서 반드시 이루어져야 합니다. 이는 주님께 다시 돌아가 주님의 놀라운 은총을 다시 누리게 하는 기적, 하느님 안에서 살아가는 삶의 위대함을 다시금 체험하고 기뻐하게 되는 기적을 뜻합니다. 이 피정 안에서 하느님은 그러한 기적이 우리 안에서 일어나기를 참으로 원하고 계십니다. 또한 그것은 전적으로 우리에게 달려 있습니다. 왜냐하면 이 기적은 우리의 자유를 철저히 하느님을 섬기는 데 사용하고, 하느님의 은총이라는 선물에 우리를 온전히 개방할 때 이루어지기 때문입니다. 진정한 회개의 기적은 우리가 다음의 사항들을 제대로 실천할 때 비로소 가능해집니다.

주교님께서 이미 말씀해 주셨듯이, 좋은 피정을 위한 첫 번째 지침은 침묵을 지키는 일입니다. 침묵은 우리가 생각하는 것보다 훨씬 더 중요합니다. 단순히 침묵을 지키는 것만으로도 훌륭한 피정을 할 수 있습니다. 우리는 말함으로써 산만해지는 경향이 있습니다. 그러므로 피정 중에 침묵을 지키는 것은 우리 자신뿐만 아니라 다른 형제를 위한 애덕의 의무이기도 합니다. 침묵을 통해 하느님을 만날 수 있도록 서로 존중하고 도와야 한다는 것입니다. 혹시라도 피정 중에 말하고 싶은 충동을 누르기 어려울 때가 오면, 그 순간을 주님께 작은 희생으로 봉헌하십시오. 좋은 피정을 하기 위해 침묵이 그 무엇보다도 중요하다는 사실을 부디 잊지 말아 주시길 바랍니다. 그리고 우리를 거룩하게 하시는 성령께서 우리에게 회개의 은총을 주시도록 침묵 중에 기도해 주시기를 부탁드립니다.

두 번째 중요한 지침은 개인 기도를 꾸준히 드리면서 주님 앞에 머무는 시간을 가지는 것입니다. 충분히 긴 시간 동안 온 마음을 담아 묵상 기도에 몰입하는 시간을 반드시 가져야 합니다. 피정 중에는 개인 기도가 필수입니다. 따라서 매일 적어도 서너 번의 길고도 깊은 기도를 의무적으로 바치시길 부탁드립니다. 한 번에 한 시간씩 기도를 바치면서 주님의 빛 속에 머무는 시간을 가지십시오. 큰 영적 위안을 느끼든, 내적 위로 속에 있든, 혹은 영적으로 메마르고 황폐한 상태에 있든 그것은 별로 중요하지 않습니다. 중요한 것은 주님께서 일하실 수 있도록, 그리고 주님께서 말씀하실 수 있도록 우리의 시간과 공간을 내어 드리는 것입니다. 그러기 위해 지금부터 각자 구체적인 기도 시간표를 세워 보시면 좋겠습니다. 가끔 산책하며 기도할 수도 있지만, 더욱 몰입하고 잠심하기 위해 가능하면 기도는 앉아서 하는 편이 좋습니다. 그리고 기왕에 앉아서 기도하신다면, 성체가 모셔진 경당에서 하는 것이 가장 이상적입니다. 다시 말해, 방해가 될 수 있는 요소를 최대한 피하면서 기도에만 온전히 몰입하셔야 한다는 뜻입니다. 이 점은 매우 중요합니다. 사제로서 우리는 과중한 사목 활동 때문에 자기도 모르게 기도의 습관을 잃어버리는 경우가 많습니다. 꾸준히 기도하는 게 쉽지 않지만, 기도에는 정말 놀라운 신비가 숨겨져 있습니다. 기도의 신비 안에서 기도와 함께 사목 활동을 하셔야 합니다.

세 번째로, 이번 피정에서 얻은 소중한 깨달음과 배움을 메모하고 정리해 두는 것이 정말 중요하다고 봅니다. 들은 내용을 기록하며 음미하는 과정에서 기도를 위한 아주 특별한 양식을 얻게 될 수도 있기 때문입니다. 기도 중에 주님께서 내게 말씀하신 것들을 조금이라도 기록해 둔다면 그 메모는 일 년 내내, 아니 오랫동안 우리에게 귀중한 도움이 될 것입니다. 언젠가 우리에게 더 많은 유혹과 시련, 혹은 죄로 인해 어둡고 힘겨운 시기가 찾아온다 할지라도 피정 중에 적어 둔 그 메모들을 읽어 보면서 이렇게 말할 수 있기를 바랍니다. "아! 이 내용은 피정 때 주님 앞에서 내가 실제로 보았던 것이고 분명히 깨달았던 거잖아. 그래, 아주 확실하게 깨우쳤던 것들인데 잊고 있었네." 그렇게 피정 때 적어 둔 글들이 하느님과 함께 하며 행복했던 그 순간으로 우리를 다시 인도해 줄 것입니다.

이제 피정 강의를 본격적으로 시작하기 전에 네 번째로 매우 중요한 점을 말씀드리고자 합니다. 그것은 바로 전례에 성실히 임하는 일입니다. 미사뿐만 아니라 성무일도를 반드시 바치셔야 합니다. 전례는 교회 활동의 정점이자 원천[4]입니다. 특히 미사 전례와 성무

---

4 전례는 예수 그리스도의 사제직을 수행하는 것(「전례 헌장」, 7항)으로서 교회의 활동이 지향하는 정점이며, 동시에 거기에서 교회의 모든 힘이 흘러나오는 원천이다(「전례 헌장」, 10항). - 역주

일도는 사제 생활의 핵심이자 중심입니다. 특히 성무일도는 미사와 떼려야 뗄 수 없는 관계로 결합하여 있으므로 사제는 반드시 성무일도를 바쳐야 합니다.

피정을 제대로 하기 위해 필요한 위의 네 가지 지침을 피정 동안 잘 숙지해 주시기를 부탁드립니다. 단순히 숙지하는 데 그치지 않고 반드시 실천하셔야 합니다. 피정 기간에 이 네 가지 지침을 구체적으로 실천하고 있는지 확인하기 위해 적어도 하루에 두 번, 정오와 저녁에 짧은 양심 성찰을 하시기를 부탁드립니다. 그날 피정의 묵상 주제나 일상적인 끝기도 때 하는 양심 성찰과는 별개로 하셔야 합니다. 자신에게 다음과 같은 질문들을 던지는 겁니다.

첫째, 나는 피정 중에 침묵을 지키고 있는가? 외적인 침묵뿐만 아니라 내적인 침묵도 지키고 있는가? 참으로 나는 침묵을 온전히 실천하고 있는가?

둘째, 기도 생활을 성실히 하고 있는가? 묵상 주제에 따라서 하루에 한 시간씩, 적어도 서너 번의 묵상 기도를 충실히 바치고 있는가? 다시 한 번 말씀드리지만, 묵상 기도는 반드시 해 주십시오. 간곡히 부탁드립니다. 기도하지 않으면 은총의 문으로 들어갈 수 없고, 은총의 문으로 들어가지 못한 피정은 좋은 피정이 될 수 없기 때문입니다. 더불어 '나는 서너 번의 묵상 기도를 했는가? 아니면 한두 번으로 줄여 버렸는가? 혹은 피곤함에 지쳐 아예 기도를 포기하지는 않았는가?'라는 질문과 함께 매일 양심 성찰을 하십시오.

셋째, 나는 미사 전례를 온 마음을 다해 봉헌했는가? 또한 성무일도를 온 마음을 다해 바쳤는가? 미사 전례와 성무일도를 특별한 정성으로 거행하고 있는가?

이는 자신을 기만하거나 속이지 않기 위해 양심 성찰을 하면서 반드시 물어봐야 할 중요한 질문들입니다.

기도를 가르쳐 달라고 주님께 청하기

루카 복음서의 한 구절을 읽어 드리겠습니다. "예수님께서 어떤 곳에서 기도하고 계셨다."(루카 11,1) 복음서의 이 장면, 참으로 인상적이지 않습니까? 주님께서 기도하고 계십니다. 사실 그리스도께서 기도하시는 장면은 성경에 자주 등장합니다. 그리스도께서는 영원한 대사제로서, 무엇보다도 먼저 기도하시는 분이었습니다. 왜냐하면 기도는 사제가 지녀야 할 고유한 본성이기 때문입니다. 사제는 기도하는 존재입니다. 복음서의 다음 내용은 이러합니다. "그분께서 기도를 마치시자 제자들 가운데 어떤 사람이, '주님, 요한이 자기 제자들에게 가르쳐 준 것처럼, 저희에게도 기도하는 것을 가르쳐 주십시오.' 하고 말하였다."(루카 11,1) 우리에게 기도하는 법을 가르쳐 달라고 주님께 청하다니, 이 얼마나 소중하고 귀한 청원입니까! 우리 안에 있는 펠라기우스Pelagius 이단의 성향처럼, 마치 하느님께서 안 계시는 듯 인간적인 노력으로만 기도해서는 절대로 안 됩

1장 기도 중의 기도   19

니다. 기도란 우리가 하느님으로부터 받은 선물인 동시에 나의 자발적인 노력으로 받아들이는 것입니다. 기도를 가르쳐 달라는 제자들의 요청에 예수님은 조금도 망설이시지 않고 그 즉시 주님의 기도를 가르쳐 주십니다.

피정하는 내내 우리는 주님의 기도를 묵상할 것입니다. 이 피정 5일 동안 주님의 기도의 내용을 깊이 살펴보면서 기도 중의 기도요, 예수님이 친히 제자들에게 가르쳐 주신 유일한 기도를 음미해 볼 것입니다. 그리고 우리는 주님의 기도에 담긴 모든 풍요로움에 우리의 마음과 이성을 온전히 쏟아 기도해야 할 것입니다. 아우구스티노 성인은 "사람이 드릴 수 있는 어떤 기도도 주님의 기도 안에 포함되지 않는 것이 없습니다. 더불어 그리스도께서 우리에게 친히 가르쳐 주신 기도, 즉 주님의 기도보다 더 효과적으로 드릴 수 있는 기도는 없습니다."[5]라고 말씀하셨습니다.

이제 피정의 첫 번째 묵상을 본격적으로 시작하겠습니다. 마태오 복음서 6장은 방금 읽어 드린 루카 복음서와 연관이 있습니다. 그렇다면 마태오 복음서 6장에서 예수님이 제자들에게 기도를 어떻게 해야 하는지 가르쳐 주신 내용을 먼저 읽어 보겠습니다. "너희는 기도할 때에 위선자들처럼 해서는 안 된다. 그들은 사람들에

---

[5] 아우구스티노 성인은, 시편이 왜 그리스도인 기도의 주된 양식이며, 어떻게 주님의 기도의 청원 안으로 합류하는지를 보여 주고 나서, 다음과 같이 끝을 맺는다. "성경에 실려 있는 모든 청원을 살펴보십시오. 나는 여러분이 그 안에서 주님의 기도에 포함되어 있지 않거나 연유하지 않은 어떤 것을 발견하리라고 생각할 수 없습니다."(「가톨릭 교회 교리서」, 2762항) - 역주

게 드러내 보이려고 회당과 한길 모퉁이에 서서 기도하기를 좋아한다. 내가 진실로 너희에게 말한다. 그들은 자기들이 받을 상을 이미 받았다. 너는 기도할 때 골방에 들어가 문을 닫은 다음, 숨어 계신 네 아버지께 기도하여라. 그러면 숨은 일도 보시는 네 아버지께서 너에게 갚아 주실 것이다. 너희는 기도할 때에 다른 민족 사람들처럼 빈말을 되풀이하지 마라. 그들은 말을 많이 해야 들어 주시는 줄로 생각한다. 그러니 그들을 닮지 마라. 너희 아버지께서는 너희가 청하기도 전에 무엇이 필요한지 알고 계신다."(마태 6,5-8) 주님께서는 우리가 제대로 기도할 수 있는 방법을 가르쳐 주십니다. 무엇보다도 먼저, 성령께 이렇게 간구해야 합니다. "저희에게 기도를 가르쳐 주십시오. 주님의 기도로 들어가 그 내적 의미를 음미하며 그 심오한 뜻을 깨닫도록 이끌어 주십시오."

　　이 피정에서 여러분께 말씀드릴 내용들은 지난 몇 달 동안 제가 묵상하며 준비한 내용들입니다. 다소 신학적이고 학문적인 설명들이 있지만, 근본적인 출처는 세 가지 자료에서 비롯됩니다. 첫 번째 출처는 「가톨릭 교회 교리서」입니다. 교리서 제4편 제2부에서는 주님의 기도에 대해 단순하지만 풍요로운 설명이 나옵니다. 두 번째 출처는 토마스 아퀴나스 성인께서 주님의 기도에 대해 주석하신 내용입니다. 주님의 기도에 대해 단순하면서도 매우 심오한 설명이 담겨 있습니다. 마지막으로 세 번째 출처는 예수의 성녀 데레사가 쓴 「완덕의 길」입니다. 이 책에는 주님의 기도에 대한 아름다운 설명이 담겨 있습니다. 또한 아우구스티노 성인께서 주님의 기도에 대해 언급하신 내용도 조금 인용할 것입니다. 이러한 자료들을 바탕으로 해서 주님의 기도에 대해 상세하게 설명해 보겠습니다.

먼저 주님의 기도에 대해 아름답게 설명하신 예수의 성녀 데레사[6]는 이렇게 묻습니다. "기도에 대해 우리는 어떻게 이해해야 할까요?" 이 질문에 답하기 위해 가장 먼저 고려해야 할 점은 주님의 기도를 전체적인 맥락에서 바라보는 것입니다. 주님의 기도는 하느님께 드리는 두 가지 찬양으로 시작합니다. 즉, 첫 구절인 '하늘에 계신 우리 아버지'는 두 개의 찬양으로 이루어져 있다는 뜻입니다. 이처럼 우리가 기도를 시작할 때는 언제나 하느님께 먼저 찬양과 영광을 드리는 것이 매우 중요합니다. 이것이 바로 창조주께 바쳐야 할 피조물로서의 올바른 자세이기 때문입니다. 이처럼 모든 기도는 주님께 드리는 찬양과 영광으로 시작해야 합니다. 특별히 청원 기도는 주님께 찬양과 영광뿐만 아니라 감사를 드리는 것으로 시작해야 합니다. 이것이 바로 주님의 기도 첫 구절이 우리에게 전하는 기도에 대한 중요한 가르침입니다.

이 첫 구절 이후로는 7개의 청원이 이어집니다. 데레사 성녀와 토마스 아퀴나스 성인은 그리스도께서 친히 가르쳐 주신 주님의

---

[6] 성녀는 주님의 기도에 대해서 "불과 몇 마디 안 되는 (주님의 기도) 말들 속에 어쩌면 그렇게도 관상과 완덕이 다 들어 있는지 나는 그저 놀랄 따름입니다. 마치 이것만 배우면 다른 책들은 소용이 없을 것만 같습니다."(「완덕의 길」 37,1)라고 말씀하셨습니다. - 역주

기도에서 그 순서의 의미를 발견하는 것이 매우 중요하다고 강조하셨습니다.[7] 왜냐하면 주님의 기도는 우리의 내적 생명을 위한 참된 학교와 같은 기도이기 때문입니다. 따라서 주님의 기도는 내용뿐만 아니라 그 가르침의 순서에도 주의를 기울여야 합니다. 토마스 아퀴나스 성인께서 쓰신 「주님의 기도 해설」에서는 올바른 기도를 위한 다섯 가지 태도에 관해 설명하고 있습니다[8]. 다섯 가지 태도는 주님의 기도뿐만 아니라 다른 모든 기도에도 적용되며, 양심 성찰과 같은 기도에도 중요한 지침이 됩니다. 그것은 신뢰[9], 올바른 지향[10], 우선순위[11], 경건함[12], 겸손[13]입니다.

신뢰하는 기도 : 하느님께서 우리의 기도를 들으시기에

첫 번째 기도의 태도는 신뢰입니다. 우리가 바치는 기도가 곧 그리스도의 기도이며, 그 안에서 우리의 기도가 가치를 지닌다는 것을 신뢰해야 합니다. 왜냐하면 우리는 그리스도와 결합되어 있

---

7 주님의 기도를 통해서 우리가 올바르게 바랄 수 있는 것을 모두 청할 뿐 아니라, 우리가 마땅히 청해야 할 순서대로 청하기도 한다(「가톨릭 교회 교리서」, 2763항). - 역주
8 파블로 신부는 피정 강의 중에 토마스 아퀴나스 성인의 「주님의 기도 해설」이라는 책을 참고했습니다. TOMÁS DE AQUINO, *Obras catequéticas. Sober el credo, Padrenuestro, Avemaría, decálogo y los siete sacramentos*(Biblioteca de escritos medievales 2), Ediciones Eunate, Pamplona 1995, 98-128.
9 Confidentia, 하느님에 대한 온전한 신뢰로 기도하는 태도. - 역주
10 Rectitudo, 올바른 지향을 두고 기도하는 태도. - 역주
11 Ordo, 기도할 때 조화로운 순서와 균형을 지키는 태도. - 역주
12 Devotio, 하느님께 온전히 헌신하고 집중하며 경건한 마음으로 기도하는 태도. - 역주
13 Humilitas, 하느님 앞에서 겸손하게 자신을 낮추는 태도. - 역주

고 그리스도와 일치되어 있기 때문입니다. 이 일치 안에서 우리가 기도하는 동안, 그리스도는 친히 하느님 아버지께 기도드리고 계십니다. 이것이 신뢰하는 기도입니다. 주님께서는 우리에게 이렇게 약속하셨습니다. "너희가 내 이름으로 청하는 것은 무엇이든지 내가 다 이루어 주겠다."(요한 14,13) 또한 요한 사도는 이렇게 말씀하십니다. "누가 죄를 짓더라도 하느님 앞에서 우리를 변호해 주시는 분이 계십니다. 곧 의로우신 예수 그리스도이십니다."(1요한 2,1) 다시 말해, 그리스도께서 하느님 아버지 곁에 계시며 우리 편에서 기도해 주신다는 뜻입니다. 그러기에 그리스도께서는 우리의 기도를 당신의 기도로 바꾸어 주십니다. 이 얼마나 중요한 사실입니까!

어떤 부탁을 누가 하느냐에 따라서 결과가 달라진다는 사실을 우리는 잘 알고 있습니다. 예를 들어 평범한 학생이 교수님을 찾아가 "시험 날짜를 좀 바꿔 주실 수 있을까요? 제가 너무 바쁜 일이 있어서요."라고 요청한다면 어떤 결과가 나올까요? 다른 학생과의 형평성에 맞추어 봤을 때 개인적인 사정만으로는 그 학생의 요청이 받아들여지기 어려울 것입니다. 그런데 그 학생이 대학 총장님을 찾아가 "죄송합니다만, 제가 사정이 있어서 그 날짜에 시험을 보기가 어렵습니다. 혹시 교수님께 날짜를 조정해 달라고 말씀해 주실 수 있을까요?"라고 부탁드린다면 어떻게 될까요? 총장님이 직접 교수님에게 전화를 걸어 요청한다면 결과는 달라질 수 있습니다. 이렇듯 누가 부탁하느냐에 따라 결과가 크게 달라질 수 있다는 것입니다. 기도에서도 이 점은 매우 중요합니다.

기도하는 데 있어서 우리 신뢰의 뿌리와 원천이 되는 분이 누구입니까? 우리의 기도 안에서 하느님 아버지께 우리를 위해 청하시는 분은 그리스도이십니다. 그러므로 우리의 기도는 그리스도의 기도입니다. 우리가 그리스도의 지체로서 그분과 하나 되어 기도하기에, 우리의 기도 안에서 아버지께 기도해 주시는 분은 바로 그리스도이십니다. 그러므로 우리는 기도하면서 온전히 신뢰할 수 있는 것입니다. 이 얼마나 놀라운 사실입니까! 그러기에 주님의 기도를 시작할 때부터 우리는 그리스도와 일치되어 온전한 신뢰를 가지고 기도해야 합니다. "그가 나를 부르면 나 그에게 대답하리라."(시편 91,15)는 말씀은, 그리스도께서 부르시면 하느님 아버지께서 대답하신다는 뜻입니다. 이 얼마나 감동적이고 인상적인 말씀입니까!

갑자기 제 얘기를 꺼내서 죄송합니다만, 사실 이틀 전 하느님의 은총과 섭리로 교황님을 개인적으로 알현하는 행운을 얻었습니다. 3분 정도 대화를 나누었는데, 교황님이 제 이야기를 들어주셨다는 사실이 정말 감동적이었습니다. 대화 중에, 교황님은 뮌스터 대학에서 제 논문을 지도해 주신 교수님의 성함을 물으셨습니다. 저는 교수님 성함과 함께 "저 같은 학생을 지도해 주실 정도로 너무도 용감하셨던 분"이라고 말씀드렸습니다. 또한 교황님은 전공이 무엇이냐고 물으셨습니다. 이렇듯 교황님이 제 이야기를 들어주셨다는 사실 자체가 너무도 감동적이었습니다. 마지막으로 교황님은 "신부님을 위해 기도하겠습니다."라고 말씀하시며 저를 축복해 주셨습니다. 그 순간 믿기 어려울 만큼 마음이 벅차서 "이게 꿈인가 생시인가?" 하고 저 자신에게 물어볼 정도였습니다.

그런데 이보다 더 놀라운 일이 매일매일 우리의 기도 안에서 벌어지고 있습니다. 하느님께서 우리의 기도를 들어주시고 응답해 주신다는 사실입니다. 하느님께서 여러분의 말을 들어주시고 여러분에게 응답하신다는 확고한 신뢰를 지니십시오. 그러므로 하느님께 청할 때는 내 이야기만 해서는 안 되고, 하느님의 말씀을 들어야 합니다. 아우구스티노 성인은 은총으로 가득 차서 이렇게 말씀하셨습니다. "하느님께서는 이미 우리에게 필요한 모든 것을 다 알고 계시는데, 도대체 왜 하느님께 무언가를 청해야 한단 말입니까?" 하느님께서는 우리의 마음에서 우러나오는 필요를 그분께 요청하도록 허락하십니다. 사실 우리의 마음속 깊은 곳에서 요청하는 것은 이미 하느님께서 다 들으셨습니다. 그러므로 "저의 하느님, 제게는 이것이 필요합니다."라는 기도는 하느님께서 이미 나의 요청을 듣고 계신다는 고백이기도 합니다. 즉, 하느님께서 내 말을 듣고 계시고, 나에게 말씀하신다는 신뢰가 바로 진정한 기도입니다. 형제 여러분! 고요한 침묵 중에 하느님께서 나에게 말씀하시는 것을 들었던 기도의 순간이 언제였습니까? "저의 하느님, 이 사건을 통해 저에게 말씀하시는 바가 무엇입니까? 저에게 무엇을 바라시는 건가요?"라고 물으면서, 하느님께서 나에게 하시는 말씀을 들어야만 합니다.

피정을 위해 콜롬비아로 떠나려고 공항으로 가던 날, 제 친구였던 젊은 사제가 암으로 선종했습니다. 친구 신부의 시신이 안치된 곳에서 약 4시간을 머물며, 암 투병 중이던 그 친구가 마지막 한 해 동안 저에게 남긴 말들을 되새겨 보았습니다. 친구 신부는 여러 번 제게 이런 말을 하곤 했습니다. "사람들은 나를 안타까운 시선으로 봐. 아직 젊은 신부가 좋은 본당에서 사목하다가 폐암이 온몸으로 전이되는 바람에 본당 신부 자리까지 내려놓게 되었다고 말이야. 그런데 나는 암 덕분에 전에는 미처 알지 못했던 소중한 것들을 깨닫게 되었어. 전보다 훨씬 더 나은 신부가 된 것 같아. 예전에는 단지 내 병만을 주님께 봉헌하며 기도했지만, 이제는 완전히 다른 방식으로 깊이 기도할 수 있게 되었어. 과거의 나는 정말 일밖에 모르던 사람이었지. 그때는 기도조차도 하나의 활동 정도로만 여겼어. 그런데 기도가 '하느님 안에서의 쉼'이라는 걸 깨달았어. 기도 안에서 나에게 말씀하시는 분이 바로 하느님이니까." 이것이야말로 참으로 중요한 사실입니다. 왜냐하면 많은 사람들이 기도를 그저 하나의 활동으로, 의무적으로 해치워야 하는 귀찮은 일 정도로 여기기 때문입니다. 그렇지 않습니다. 절대 그렇지 않습니다. 이런 잘못된 생각을 경계해야 합니다. 내 마음속 깊은 곳으로 들어가 하느님께서 내게 말씀하시도록 마음을 열고 그 말씀을 듣는 것, 그것이 바로 참된 기도입니다. 이 얼마나 중요한 사실인지요! 참으로 주님께 감사드립니다. 다시 한 번 말씀드리지만, 온전히 하느님께 신뢰하는 마음으로 기도하십시오.

올바른 지향의 기도 : 우리에게 합당한 것을 청하기

두 번째 기도의 태도는 올바른 지향입니다. 올바른 지향의 기도는 무엇일까요? 다마스쿠스의 성 요한은 우리에게 올바르고 좋은 은총을 하느님께 청원하는 것이 기도라고 말합니다. 즉, 기도란 우리의 영혼에 유익하고 이로운 것들을 하느님께 구하는 것입니다. 그러나 토마스 아퀴나스 성인은 우리에게 진정으로 올바르고 좋은 것이 무엇인지 아는 일이 매우 어렵다고 하십니다. 우리가 참으로 열망해야 할 진리가 무엇인지 알기란 매우 어렵다는 뜻입니다. 왜냐하면 우리의 가장 높고 고귀한 열망이 종종 죄로 덮이다 보니 우리가 진정으로 원하는 것이 무엇인지, 무엇을 원해야 하는지 알 수 없을 때가 많기 때문입니다. 우리는 모두 죄가 우리의 욕구를 어떻게 흐리게 만드는지, 죄 가운데 살면 올바르게 갈망하지 못하게 되는 경험을 지니고 있습니다. 회개는 끊임없이 이루어져야 합니다. 왜냐하면 우리는 항상 우리에게 유익한 것을 갈망하지 않기 때문입니다.

예수의 성녀 데레사는 이런 이유로 사도들이 예수님께 "저희에게도 기도하는 것을 가르쳐 주십시오."(루카 11,1)라고 청했다고 말씀하십니다. 우리가 다른 어떤 것이 아니라 올바르고 좋은 것을 청하기 위해 기도를 가르쳐 달라고 했다는 것입니다. 한편, 아우구스티노 성인은 이렇게 말씀하셨습니다. "우리가 올바르게 기도한다면, 어떤 말을 하든지 결국 주님의 기도를 통해 우리에게 가르쳐 주신 것을 청하게 될 것입니다." 즉, 우리의 기도가 올바르다면 주님의 기도에 담긴 일곱 가지 청원 중 하나를 청하게 될 것이라는 말입니다. 주님의 이름이 거룩히 빛나시기를, 주님의 나라가 오시기를, 주님의 뜻이 하늘에서와 같이 땅에서도 이루어지기를, 오늘 저희에게 일용할 양식을 주시기를, 저희를 죄로부터 자유롭게 해 주시기를, 유혹에 빠지지 않게 해 주시기를, 모든 악에서 구해 주시기를 청하게 될 것입니다. 이 일곱 가지 청원이야말로 하느님께 구해야 할 올바른 청원들이며, 그 외에 다른 정당한 청원은 없습니다.

올바른 지향으로 기도드리는 것이 참으로 중요합니다. 그런데 문제는 어떻게 해야 올바른 지향으로 기도를 드릴 수 있는지 알기 어렵다는 점입니다. 그래서 기도할 때마다 성령께 이렇게 간구해야 합니다. "성령님, 제가 올바른 것을 열망하게 해 주십시오. 저의 욕구를 올바르게 해 주십시오." 이제 종이 위에 지금 내가 가진 욕구를 한번 적어 보십시오. 내가 지금 무엇을 원하고 있으며, 그것을 어떤 방식으로 원하는지 한번 써 보십시오. 우리의 내적 삶의 상태를 알기 위해서는 욕구의 상태를 살펴보아야 합니다. 지금 나는 무엇을 진정으로 원하고 있을까요? 만일 한 청년이 당신에게 "오늘 저녁에 저는 무슨 일이 있어도 꼭 클럽에 가야겠습니다. 그렇지 않으면…"이라고 말했다면, 이것은 바로 그 청년의 욕구입니다. 그 욕구를 통해 청년의 내면 상태를 알 수 있습니다. 만일 청년의 아버지가 그날 오후에 갑자기 너무 아프셔서 그가 클럽에 가지 못하게 되었다고 합시다. 그때 이 청년이 불만을 터뜨린다면, 그의 가장 큰 욕구는 클럽이 되겠지요. 결국 그의 욕구를 방해하는 것은 무엇이든 그의 행복을 방해하는 적이 되는 셈입니다. 이렇듯 우리의 삶에서도 욕구의 성취를 방해하는 무언가가 때로는 우리의 분별력을 흐리게 할 수 있다는 사실을 깨달아야 합니다. '이것이 과연 하느님께서 원하시는 것인가? 아니면 나의 욕망인가?'라는 질문을 항상 우리 자신에게 던져야 합니다.

우리는 언젠가 죽습니다. 이것은 결코 거부하거나 부정할 수 없는, 삶의 근본적이고도 확실한 진리입니다. 그러므로 우리는 하느님 안에서 살아가며, 진정으로 그분께서 원하시는 것을 열망하고 실천해야 합니다. 그런 의미에서 기도를 올바른 지향으로 청하는 것은 매우 중요합니다. 그래서 예수의 성녀 데레사는 "많은 사람들이 하느님께 청하는 것을 그분이 모두 들어주시지는 않습니다. 왜냐하면 그들은 종종 자신들에게 좋지 않고 올바르지 않은 것들을 청하기 때문입니다."라고 말씀하셨습니다. 만일 제가 목마르다고 어머니에게 헴록hemlock[14]을 달라고 한다면, 어머니는 절대로 주시지

---

[14] 독인삼 Conium maculalum L.(미나리과) : 소크라테스가 마신 독약 - 역주

않을 것입니다. 왜냐하면 저에게 해롭기 때문입니다. 어린아이가 어머니에게 "저도 그 TV 프로그램이 보고 싶어요."라고 말한다면, 어머니는 "그건 어른을 위한 프로그램이라서 보면 안 돼요."라고 답할 것입니다. 그러면 아이가 투정을 부리면서 울겠지요. 그 아이는 자신에게 해로운 것이 무엇인지 잘 모르기 때문입니다. 그러나 어머니는 아이에게 무엇이 좋은지, 무엇이 아이를 더 행복하게 만들지 알기에, 아이가 아무리 조르더라도 원하는 대로 해 주지 않을 것입니다. 따라서 올바른 지향으로 기도하기 위해 성령께 간구하는 것은 매우 중요한 일입니다.

우선순위를 아는 기도 : 먼저 하느님의 나라를 찾아라

세 번째 기도의 태도는 우선순위를 아는 것입니다. 이게 무슨 뜻일까요? 예수님은 우리에게 이렇게 말씀하십니다. "너희는 먼저 하느님의 나라와 그분의 의로움을 찾아라. 그러면 이 모든 것도 곁들여 받게 될 것이다."(마태 6,33) 우리는 하느님께 물질적인 것뿐만 아니라 다양한 청원을 할 수 있습니다. 그러나 그 청원들에는 우선순위가 있습니다. 올바른 지향의 기도가 우리에게 좋고 이로운 것을 청하는 것이라면, 우선순위를 아는 기도는 무엇을 가장 먼저 주님께 청해야 하는지 분별하는 것입니다. 어느 날 한 신부님이 저에게 현재 본당에서 다른 본당으로 옮겨 갈 수 있도록 열심히 기도하고 있다고 말씀하셨습니다. 신부님다운 간절한 기도였습니다! 저는 그분의 깊은 마음속 소망은 현재 본당보다 더 많은 양떼가 있는 곳으로 가서 더 많은 영혼을 천국으로 인도하는 것이라고 생각했습니다. 그래서 제가 말했습니다. "글쎄요, 기도해 봅시다. 주님께 간구합시다." 아, 그런데 잠깐만요. 우리의 청원이 과연 합당한지, 순서가 제대로 되었는지 보아야 합니다. '주님, 먼저 저를 다른 본당으로 보내 주시고, 그런 다음에… 이야기를 계속하겠습니다!'인가요?

성주간에 작은 시골 마을의 성당을 방문했을 때도 비슷한 일이 있었습니다. 한 집에서 예수 성심 성화를 벽을 향해 돌려 놓고 있었습니다. 집주인 아주머니에게 이유를 물으니 이런 대답이 돌아왔습니다. "예수님께 부탁드린 게 하나 있었는데요. 그걸 안 들어주시네요. 그래서 벌을 드리는 중입니다." 그래서 제가 이렇게 말씀드렸습니다. "아무리 그렇다고 해도 주님을 벽을 향해 돌려 놓고 벌주시면 안 됩니다." 우리는 주님께 무질서하게 청하는 경향이 있습니다. 그렇다면 가장 먼저 주님께 청해야 할 것은 무엇일까요? 바로 '거룩함', 즉 성덕이며 우리의 구원과 모든 사람의 구원이 먼저입니다. 그리고 적절한 상황일 때 다른 본당으로 옮겨 달라고 청할 수 있습니다. 따라서 질서 있는 기도가 필요합니다. 이것이 바로 우선순위를 아는 기도입니다.

경건한 기도

네 번째 기도의 태도는 경건함devoción**15**입니다. 경건함은 중요합니다. 경건함에 대한 정의는 많지만, 우리는 모두 경건함이 무엇인지 이해합니다. "나는 어머니에게 경건한 마음을 가지고 있습니다"라고 말할 때, 그것은 경건한 태도를 의미합니다. 그것은 우리가 가장 사랑하는 사람들, 부모님을 대하는 태도이며, 세심하게 배려하고, 자기가 하는 말의 맥락을 중요하게 여기고, 주의를 기울이며, 형식적으로 말하지 않는 애정 어린 태도입니다.

주님께서는 기도가 경건해야 한다고 가르치셨습니다. 가령 시편에서는 "이렇듯 제 한평생 당신을 찬미하고 당신 이름 부르며 저의 두 손 들어 올리오리다. 제 영혼이 비계와 기름을 먹은 듯 배불러 환호하는 입술로 제 입이 당신을 찬양합니다."(63,5-6)라고 말합니다. 그래서 주님께서는 주님의 기도를 가르쳐 주시기 전에 "너희는 기도할 때에 다른 민족 사람들처럼 빈말을 되풀이하지 마라. 그들은 말을 많이 해야 들어 주시는 줄로 생각한다."(마태 6,7)라고 말씀하십니다. 때로는 몇 마디 말로 충분할 수 있지만 기도에 있어서 경건한 태도가 얼마나 중요한지는 아무리 강조해도 지나치지 않습니다.

---

15 신심, 헌신, 숭배 등의 뜻이 있습니다. - 역주

겸손한 기도

마지막으로 다섯 번째 기도의 태도는 겸손입니다. 기도는 겸손해야 합니다. 주님께서 가르치신 겸손에 대한 말씀은 수없이 많습니다. 예를 들어 시편 101편에서는 겸손한 이들의 기도를 업신여기지 않으시고 들어주신다고 하셨고, 루카 복음서(18,9-14)에서는 바리사이와 세리의 비유를 통해 주님께서 겸손한 자의 기도에 귀를 기울이신다는 가르침을 주셨습니다. 또한 유딧기에서도 주님께서는 항상 겸손한 자의 기도를 들어주신다는 표현이 나옵니다. 이러한 말씀들은 우리에게 무엇을 전달하고자 하는 것일까요? 기도하려는 우리에게 가장 먼저 '회개'라는 '영혼의 충격'이 필요하다는 것입니다. 이를 위해 우리는 성령께 겸손을 간구해야 합니다.

'겸손'의 반대는 무엇입니까? 그것은 교만입니다. 내가 이미 모든 것을 다 알고 있으며, 오로지 나만이 옳다고 생각하는 것이 교만입니다. 다른 사람이 나에게 하는 말은 새로운 것이 하나도 없기에 배울 점이 전혀 없다고 생각하는 것, 그것이 바로 교만입니다. 내 판단이 다른 누구보다 더 낫고 정확하다고 믿는 것, 그것이 바로 교만입니다. '나'라는 사람이 다른 누구와 비교해도 죄가 없다고 여기면서, 결코 누구에게도 악한 일을 한 적이 없거나 아주 조금만 잘못했기 때문에 하느님 앞에서 스스로 의인이라고 자부하는 것, 그것이 바로 교만입니다. 교만한 사람은 다른 사람을 이렇게 판단하니다. "저 사람은 진짜 나쁜 인간이야. 나는 저렇게 나쁜 인간이 아니라서 정말 다행이네." 이런 생각을 하는 사람은 자신을 의인이라고 여겨 회개할 필요가 없다고 생각합니다. 심지어 자신이 겸손하다고 착각합니다. 왜냐하면 교만은 늘 감추어져 있기 때문입니다. 우리가 제대로 기도하지 못하게 만드는 것이 바로 교만이며, 교만한 자들의 기도는 주님께서 물리치시기에 그 기도의 열매는 빈약할 수밖에 없습니다.

    우리는 종종 이렇게 말합니다. "기도를 시작하긴 했는데 아무것도 느껴지지 않고 얻어지는 게 없으니 지루하기만 합니다." 조심하십시오. 기도한답시고 그저 나 자신만을 찾는 시간이 되지 않도록, 자신의 욕망을 채우기 위해 기도하지 않도록, 자기 자신만이 삶의 기준이 되는 시간을 보내지 않도록 유의하십시오. 이러한 상황이 기도 중에 일어나고 있지는 않은지 반성해 보십시오. 피정 첫날인 오늘 우리가 주님께 간구해야 할 것은 바로 회개와 겸손의 은총입니다. 회개와 겸손이야말로 피정의 기본이자 출발점이기 때문입니다. "주님, 주님 앞에 서기에 합당한 겸손을 저에게 허락해 주시옵소서. 감히 하느님을 뵙기가 두려워 야훼 하느님 앞에서 얼굴을 가렸던 모세처럼, 곁손으로 주님 앞에 서게 해 주시옵소서. 왜냐하면 저는 죄인이기 때문입니다. 저는 입술이 더러운 죄인입니다. 감히 하느님 앞에 서기에 참으로 부당한 죄인입니다."

믿음과 희망과 사랑으로 기도하기

신뢰하는 기도, 올바른 지향의 기도, 우선순위를 아는 기도, 경건한 기도, 겸손한 기도라는 다섯 가지 기도의 태도는 우리가 기도에 집중하고 깊이 몰입하는 데 큰 도움이 될 것입니다. 다섯 가지 기도의 태도는 세 가지 향주덕으로 요약할 수 있습니다. 먼저 신뢰는 다른 무엇보다도 '믿음'을 의미합니다. 즉, 하느님께 대한 믿음, 믿음으로 살아가는 것, 믿음의 사람이 되는 것이 바로 신뢰입니다. 형제 여러분! 제가 이 말씀을 드리는 이유는 저 역시 가끔 믿음이 없는 사람처럼 살아가는 제 모습을 느끼기 때문입니다. 우리는 종종 믿음이 없는 사람처럼 행동하고, 우리 자신의 힘이나 능력만으로 살아가고 있습니다. 그러므로 '신뢰'란 다른 게 아니라 믿는 것입니다. 우리는 주님께 당신에 대한 신뢰를 키워 달라고, 당신에 대한 믿음을 더욱 깊게 해 달라고 간절히 청해야 합니다.

또한 올바른 지향의 기도와 우선순위를 아는 기도란 다른 어떤 것보다도 '희망'을 의미합니다. 희망이란 하느님께서 우리를 위해 준비해 주신 것, 그분을 향한 우리의 간절한 열망이요 갈망이기 때문입니다. 따라서 올바른 지향의 기도와 우선순위를 아는 기도는 항상 하느님과 관련되어 있습니다. 참된 기도를 하려면 "주님, 저에게 희망을 키워 주소서."라고 먼저 기도해야 합니다. 그런데 지금 내가 삶에서 참으로 바라고 있는 것은 무엇입니까? 무엇을 소망하고 있습니까? 무엇이 나의 희망입니까? 무엇이 우리의 희망입니까? 돈을 많이 소유하는 것, 혹은 콜롬비아에서 가장 크고 좋은 본당의 주임 신부가 되는 것입니까? 아니면 더 높고 좋은 직책을 가지는 것입니까? "너희는 먼저 하느님의 나라와 그분의 의로움을 찾아라. 그러면 이 모든 것도 곁들여 받게 될 것이다."(마태 6,33) 우리는 이렇게 기도해야 합니다. "주님, 제가 바라는 것은 오직 주님 당신뿐입니다. 제가 원하는 것은 오직 주님 당신뿐입니다. 올바른 지향으로 청하는 기도와 우선순위를 아는 기도로 제가 찾는 분은 오직 주님 당신뿐입니다."

마지막으로 경건한 기도란 다른 어떤 것이 아닌 '사랑'을 의미합니다. 바로 하느님께 대한 사랑입니다. 주님, 저에게 사랑을 키워 주소서. 하느님을 사랑하는 삶을 통해 이웃을 사랑하며 살게 하소서. 그러므로 이 과정 안에서 우리의 첫 번째 기도는 "주님, 저에게 믿음과 희망과 사랑을 키워 주소서."가 되어야 합니다.

기도할 때 추상적인 단어를 사용하며 관념적인 기도를 해서는 안 됩니다. 우리의 삶 속에서 현존하시는 주님을 제대로 바라보아야 합니다. 나는 믿음을 어떻게 살아가고 있는가? 과연 나는 믿음을 살고 있는 걸까? 인생의 시련과 고초 앞에서 나는 과연 믿음으로 대응하고 있는가? 사목적인 어려움들 앞에서도 믿음과 함께 살아가고 있는가? 또한 나의 희망은 무엇인가? 과연 나는 무엇을 바라고 있으며, 나의 열망은 도대체 무엇인가? 모든 사람이 구원받고 진리를 깨우치기 위하여, 그들이 진리이신 그리스도를 만나고 그분을 알아 사랑하며 언젠가 영원한 생명을 하늘나라에서 누리게 되기를 간절히 열망하고 있는가? 신자들과 나를 위해 영원한 생명을 열망하고 있는가? 아니면 다른 세속적인 욕망을 내 안에 감추고 그것들을 갈망하며 살아가고 있는 것은 아닌가? 사랑의 문제에서도 과연 나는 하느님의 사랑을 살아가고 있는가? 하느님께서 나를 사랑하시는 것처럼 나 역시 하느님을 사랑하고 있는가? 영원으로부터 하느님께서 나를 사랑하신다는 사실을 진실로 깨닫고 있으며, 그 사랑을 제대로 전하고 있는가? 하느님의 사랑을 의식하며 살아가고 있는가?

믿음과 희망과 사랑이 없이는 기도의 문으로 들어갈 수가 없습니다. 앞서 말씀드린 기도에 대한 태도들을 제대로 이해하지 못하고, 향주덕과 참된 겸손이 없다면 우리는 기도 안에서 주님의 사랑을 맛보고 음미하며 참된 기도의 기쁨을 누릴 수 없습니다. 기도의 태도들과 향주덕을 올바로 이해하지 못한다면 피정을 제대로 할 수 없거니와, 피정이 아니라 시련의 시간들이 될 것입니다. 하지만 하느님께서 우리를 여기로 이끌어 주셨고, 주도권은 온전히 그분께 있습니다. 우리가 다시 그분께 돌아가 하느님의 영원한 사랑 안에서 기쁨을 누리도록 이곳으로 우리를 초대해 주신 것입니다. 형제 여러분, 이 얼마나 경이로운 일입니까!

오늘 제가 피정 강의를 하면서 첫 번째로 기도가 의미하는 것,

즉 참된 기도가 무엇인지에 대해 성찰했습니다. 두 번째로는 성령께 온전히 의탁하며 청해야 할 기도의 내용에 대해 말씀드렸습니다. 우리에게 기도의 은총을 주시고, 하느님이 참으로 우리와 함께 계심을 깨닫게 해 달라고 간절히 성령께 청하십시오. 진정 하느님께서 함께 계시는데 감히 누가 우리와 대적할 수 있겠습니까? 그러므로 죄를 많이 지은 사람이든 적게 지은 사람이든, 혹은 주님이 벽을 바라보시도록 벌을 준 사람이든 상관없이 우리는 모두 주님께 이렇게 말씀드려야 합니다. "주님, 저를 용서해 주십시오. 주님께서 저를 힘들게 하신다는 생각에, 감히 제가 주님을 구석에 몰아넣고 제 시야에서 벗어나게 했습니다. 하지만 이제는 제가 참된 회개를 할 수 있기를 간절히 바랍니다. 다시 주님을 바라보고 싶습니다. 주님만이 영원한 생명의 말씀을 지니고 계심을 깨닫게 하소서." 먼저 하느님께 "아버지"라고 부른 후에 이러한 회개의 기도를 바치십시오.

예수의 성녀 데레사가 쓴 「영혼의 성」 중 '첫째 궁방'에 대한 설명을 주목해 보십시오. "죄들과 겸손의 부족, 그리고 교만은 우리로 하여금 하느님과의 친밀함 속으로 들어가지 못하도록 막아 버릴 것입니다. 그리하여 우리 안에 있는 영혼의 성을 볼 수 없게 만들어 버릴 것입니다." 그러므로 우리에게 가장 먼저 필요한 것은 회개입니다. 지금 당장 회개해야 합니다. 내일부터 회개의 선물을 받겠다고 생각하는 것은 절대 옳지 않습니다. 매일 조금씩 회개할 일이 생길지 모르지만 근본적으로 회개란 오늘, 지금 이 순간, 여기서 즉시 시작해야만 합니다. 이건 정말로 중요한 사실입니다. 그런데 회개하기 위해서는 그만한 희생이 따릅니다. 희생이 따르지 않는 회개는 참된 회개가 아닙니다. 회개는 우리의 마음을 찢어지게 만듭니다. 그만큼의 고통이 뒤따르지 않는 회개는 가짜입니다.

언젠가 어떤 신부님이 저에게 아주 특별한 보속을 주신 고해성사를 지금도 기억하고 있습니다. 신부님은 "보속으로 자선을 한 번 하십시오." 하고 말씀하셨습니다. 저는 갑자기 의문이 들었습니다. 그래서 신부님에게 이렇게 물었습니다. "정확히 얼마만큼의 돈을 자선해야 하나요?" 신부님은 이렇게 대답하셨습니다. "당신에게 버거울 만큼, 그만큼만 자선하십시오." 상당히 귀찮고 짜증스러운 보속이 아닌가요? 적당한 기도문이나 훨씬 덜 수고스러운 방법으로 보속을 할 수 있지 않을까요? 그런데 이렇게 부담스러울 만큼 무거운 보속을 하게 된다면, 그 즉시 이렇게 말할지도 모릅니다. "내가 그만큼의 돈을 자선하게 되면 원했던 물건들을 살 수 없을 텐데… 앞으로 차를 타고 어디든 마음대로 갈 수도 없게 되고… 친구들과 근사한 저녁 식사도 못 하게 될 텐데…" 그렇습니다. 내가 비싼 값을 치르게 됩니다. 버거울 만큼 자선한다는 것은 상당히 비싼 값을 치르는 일입니다. 하지만 우리는 언제 비로소 참된 회개를 하게 될까요? 버거운 마음에 "아이고! 아이고! 아이고!"라는 신음 소리가 절로 나오게 되는 순간, "저 같은 인간도 회개할 수 있을까요?"라는 말과 함께 참된 회개를 위한 깊은 고뇌에 빠져들기 시작할 때, 그때 비로소 회개가 시작됩니다. 그렇게 회개를 위한 고통과 희생이 없다면, 그건 참된 회개가 아닙니다. 사실 우리 모두 경험을 통해 이미 알고 있습니다.

참되지 않은 회개가 존재합니다. 소위 픽션 같은 회개, 허구 속의 회개, 거짓 회개라는 것이 있습니다. 픽션 같은 회개는 오히려 상황을 악화시킵니다. 허구 속의 회개는 교만을 키울 뿐입니다. 거짓 회개로 자신이 회개했다고 믿는 사람은 오히려 전보다 더 큰 교만을 가지게 됩니다. 형제 여러분! 우리는 이 피정을 통해서 무엇보다도 참된 회개를 하게 해 달라고 주님께 간절히 청하며 이렇게 기도해야겠습니다. "주님, 제가 참된 회개를 하려면 얼마만큼의 값을 치러야 하는지 구체적으로 알려 주십시오. 희생 없는 사랑이 가짜이듯 희생 없는 회개도 가짜입니다. 참된 회개를 위해 제가 버거울 만큼 희생하고 보속하게 해 주십시오. 주님, 오늘, 지금 이 순간, 여기서 바로 회개할 수 있는 은총을 저에게 주시고, 제 삶의 방향을 온전히 주님께로 향하게 해 주십시오." 너무나 확실한 사실 하나를 여러분께 말씀드리겠습니다. 제 말이 아니라 주님께서 친히 약속해 주신 것입니다. 바로 오늘 피정을 시작하면서 회개의 선물을 진심으로 끌어안고 받아들이는 사람은 그 즉시 평화, 영혼의 평화, 즉 참된 평화를 누리게 될 것이라는 사실입니다. 참된 회개의 평화를 누리게 해 달라고, 지극히 거룩하신 동정 마리아의 전구를 통해 주님께 다 함께 간절히 기도합시다.

은총이 가득하신 마리아님, 기뻐하소서!

주님께서 함께 계시니 여인 중에 복되시며

태중의 아들 예수님 또한 복되시나이다.

천주의 성모 마리아님,

이제와 저희 죽을 때에 저희 죄인을 위하여 빌어 주소서. 아멘.

영광이 성부와 성자와 성령께

처음과 같이 이제와 항상 영원히. 아멘.

2장
하느님을 감히 '아버지'라 부른다는 것

성부와 성자와 성령의 이름으로. 아멘.

주님, 당신의 은총이 모든 일의 시작을 영감으로 채우시고,
지속시켜 주시며, 동행해 주소서.
그리하여 저희의 일이 모든 것의 근원이신 주님 안에서 시작하고,
언제나 모든 것의 목표이신 주님께로 향하게 하소서.

영광이 성부와 성자와 성령께
처음과 같이 이제와 항상 영원히. 아멘.

독일어의 아버지라 불리는 괴테는 "인간에게 가장 끔찍한 모습은 익숙함으로 무감각해지는 것이다."라고 말했습니다. 거룩한

것, 위대한 것, 숭고한 것, 그리고 인간적인 것에 대해 아무런 감흥도 없이 익숙해지기 시작하면 결국 그것들에 대해 무감각해집니다. 우리 역시 하느님을 '아버지'라고 부르는 것에 너무 익숙해져 버려서, 아예 무감각해졌는지 모릅니다. 하지만 우리가 하느님을 감히 '아버지'라고 부를 수 있다는 것이 얼마나 특별하고 놀라운 일인지 모릅니다. 스페인에는 제가 많은 생각을 하게 만드는 한 수도원이 있습니다. 수도원 성당의 중앙 통로에는 지하 경당으로 통하는 문이 하나 있습니다. 그 지하 경당은 불과 몇 년 전에 보수 공사를 하다가 우연히 발견하였습니다. 그곳에 살던 사람들이 그토록 아름다운 지하 경당이 있다는 사실을 몰랐다는 것이지요. 그래서 저는 가끔 이런 생각을 합니다. '지나친 익숙함에 젖어 영적인 소경이 되어 버린 우리가 아직 발견하지 못하고 있지만, 우리의 내면 깊은 곳에는 놀랍고도 경이로운 보물들이 숨겨져 있을 텐데…'

오늘의 묵상 주제는 주님의 기도의 첫 번째 단어인[16] '아버지 Padre'가 내포하고 있는 신비로 들어가는 것입니다. 우리가 하느님을 감히 '아버지'라고 부를 수 있다는 사실이 얼마나 놀랍고 경이로운 것인지 깨닫기 위한 묵상입니다. 영원으로부터 항상 존재하시는 분이며, 하늘과 땅과 우주 만물의 창조주이신 전지전능하시고 참으로 거룩하신 하느님을 우리가 감히 '아버지'라고 부를 수 있게 되었

---

16 스페인어로 된 주님의 기도는 "Padre nuestro qua estás en el cielos…"로 시작합니다. - 역주

습니다. 창조주와 피조물의 관계는 단순히 명령하고 복종하는 관계로 이해되는 편이 합리적일 것입니다. 그러나 하느님께서는 우리를 당신의 존재와 연관시키고, 당신과 친밀함을 나누는 존재로 우리를 만들고자 하십니다. 그러기에 주님의 기도의 시작이 되는 '아버지'라는 단어는 그야말로 혁명적입니다. 우리가 그저 언어적 차원에서 입으로 되뇔 뿐만 아니라, 내적이고 영적인 차원에서 하느님을 '아버지'라고 부를 수 있는 능력을 갖춘다면 우리의 삶은 근본적으로 변화할 것입니다.

우리가 하느님의 자녀라는 놀라운 사실을 깨닫고 깊이 감동한 요한 사도는 다음과 같이 말씀하십니다. "아버지께서 우리에게 얼마나 큰 사랑을 주시어 우리가 하느님의 자녀라 불리게 되었는지 생각해 보십시오. 과연 우리는 그분의 자녀입니다. 세상이 우리를 알지 못하는 까닭은 세상이 그분을 알지 못하였기 때문입니다. 사랑하는 여러분, 이제 우리는 하느님의 자녀입니다. 우리가 어떻게 될지는 아직 드러나지 않았지만, 그분께서 나타나시면 우리도 그분처럼 되리라는 것은 알고 있습니다."(1요한 3,1-2) 여기서 명심해야 할 것이 있습니다. 자기 자신이 하느님의 자녀라는 사실을 깨닫지 못한 사람은 자기 자신이 누구인지 모르기에 하느님의 자녀처럼 살지 않습니다. 누군가가 자기 자신에 대한 인식을 잃었을 때 우리는 그가 미쳤거나 병들었다고 말합니다. 어느 날 아침에 일어나자마자 갑자기 "나는 나폴레옹이나 세르반테스 혹은 돈키호테입니다."라고 말한다면, 즉시 그 사람을 정신과 의사에게 데려가야 합니다. 인생의 끝자락에서 알츠하이머를 앓고 있는 사람에게 "우리가 이런저런 곳을 다니며 나누었던 좋은 추억을 기억하세요?"라고 물으면, 그 사람은 당신을 보면서 "그런데 당신은 누구세요?"라고 대답할 수도 있습니다. 그 사람이 당신의 어머니나 다른 가족일 수도 있습니다. 정말 끔찍하지 않나요? 그분은 아픈 거지만 그보다 더 끔찍한 일이 있습니다. 아픈 것도 아닌데, 정상인으로서 우리가 하느님의 자녀라는 위대한 사실을 모르고 살아가는 것입니다. 이는 정말로 큰 비극입니다.

요한 사도는 우리가 위대한 존재임을 일깨우기 위해 다음과 같이 말씀하십니다. "아버지께서 우리에게 얼마나 큰 사랑을 주시어 우리가 하느님의 자녀라 불리게 되었는지 생각해 보십시오. 과연 우리는 그분의 자녀입니다."(1요한 3,1) 정말 그렇습니다. 우리는 하느님의 자녀입니다.

우리는 하느님의 자녀

이처럼 주님의 기도는 놀라운 방식으로 시작합니다. 하느님께서는 우리의 아버지이시고, 우리는 그분의 자녀라는 놀라운 가족 관계를 예수님이 주님의 기도를 통해 가르쳐 주십니다. 자녀는 아버지를 믿고, 아버지와 함께 살며, 아버지에게 기대하고, 아버지에게 의지하며, 아버지와 대화합니다. 이렇게 하느님 아버지와 친밀한 관계를 맺으며 살아가라는 것이 예수님의 가르침입니다. 그러므로 우리는 단순한 방문객이 아닙니다. 가끔 하느님을 찾아 잠깐 들렀다가 떠나는 손님이 아닙니다. 절대로 아닙니다. 우리는 하느님의 가족이며, 그분의 자녀입니다. 이 얼마나 놀랍고 신비로운 사실입니까! 너무나 익숙해서 무감각해진 사람들은 '아버지'라는 단어의 신비를 느끼지 못하고 아무런 감흥도 느끼지 못합니다. 이제 마음의 문을 열고 '아버지'라는 단어 안에 담긴 신비로 들어가 감미로운 내적 삶의 풍요로움을 만끽해야 합니다.

예수의 성녀 데레사도 '아버지'라는 단어의 신비를 언급하셨습니다. 성녀는 「영혼의 성」의 '첫째 궁방'에서 죄란 우리를 영원한 왕이신 하느님의 현존으로 들어가지 못하도록 만든다고 말씀하셨습니다. 이처럼 죄는 하느님께서 계신 우리 영혼의 성 깊은 곳으로 들어가지 못하게 하여, 오직 '첫째 궁방'에만 주저앉게 만들어 버립니다. 성녀는 '둘째 궁방'에서 이렇게 말씀하십니다. "비록 '첫째 궁방'에서 '둘째 궁방'으로 들어온 사람일지라도 죄의 힘이 여전히 그들을 대적할 정도로 강하기에 또다시 '첫째 궁방'으로 되돌아갈 수 있습니다." 궁방 깊숙한 곳에 영원한 왕이신 그리스도께서 참으로 계심을 알고, 심지어 그분의 현존을 강렬하게 느낀다 해도, 아직은 죄에 대항하는 영적인 힘이 약하기에 잘못하면 다시 죄의 수렁으로 되돌아갈 수 있다는 말입니다. 우리는 대부분 '첫째 궁방'과

'둘째 궁방' 사이에만 머물러 있으며, 그로 인해 가장 위대한 것, 즉 하느님의 초자연적인 신비가 현존하는 내면의 깊은 곳으로 우리가 들어가지 못하도록 죄가 우리를 끌고 다닙니다. 이렇게 죄에 이끌려 살다 보면 우리가 하느님의 자녀임을 깨닫지 못하게 됩니다.

세례성사의 위대함

예수님께서는 하느님을 우리의 아버지라고 하셨습니다. 그렇다면 우리가 어떻게 하느님의 자녀가 되었습니까? 바로 세례성사를 통해서 하느님의 자녀가 되었습니다. 이 피정 강의를 통해서 '아버지'라는 단어의 위대한 신비를 함께 묵상하자고 말씀드렸습니다. 또한 이 첫 번째 묵상의 기본 목표는 우리가 받은 세례성사의 위대함을 새롭게 되새기고 회복하는 시간이 되어야 할 것입니다. 세례를 받았던 그날, 우리는 새로운 창조물로 변모하기 위해 진통을 겪었습니다. 세례성사의 날에 우리는 '새로운 피조물', 즉 '새로운 사람'으로 재창조되었습니다. 우리가 태어난 날에는 하느님으로부터 육체적인 생명을 선물로 받았지만, 세례를 받았던 날에는 그리스도의 신비체의 일원이 되어 하느님 아버지의 자녀이자 성령의 성전이 되었습니다. 어제 피정 강의 중, 제 친구 신부의 시신 앞에서 마드리드 대교구의 보좌 주교님 중 한 분인 세사르 프랑코César Franco 주교님을 뵈었습니다. 친구와 아주 친하셨던 세사르 주교님은 저에게 이렇게 말씀하셨습니다. "이 죽은 몸이 성령의 성전이었다는 게 놀랍지 않은가? 그 오랜 세월 동안 이 육신 안에 성령께서 사셨고 머무셨다는 게 얼마나 신비스럽고 경이로운지!" 우리의 육신이 성령의 성전이라는 사실에 대해 우리가 얼마나 무감각하게 여기며 살아가고 있는지 모릅니다. 위대한 신비 앞에 무뎌지지 않도록 조심하십시오. 성령의 성전이자, 하느님의 자녀이며, 그리스도의 지체인 우리의 존엄함을 많은 경우에 죄가 파괴하기 때문입니다.

우리가 하느님의 자녀라는 이 사실을 삶 속에서 실감하고 있습니까? 아니면 그저 이론으로만 알고 있는 것은 아닙니까? 오직 교리 교육을 위한 지식이나 강론을 위한 자료로만 활용하고 있는 것은 아닙니까? 그래서 이 시간에는 우리의 세례성사를 기억하면서 그 의미를 묵상하고자 합니다. 이는 마침내 하느님을 진실하게 나의 '아버지'라 부를 수 있게 하려는 것입니다. 이 묵상이 끝날 때쯤 진정으로 하느님을 '아빠, 아버지'라고 부를 수 있다면 그것은 기적과도 같은 일일 것입니다. 그것은 우리 안에서 하느님의 자녀 됨이라는 위대한 은혜를 기억하고 새롭게 하는 일이 될 것입니다. 그리스도의 지상 명령에 따라 우리는 하느님을 '아버지'라고 부릅니다. 세례성사를 통해서 하느님을 '우리 아버지'라고 부르며, 하느님과의 신적인 가족 관계를 맺게 되었다는 사실을 기억해야 합니다. 우리가 세례를 받던 바로 그날, 이 위대한 일이 벌어진 것입니다. 세례성사의 날에 벌어진 이 위대한 사건을 다시 되새겨 봅시다.

기도에는 여러 가지 순간이 있습니다. 하나는 묵상이고, 다른 하나는 관상입니다. 그런데 하나는 다른 하나로 이어집니다. 신앙의 신비를 묵상할수록, 그 묵상은 우리를 관상으로 이끌 수 있습니다. 즉 '기도oratio'는 '대화diálogo'로 이어지고, 마지막으로 '관상contemplación'으로 이어집니다. 그러나 이 모든 과정은 먼저 '묵상meditatio'이 이루어져야 가능하다는 점을 강조하고 있습니다. 묵상을 통해 얻은 '성찰reflexión'을 자신의 것으로 만들어 삶으로 실천하는 것이 좋습니다.

이제부터는 우리가 받은 세례성사의 핵심적인 측면을 살펴보도록 하겠습니다. 세례성사는 우리의 원죄를 씻어 주었습니다. 비록 사욕의 흔적이 있어서 하느님의 은총을 깊이 있게 살아가는 데 어려움을 느낄 때도 있지만, 세례성사는 우리의 죄를 용서하고 정화해 줍니다. 그것뿐만이 아닙니다. '가톨릭교회의 수호자'라고 불리는 리옹의 이레네오 성인은 「이단 논박Adversus Haereses」 제4권에서 그리스도의 세례에 관해 설명하면서, 그분께서 참된 세례를 받으셨다고 말씀하십니다. 실제로 그리스도는 원죄를 씻어 낼 필요가 전혀 없으셨지만, 성령의 도유를 받으셨습니다. 세례를 통해 그리스도의 인성에 합당한 성령의 도유를 받으신 것입니다. 성령의 도유로 인해 인성은 풍요로워지고 성장합니다. 그러므로 우리의 세례성사 날에 우리의 원죄가 용서받았을 뿐만 아니라, 우리는 새로운 피조물이 되었습니다. 코린토 신자들에게 보낸 둘째 서간에서 바오로 사도는 이렇게 말씀하십니다. "그래서 누구든지 그리스도 안에 있으면 그는 새로운 피조물입니다. 우리는 하느님의 양자가 되었기 때문입니다."(2코린 5,17 참조) 이처럼 세례성사를 통해 우리는 하느님의 참된 자녀가 되었습니다.

제가 초등학생 시절, 여러 선생님이 저를 가르치셨습니다. 그런데 우리 반을 2년 동안 맡으신 한 선생님의 아들이 같은 반에 있었습니다. 그 아이는 두 해 동안 줄곧 '선생님의 아들'로 불렸습니다. 그 아이의 정체성은 자기 이름이 아니라 '선생님의 아들'이었습니다. 그렇습니다. 우리도 마찬가지입니다. 우리의 근본적인 정체성은 바로 '하느님의 자녀'입니다. 우리가 가진 정체성 중 가장 위대한 것은 '하느님의 자녀'라는 사실입니다. 하느님께서 나의 아버지라는 이 위대한 정체성을 절대 잊어서는 안 됩니다. 사도 요한도 우리가 하느님의 자녀임을 말씀하셨습니다. 틀림없이 우리는 하느님의 자녀입니다. 이 사실은 우리가 받고 있는 사랑을 통해 드러납니다. 갈라티아 신자들에게 보낸 서간에서 바오로 사도는 이렇게 말씀하셨습니다. "여러분은 모두 그리스도 예수님 안에서 믿음으로 하느님의 자녀가 되었습니다. 하느님의 양자가 되었고 그분의 신성에 참여하게 되었습니다."(갈라 3,26-27 참조) 우리는 세례성사를 통해 존재론적으로 하느님의 본성과 연결되어 그 신성에 참여하게 된 것입니다. 이는 순전히 하느님의 선물로서, 신적인 방식으로 우리는 성령의 성전이 되었기에 죄 속에서 살아가서는 안 된다는 뜻입니다. 이 사실을 깊이 생각해 보면 얼마나 경이로운지 모릅니다! 어찌 이 놀라운 신비를 간과할 수 있겠습니까? 성경은 반복해서 우리에게 하느님의 자녀로서의 존엄을 지키며 살아가라고 권고합니다. 하느님의 자녀이자 그리스도의 지체로서 그 품위에 맞는 삶을 살아야 할 것입니다. 세례성사에 관한 「가톨릭 교회 교리서」의 가르침을 읽어 드리겠습니다. "세례는 모든 죄를 정화하기만 하는 것이 아니라, 새 신자를 '새 사람'이 되게 하며, '하느님의 본성에 참여하는' 하느님의 자녀가 되게 하고, 그리스도의 지체, 그리스도와 공동 상속자, 성령의 성전이 되게 한다. … 세례는 우리를 그리스도의 신비체의 일원이 되게 한다. … 세례는 교회와 한 몸이 되게 한다."(1265항, 1267항 참조)

형제 여러분! 전례 중에 분향하면서 우리가 가끔 잊고 지나치는 아주 중요한 사실이 하나 있습니다. 왜 우리가 사제에게 분향할까요? 미사 중에 사제는 그리스도를 대신하기 때문입니다.[17] 그렇다면 하느님의 백성에게 분향하는 이유는 무엇일까요? 그것은 신자들이 세례를 통해 그리스도와 하나가 되어 그리스도의 지체이자 신비체로 존재하기 때문입니다. 세례를 통하여 그리스도와 하나가 된 우리는 전례 안에서 그리스도처럼 제물로 봉헌되고, 또한 제물을 봉헌하는 존재입니다. 그래서 분향을 받습니다. 다른 이유가 아닙니다. 제대에는 왜 분향할까요? 제대가 제사장인 동시에 희생 제

---

[17] 교회는 이 사실을 사제가 성품성사에 힘입어 머리이신 그리스도를 대신하여(in persona Christi Capitis) 행한다는 말로 표현한다. 사제가 참으로 대신하는 것은 바로 대사제이신 예수 그리스도이시다. 사실 성직자는 사제 축성을 받아 지존하신 사제와 같아지므로, 그가 대리하는 그리스도의 능력으로 행할 권한을 누린다(「가톨릭 교회 교리서」, 1548항). - 역주

물인 그리스도와 연결된 그리스도의 표지이기 때문입니다. 제대는 곧 그리스도이기에 분향하는 것입니다. 제사를 드리는 사제에게도 분향합니다. 세례성사를 통해 그리스도와 하나 된 그리스도의 몸이며, 따라서 사제와도 하나 된 백성에게도 분향합니다. 그리고 희생 제물에도 분향하듯이 예물에도 분향합니다. 분향하는 순간마다 우리는 이러한 중요한 의미들을 마음에 새겨야 합니다.

우리가 그리스도의 몸인 이유는 우리가 하느님께 연결되어 있기 때문이며, 하느님 가족의 일원이기 때문입니다. 이는 우리가 그리스도와 함께 공동 상속자라는 것을 의미합니다(로마 8,17 참조). 공동 상속자가 되었다는 것은 그리스도께서 받으신 모든 유산을 우리 또한 상속받게 된다는 뜻입니다. 이 얼마나 놀랍고도 기쁜 일입니까! 그리스도께 속한 모든 영광이 우리에게도 주어지며, 그 영광을 우리도 함께 상속받게 된다는 이 사실이 얼마나 장엄하고 경이로운 일입니까!

하느님을 '아버지'라고 부르는 것은 회개로의 부르심

이 위대한 신비 앞에서 우리는 깊이 심호흡하며 이렇게 고백해야 합니다. "저의 하느님, 이 얼마나 놀라운 신비입니까! 그런데 제가 이 경이로운 신비를 잊어버린 채 살아왔나이다. 편협하고 둔하며 어리석게도 이 놀라운 초자연적인 신비를 바라보지 못한 채 살아왔습니다. 세례성사를 통해 받은 이 경이로운 은총을 잊어버린 채, 제가 누구이며 얼마나 위대한 존재로 부르심을 받았는지 알지 못하고 그저 흐리멍덩하게 살아왔나이다. 하느님께서 참으로 나의 아버지라는 사실을 망각한 채, 너무도 무감각하고 성의 없이 하느님을 아버지라 부르며 기도해 왔습니다."

우리는 '성령의 성전'입니다. 만일 우리가 하느님의 은총 안에서 살아간다면, 각각의 존재 안에 성령께서 계십니다. 그렇기에 우리의 삶에서 죄보다 더 큰 비극은 없습니다. 왜냐하면 우리가 그리스도의 지체이고, 성령의 성전이며, 우리 안에 하느님께서 계시는 이 위대한 신비를 죄가 빼앗아 가기 때문입니다. 이토록 큰 은총을 잃는다는 것은 엄청난 비극입니다. 우리는 이러한 관점에서 삶을 비극으로 만드는 죄의 해악을 바라보아야 합니다. 그래서 하느님을 '아버지'라고 부르는 것은 회개로의 또 다른 부르심입니다. 우리가 하느님을 '아버지'라 부를 때마다, 하느님은 당신께로 다시 돌아오라고 반복하여 우리를 부르십니다. "회개하여라. 나에게로 돌아오너라. 내 안에 있는 은총의 보물, 영광의 보물을 제발 쓰레기통에 버리지 말아다오." 그러므로 형제 여러분, 하느님의 자녀로서 고귀한 우리의 존재를 잊지 맙시다. 우리는 지금까지 이 위대한 신비를 잊고 살아왔습니다. 저 또한 그러했습니다. 얼마나 자주 이 신비를 잊어버린 채 살아왔는지 모릅니다. 얼마나 자주 하느님의 자녀답지 않게 살아왔는지 모릅니다.

향주덕과 성령의 은사

세례성사에 대한 묵상을 위해 두 가지 측면에서 살펴보고자 합니다. 그리스도교 교리에 따르면 세례성사를 통해 우리에게 향주덕, 즉 신앙과 희망과 사랑이라는 덕이 주어집니다. 향주덕은 하느님의 은총입니다. 그런데 향주덕은 어떤 의미를 지니고 있을까요?

첫째, 하느님께서는 우리에게 당신을 믿을 수 있는 능력, 당신을 바랄 수 있는 능력, 따라서 당신을 갈망하고 우리의 갈망이 당신께 향하도록 하는 능력, 그리고 당신을 사랑할 수 있는 능력을 주셨습니다. 하느님을 믿고 희망하고 사랑하는 것, 이것이 바로 우리 인생의 본질입니다. 더 이상 다른 본질은 없습니다. 다른 것은 인생의 본질 안에 포함될 뿐입니다. 인생의 본질에서 벗어나는 모든 것은 헛됩니다. 그래서 하느님께서는 우리에게 당신 자신을 선물로 주셨습니다. 하느님께서 거져 주신 이 선물을 우리는 모두 내면에 간직하고 있습니다. 비록 잊고 있었을지언정, 지금도 분명히 우리 안에 있습니다.

둘째, 가톨릭교회 교리를 떠올려 보면 우리는 모두 성령을 받았습니다. 성령께서는 당신의 은사와 함께 우리 안에 오셨습니다. 성령의 은사는 우리가 거룩해질 수 있도록 계속 도움을 주며, 우리의 삶을 근본적으로 변화시키는 성령의 원동력을 선물해 줍니다. 이제부터는 이 사실에 대해 간략하게나마 되새겨 보는 시간을 갖겠습니다. 첫 번째는 향주덕에 관한 것이고, 두 번째는 우리가 받은 성령의 은사[18]에 관한 것입니다. 성령 칠은의 의미를 살펴보는 것은 참으로 은혜롭고 가치 있는 일입니다. 우리는 모두 성령 칠은을 받았습니다. 이제 성령 칠은을 새롭게 하여 강화해 주시기를 주님께 청해야 합니다.

첫째, 지혜의 은사입니다. 이 은사는 우리가 하느님의 신비를 이해하는 문으로 들어가게 해 줍니다. 그렇다면 '지혜로운 사람el sofos'은 누구일까요? 참으로 지혜로운 사람은 하느님을 아는 사람입니다. 우리를 하느님의 신비 속으로 인도해 주시는 분은 바로 성령이십니다. 성령께서는 우리가 하느님의 신비를 더 깊이 깨닫도록 성경을 읽게 하십니다. "주님, 영원한 생명이란 홀로 참된 하느님이신 아버지를 알고 아버지께서 보내신 예수 그리스도를 아는 것입니다. 그러므로 하느님 당신을 아는 것이 곧 생명이고 영광입니다. 영원한 영광이란 나의 하느님이신 당신을 아는 것입니다." 참으로 성령께서는 우리가 하느님을 알 수 있도록 해 주시는 분입니다.

둘째, 통찰의 은사입니다. 통찰의 은사를 가진다는 것은 우리 삶의 모든 것을 하느님의 구원 계획 안에서 하느님의 빛으로 바라보는 것입니다. 단어 자체의 의미대로 통찰은 우리가 'intus legere', 즉 "마음 깊은 곳, 내면을 읽는 것"을 뜻합니다. 하느님의 구원 계획

---

18 "성령의 일곱 가지 선물은 지혜, 통찰, 의견, 용기, 지식, 공경과 하느님에 대한 경외이다."(「가톨릭 교회 교리서」, 1831항)에 따라서 성령 칠은의 내용들을 번역합니다. -역주

의 빛을 통해 우리 삶의 모든 것을 이해하고 올바르게 판단할 수 있도록 하는 것이 바로 통찰의 은사입니다. 질병의 의미가 무엇인지, 굴욕의 의미가 무엇인지, 내 인생의 사명이 무엇인지, 이 모든 것을 통찰의 은사로 이해할 수 있게 됩니다. 어떻게 가능할까요? 하느님의 영원하신 계획의 빛으로 바라보며 이해하기 때문입니다. 이 선물은 세례성사를 통해 우리에게 주어졌습니다. 우리는 하느님의 자녀이므로 통찰의 은사를 지니고 있습니다.

셋째, 의견의 은사입니다. 성령께서는 이 은사를 통해 특정한 순간에 하느님의 뜻과 일치하는 구체적인 선택을 할 수 있도록 이끄십니다. 우리 안에 계시는 성령께서 개입하신다는 사실을 우리는 확신할 수 있습니다. 성령께서는 마치 움직이지 않는 동상처럼 가만히 계시는 분이 아닙니다. 성령께서는 현존하시며, 활동하시고, 개입하시는 분입니다. 실제로 살아 계시는 분입니다. 실재하시는 성령의 움직임이 존재합니다. 아마도 이 피정 동안 우리는 각자 성령의 움직임과 개입을 참으로 많이 체험하게 될 것입니다. '의견의 은사'를 청하십시오. '이렇게 해 보면 어떨까? 저 방향으로 가 보면 어떨까? 이 과정에 한번 도전해 보면 어떨까? 이건 어떨까? 아니면 저건 어떨까? 이것을 한번 시도해 봐. 너는 변화시킬 수 있어' 이런 내면의 조언들이 바로 성령의 움직임입니다. 성령께서는 살아 계시며 우리 안에서 활동하십니다. 하지만 오직 침묵 속에서 사는 사람만이 성령의 음성을 들을 수 있습니다. 성령의 움직임을 따르고 그 지시에 순명하는 것은 참으로 중요합니다.

넷째, 용기의 은사에 대해 살펴보겠습니다. 우리 모두 어려움을 겪고 있습니다. 어려움이 없는 인생은 없습니다. 굴욕과 모욕을 겪기도 합니다. 우리 모두 그렇습니다. 우리는 죄로 기우는 성향을 지니고 있어 교만, 인색, 질투, 분노, 음욕, 탐욕, 나태와 같은 칠죄종에 빠지기 쉽습니다. 칠죄종, 즉 죄의 근원이 되는 죄들을 자신은 가지고 있지 않다고 생각하는 사람이야말로 조심해야 합니다. 그러한 사람 안에서 악마들은 이미 교묘하게 수작을 부리고 있기 때문입니다. 악마들은 어떠한 방식으로 우리를 유혹할까요? 그들의 유혹에서 벗어나기가 쉽지 않습니다. 가장 흔한 유혹은 핑계를 대며 자신을 정당화하는 것입니다. "아니야! 이건 절대로 자만심이 아니야! 이것은… 그저 나를 소중하게 여기는 자존감일 뿐이야."라고 정당화합니다. 그렇다면 용기의 은사란 무엇일까요? 고난과 시련에 맞닥뜨려도 하느님께서 제시하신 방향을 굳건히 유지하며 나아가는 것입니다. 다시 말해, 용기의 은사는 우리가 무너지지 않도록 돕고, 설사 무너졌더라도 다시 일어나 하느님께서 가르쳐 주신 길을 꿋꿋하게 걸어갈 수 있도록 해 줍니다. 여러분도 잘 아시는 베트남의 반 투안 추기경님[19]은 모진 세월 동안 당신을 지탱해 준 것이 무엇이냐는 질문에 '하느님의 아들'이라는 자신의 정체성이라고 대답하셨습

---

19 베트남의 공산 정권 치하에서 13년 동안 수감 생활을 하시면서 온갖 고문과 박해를 받으셨습니다.

니다. 얼마나 아름다운 답변입니까! 하느님의 아들이기에, 하느님을 "아버지"라고 부를 수 있었기에 계속 나아갈 힘을 얻었다는 하느님의 자녀 됨에 관한 아름다운 고백입니다.

다섯째, 지식의 은사입니다. 지식의 은사는 동식물은 물론 삼라만상을 포함하는 모든 피조물에 대한 앎을 창조주이신 하느님과 연결해 주는 은사입니다. 하느님과 관련하여 우리가 알 수 있는 지식을 깨닫게 해 주는 은사입니다. 이것은 에피스테메(επιστήμη), 즉 지식이나 과학이라는 학문의 영역에 속합니다. 아리스토텔레스는 학문을 '원인에 대한 앎'으로 정의합니다. 따라서 지식의 은사는 동력인[20]뿐만 아니라 궁극적이고도 최종적인 원인까지 아는 것이 참된 학문이라는 통찰을 줍니다. 지식의 은사는 자연스럽게 하느님을 떠올리게 해 주는 참으로 아름다운 은사입니다. 만물의 최종 원인이신 분을 깨닫도록 돕는 은사입니다.

여섯째, 공경의 은사입니다. 이는 자녀의 마음으로 하느님을 대하게 만드는 은사입니다. 내가 부모와 형제자매를 포함한 친밀한 가족들을 어떻게 대하고 있는지 생각해 보십시오. 길에서 만나는 경찰을 대하는 나의 태도도 생각해 보십시오. 물론 경찰에게도 친절하게 인사하겠지만, 내 가족을 대하는 방식과는 전혀 다릅니다. 부모에게

---

20 動力因: 아리스토텔레스가 말한, 사물을 생성하고 변화시키는 네 가지 원인 가운데 하나. 예를 들면, 건축에서의 건축가나 그 작업이 여기에 해당한다. - 역주

는 효도하는 자녀로서 공경심을 가지고, 가족들에게는 더욱 친근하게 다가가며, 그들의 필요를 세심히 살피게 됩니다. 가족을 위해서라면 할 일이 많든 적든, 그 일이 아무리 힘들어도 개의치 않고 헌신할 수 있습니다. 이처럼 공경의 은사는 우리가 하느님의 자녀로서 섬세하게 하느님께 효를 다하게 해 주는 은사입니다. 이는 특히 전례 안에서 잘 드러납니다. 주님 승천 대축일에 누군가가 왜 검은색 제의를 입었냐고 물었을 때 "원래는 흰색 제의인데, 약간 더러워진 것뿐이에요."라고 대답하는 것과 같습니다. 혹은 누가 이렇게 말할 수도 있습니다. "성작이 정말 이상하네요?"라고 물었는데 "23년 동안 한 번도 성작을 닦지 않아 기름때가 껴서 그런 겁니다."라고 답한다면 어떻겠습니까? 혹은 "성당이 참 특별하게 장식되어 있네요?"라고 누군가 이렇게 말했지만, 사실은 성당 청소를 너무 오랫동안 하지 않아서 거미줄이 드리워진 거라고 답한다면 어떻겠습니까? 여러분의 어머니를 거미줄이 가득하고 12세기부터 청소하지 않아서 냄새나는 방에 주무시게 한다고 상상해 보세요. 있을 수 없는 일입니다.

어떤 제의실에 들어가 보면, 전례용 기물들이 여기저기 흩어져 있어서 마치 도깨비시장 같습니다. 이것은 주님께 드리는 섬세한 배려와 세심한 예우가 없다는 증거입니다. 전례를 성의 없이 준비해서는 안 됩니다. 우리는 전례용 기물들을 어떻게 관리하고 있습니까? 성경이나 전례서를 어떻게 관리하고 있습니까? 이런 질문들이 사소한 것으로 들릴 수도 있겠지만 절대 그렇지 않습니다. 왜냐하면 이런 세부 사항에서 하느님의 자녀로서 효경의 마음이 드러나고, 우리의 믿음이 드러나기 때문입니다.

마지막으로 하느님께 대한 경외의 은사입니다. 하느님을 두려워해야 하나요? 아닙니다. 하느님을 두려워해서는 안 됩니다. 오히려 두려움 때문에 하느님에게서 멀어지는 것을 진정으로 두려워해야 합니다. 그러므로 하느님께 대한 경외라는 은사는 주님에게서 멀어지는 것을 두려워하게 해 주는 은사입니다. 이 은사는 성령께서 우리에게 주시는 선물로, 하느님께 대한 경외심을 가지게 합니다. 누군가가 죄를 저지르는 순간, 그 사람은 주님을 공격한 것과 같습니다. 죄를 짓는 것은 하느님에 대한 두려움이 없다는 것을 의미합니다. 곧 하느님을 두려워하라는 것은 하느님에게서 멀어지는 것을 두려워하라는 뜻입니다.

사실 이 모든 것은 하느님을 '아버지'라고 부르는 일과 관련이 있습니다. 우리가 하느님을 '아버지'라고 부를 때, 우리는 하느님의 자녀답게 살아가야 합니다. 하느님의 자녀로서 산다는 것은 믿음으로, 희망으로, 사랑으로 살아가는 것을 의미합니다. 이는 성령의 은사로 가능해지며 우리를 그리스도의 몸이요, 성령의 성전으로 살도록 합니다. 참된 마음을 담아 하느님을 '아버지'라 부를 때, 우리는 비로소 진실한 하느님의 자녀로서 살아가게 될 것입니다. 지금부터 이러한 삶으로 여러분을 초대합니다. 침묵 속에서 이러한 묵상을 하며 참된 마음으로 하느님을 '아버지'라고 불러 보십시오. 그리고 하느님의 자녀다운 품위와 존엄성에 맞게 살아가십시오. 우리는 더 이상 우리 자신의 것이 아니라 그리스도의 것입니다. 바오로 사도께서 말씀하셨듯이 "우리는 그리스도의 피를 통하여 속량, 곧 죄의 용서를 받아"[21] 그리스도의 것이 되었습니다. 그러므로 나를 소유하신 하느님의 품위에 맞게 살아가야 합니다. 오늘, 하느님 아버지의 자녀가 되었다는 이 놀랍고도 심오한 초자연적인 신비로 들어가 그 기쁨을 만끽하며 환희의 기도를 바치십시오. 우리를 위해 하느님을 '아버지'라고 부르도록 가르쳐 주신 그리스도의 어머니께 전구를 청하며 기도합시다.

은총이 가득하신 마리아님, 기뻐하소서!
주님께서 함께 계시니 여인 중에 복되시며
태중의 아들 예수님 또한 복되시나이다.
천주의 성모 마리아님,
이제와 저희 죽을 때에 저희 죄인을 위하여 빌어 주소서. 아멘.

영광이 성부와 성자와 성령께
처음과 같이 이제와 항상 영원히. 아멘.

---

[21] 우리는 그리스도 안에서, 그리스도의 피를 통하여 속량을, 곧 죄의 용서를 받았습니다(에페 1,7). - 역주

3장
우리는 하느님의 자녀입니다

성부와 성자와 성령의 이름으로. 아멘.

하늘에 계신 우리 아버지
아버지의 이름이 거룩히 빛나시며, 아버지의 나라가 오시며
아버지의 뜻이 하늘에서와 같이 땅에서도 이루어지소서!
오늘 저희에게 일용할 양식을 주시고
저희에게 잘못한 이를 저희가 용서하오니, 저희 죄를 용서하시고
저희를 유혹에 빠지지 않게 하시고, 악에서 구하소서. 아멘.

'행위는 존재를 따른다(operari sequitur esse).'라는 격언이 있습니다. 철학에서 자주 사용되는 이 라틴어 격언은 단순하지만 중요한 의미를 지닌 표현 중 하나입니다. 사물은 존재하고 그에 따라서 행

동한다는 것입니다. 따라서 우리는 물로 집을 태워 달라거나, 불로 집을 식혀 달라고 할 수 없습니다. 왜냐하면 행위는 존재를 따르기 때문입니다. 이 원리는 물리적 세계와 관련된 문제들에서는 꽤 분명한 사실입니다. 그러나 자유로운 존재인 우리에게는 어떨까요? 우리는 이렇게 말해야 합니다. "행위는 반드시 존재를 따라야 한다." 즉, 우리의 행동이 우리의 본질을 따라야 하며, 그 행동은 자유롭게 우리가 누구인지를 반영하도록 해야 한다는 뜻입니다. 오늘 오전 피정 강의에서는 하느님의 자녀로서 우리의 존재에 대해 묵상했습니다. 오후 피정 강의 시간에는 하느님의 자녀라는 우리의 존재에서 비롯되는 몇 가지 측면에 대해 묵상해 보고자 합니다. 행위는 우리의 존재를 따릅니다. 그런데 인간의 불행은 행위와 존재가 분리될 때 시작됩니다. 우리의 삶과 행동이 우리의 존재와 일치하지 않을 때 내적인 분열과 붕괴가 발생하며, 이것이 바로 죽음입니다. 죽음이란 무엇일까요? 죽음은 분리입니다. 그렇다면 내적인 삶에서의 죽음이란 무엇일까요? 그것은 우리의 삶이 하느님과 분리되는 것입니다. 내면 깊은 곳에서 우리의 존재대로 살지 않는다는 것을 의미합니다.

오후 피정 강의에서도 주님의 기도의 첫 번째 단어인 '아버지'에 머물고자 합니다. 계속해서 이 단어에 머물며 묵상하겠습니다. 오전 피정 강의에서 하느님의 자녀가 된다는 것의 의미, 즉 하느님 아버지의 자녀이자 그리스도의 몸이며 성령의 성전이 된다는 것이 무엇을 의미하는지에 대해서 다 함께 묵상했던 것을 기억하실 겁니다. 또한 세례성사를 통해 우리가 하느님을 믿고 희망하며 사랑할 수 있는 능력을 받게 되었다는 사실도 함께 묵상했습니다. 더불어 우리 안에 계시며 실제로 활동하시는 성령의 현존에 대해서도 말씀드렸습니다. 여러 은사를 통해 우리의 삶에 개입하시는 성령의 현존을 우리 존재의 모든 순간에 느낄 수 있다는 사실에 대해서도 언급했습니다. 성령은 결코 멀리 계시지 않습니다. 정말 중요한 것 하나를 말씀드리겠습니다. 이 피정 동안 성령께서는 매우 특별한 방법으로 우리의 영혼을 움직이실 것입니다. 그러므로 하느님께 돌아가도록 우리를 인도하시는 성령의 속삭임과 지시에 귀를 기울여야 합니다. 오늘의 두 번째 피정 강의에서는 하느님의 자녀로서 우리가 지녀야 할 모습과 태도에 대해 살펴보고자 합니다. 이번 강의의 기본 내용은 토마스 아퀴나스 성인의 가르침을 바탕으로 하며, 예수의 성녀 데레사가 쓰신 「완덕의 길」에 나오는 말씀도 함께 활용할 것입니다. 이제부터 하느님의 자녀로서 우리가 삶 속에서 살아가야 할 네 가지 중요한 태도와 모습을 살펴보겠습니다.

경신덕virtus religionis으로서의 흠숭의 태도

첫 번째는 흠숭의 태도입니다. 우리가 참으로 하느님 아버지의 자녀라면, 무한하신 아버지와 자녀의 관계에도 변화가 일어납니다.

창조주와 피조물 사이에는 원래 무한한 거리가 있지만, 하느님께서는 영원한 사랑으로 우리를 당신의 가족으로 받아 주셨습니다. 이 사실을 명심해야 합니다. 그분의 위대한 사랑 앞에서 우리는 어떻게 반응해야 할까요? 무릎을 꿇고 주님께 흠숭을 드리며 이렇게 고백해야 합니다. "저의 하느님, 당신께서는 저의 전부이십니다. 당신만이 저의 유일한 주님이십니다. 저는 오직 당신만을 섬기오리다. 제 온 마음을 다해 주님만을 사랑하오리다. 저의 영혼을 다하고, 저의 목숨을 다하고, 저의 정신을 다하고, 저의 존재를 다 바쳐 오직 주님 당신만을 사랑하오리다." 이것이 바로 흠숭입니다. 흠숭은 경신덕의 주요 행위임을 우리는 잘 알고 있습니다. 그렇다면 경신덕이란 무엇일까요? 덕행이란 실로 중요한 것입니다. 따라서 우리는 덕행의 언어를 회복해야 합니다. 우리의 삶에서 덕행이 얼마나 필요한지를 깨닫는 것이 중요합니다.

일화를 하나 소개하겠습니다. 지금 오후 3시인데요. 스페인에서 오후 3시에 묵상하자고 제안하는 일은 폭력이나 다름없습니다. 그 시간엔 모두 시에스타Siesta[22]를 즐기며 깊은 '베드로 묵상'[23]에 빠져 있기 때문입니다. 여기 계신 여러분도 깊은 묵상에 빠져 꿀잠

---

[22] 스페인에서 오후에 짧게 낮잠을 자는 전통적인 휴식 시간입니다. - 역주
[23] '잠에 빠진 상태'를 의미하는 농담조의 표현입니다. 복음서에 겟세마니에서 예수님이 기도하실 때 베드로가 잠에 빠진 것을 빗대어 만들어졌습니다. 피정이나 묵상 시간에 졸릴 때 "베드로 묵상에 빠졌다."고 표현하며, 특히 시에스타를 즐기는 문화와 연결하여 유머러스하게 사용되었습니다. - 역주

을 자 보신 적이 있는지 모르겠지만, 오후 3시에 철학적이고 심오한 내용을 강의한다는 것은 너무 힘든 일일 겁니다. 이미 선종하신 세고비아 교구장이셨던 안토니오 팔렌수엘라Antonio Palenzuela 주교님이 오래 전에 마드리드의 산 다마소 신학교에 출강하시면서 오후 시간에 신학생들을 가르치셨습니다. 주교님이 오후 수업 때 가르치신 과목은 하필 형이상학이었습니다. 평소에도 유머 감각이 뛰어나신 주교님인데 입원하셨다는 소식을 듣고 병문안을 갔습니다. 폐에 심각한 문제가 생겨서 건강이 좋지 않았습니다. "안토니오 주교님, 지금은 제가 신학교에서 철학 교수로 재직 중입니다. 형이상학도 가르치고 있어요. 그러고 보면 제가 주교님의 후계자가 된 셈이네요."라고 말씀드리자, 주교님은 저를 바라보며 이렇게 물으셨습니다. "파블로 신부, 자네는 몇 시에 수업하고 있지?" "오전 9시입니다."라고 대답하자 주교님은 이렇게 대답하셨습니다. "그렇다면 자네는 내 후계자가 아닐세. 나는 오후 4시에 수업을 했다네. 철학 과목 중에서도 가장 지루한 형이상학을 오후 4시에 가르치는 건 거의 불가능에 가까운 일 아닌가? 그 일을 내가 했다네." 그런데 하필 여러분 앞에서 오후 3시에 덕행이라는 주제로 강의하게 되었네요. 다소 철학적인 내용이라 죄송스럽지만, 오늘 묵상과 연관된 중요한 내용이기에 말씀드리고자 합니다.

덕행이란 무엇일까요? 덕행이란 아주 기본적이고 중요한 개념입니다. 물리적인 세계에 비유하자면, '덕행'이란 여러 활동을 가능하게 해 주는 '근육'과 같습니다. 만일 누군가 근육 손실을 겪는다면 점점 약해질 것입니다. 근육이 손실되고 있는 사람에게 "죄송하지만 저기 있는 의자 좀 가져다주실 수 있을까요?"라고 물으면, 그는 이렇게 대답할 겁니다. "제가 힘이 없어서 못 가져다드리겠네요. 마음은 가져다드리고 싶은데 제가 너무 힘이 없어요." 이 사람에게는 뭐가 부족합니까? 힘이 부족합니다. 또한 덕德도 부족합니다. 더불어 어떤 일을 할 가능성도 부족합니다. 그렇다면 덕행은 어디서 생겨날까요? 덕행에는 다양한 유형이 있습니다. 우선, 주입되는 덕행들이 있습니다. 하느님께서 우리에게 선물로 주입해 주시는 덕행입니다. 그러나 원하지 않는 사람은 이 덕행을 거부할 수 있습니다. 따라서 우리는 자유의지로 하느님께서 주시는 덕행을 받아들여야 합니다. 또한 어떤 덕행들은 반복되는 행위로 형성됩니다. 예를 들어 시간을 지키는 덕행이 그렇습니다. 처음에는 수고스럽고 어려울 수 있지만 한 번, 두 번, 일단 시작만 하면 자연스럽게 다섯 번이 되고 결국 시간을 잘 지키는 사람이 될 수 있습니다. 또 다른 예로는 침묵을 지키는 덕행입니다. 물론 처음에는 대침묵이 어렵겠지만, 하루, 이틀을 거쳐 사흘째가 되면 금세 토요일이 되고 우리 모두 여기서 완벽한 대침묵 피정을 할 수 있게 됩니다. 하지만 분명 쉽지 않은 일입니다. 대침묵이 익숙하지 않기 때문에 불편하고 힘들 수 있습니다.

덕행에 반대되는 것은 바로 악습, 즉 나쁜 습관입니다. 덕행이란 좋은 습관의 실천, 다시 말해 좋은 일을 하도록 습득된 성향을 의미합니다. 반대로 악습은 나쁜 일을 하도록 습득된 성향입니다. 가령 어떤 사람이 게을러서 알람이 울렸는데도 30분이나 45분이 지난 후에 일어난다면, 그는 나태라는 악습을 가지고 있는 셈입니다. 그러나 알람이 울렸을 때 "이제 일어나자. 할 수 있어."라고 말하면서 제시간에 깨어나려고 노력한다면, 점차 아침에 일어나는 일이 덜 힘들어질 것입니다. 이처럼 덕행이란 반복을 통해 습관화되어 습득하는 겁니다. 다른 예로 성무일도를 바치는 일을 들어 보겠습니다. 사제들에게는 교회의 기도인 성무일도를 바쳐야 하는 기쁜 의무가 있다는 사실을 다들 잘 알고 계실 겁니다. 그러나 성무일도를 매일 제시간에 바치기는 결코 쉬운 일이 아닙니다. 더군다나 이미 성무일도 바치는 일을 포기해 버린 사제에게는 다시 성무일도를 바친다는 게 더욱 어렵게 느껴질 수 있습니다. 하지만 성무일도를 다시 시작해서 3주가 흐르고 4주가 흘러 꾸준히 바친다면, 그 이후로는 성무일도를 바치는 일이 절대 어렵지 않을 것입니다. 왜냐고요? 이제 기도를 바치는 덕행, 즉 좋은 습관이 생겼기 때문입니다.

경신덕이라는 덕이 있습니다. 무엇일까요? 경신덕은 창조주와의 관계에서 피조물로서 마땅히 해야 할 바를 하도록 이끌어 주는 덕입니다. 예를 들어 주일마다 자연스럽게 하느님을 찬양하고 싶은 마음이 든다면, 그 사람은 이미 경신덕을 지닌 것입니다. 이처럼 하느님께 마땅한 존경과 흠숭을 드리는 것이 경신덕입니다. 반면, 하느님의 이름을 어떤 식으로든 함부로 부르는 것은 경신덕이 부족한 것입니다. 호기심에서라도 무당에게 가서 점을 치거나 사주를 보는 것 역시 경신덕이 없는 행동입니다. 모든 미신 행위는 중대한 죄입니다. 왜일까요? 그러한 행위들은 하느님의 이름에 대한 불경죄이기 때문입니다.

우리는 경신덕의 근본적인 행위가 '흠숭'이라는 사실을 이미 잘 알고 있습니다. 그런데 왜 여러분께 이런 말씀을 다시 드리는 걸까요? 그만큼 흠숭이라는 좋은 습관을 익히는 일이 참으로 중요하기 때문입니다. 흠숭이라는 덕목은 습관으로 형성됩니다. 처음에는 어려울 수 있습니다. 왜일까요? 하느님께 흠숭을 드리는 좋은 습관에 익숙하지 않은 사람에게는 흠숭의 습관을 실천하는 데 큰 노력과 희생이 필요하기 때문입니다. 성당에 성체 조배를 하러 가서 감실 앞에 한 시간 동안 머무르려 한다면, 정말 진땀이 날 정도로 힘들 것입니다. 그러나 하루, 이틀, 사흘, 나흘이 지나 엿새가 되면 성체 조배를 하는 습관이 형성되고, 그때부터는 감실 앞에서 기도하는 한 시간이 금세 지나가 버립니다.

마드리드에 한 수녀회가 운영하는 학교가 있습니다. 이곳에서는 3살짜리 유아들부터 초등학생에 이르기까지 성체 조배를 하는 습관을 기르는 프로그램을 운영하고 있습니다. 물론 어린아이들은 10분 정도만 감실 앞에 머물게 합니다. 이렇게 성체 조배 습관을 어렸을 때부터 길러 온 아이들은 10살 이상이 되면 성체 조배가 어렵지 않다고 합니다. 성체 조배가 자연스럽게 느껴져서, 나중에는 오히려 그 시간을 좋아하게 된다고 합니다. 성체 조배라는 좋은 습관을 실천하며 덕행을 갖추게 된 것입니다. 이 순간 저는 스스로 묻게 됩니다. '나는 사제로서 과연 주님을 흠숭하는 덕행을 지니고 있는가?' 모든 그리스도인이, 모든 하느님의 자녀가 마땅히 그분을 흠숭하는 덕행을 갖추어야 한다면 사제들에게는 이러한 덕행이 더더욱 중요하지 않겠습니까? 하느님을 흠숭하는 일은 참으로 아름다운 일입니다.

이제 「가톨릭 교회 교리서」에서 '흠숭'에 관한 부분을 읽어 드리겠습니다. "경신덕에 따른 행위 가운데 첫째가는 것은 흠숭이다."(2096항) 이 얼마나 중요한 말씀입니까! 하느님께 흠숭을 드리는 일이 첫째가는 행위라는 것입니다. 참으로 첫째가는 행위입니다. 경신덕 중에 가장 우선되는 행위가 하느님을 흠숭하는 것입니다. 흠숭이 첫 번째로 충족되지 않는다면 다른 것들은 다 헛되고 맙니다. 콜카타의 성녀 마더 데레사는 이런 말씀을 하셨습니다. "만일 정치인들이 하느님을 흠숭하는 데 더 많은 시간을 보낸다면, 이 세상의 많은 문제들이 해결될 것입니다."[24] 「가톨릭 교회 교리서」는 하느님을 흠숭하는 것이 무엇인지에 대해 이렇게 가르칩니다. "하느님

---

24 마더 데레사 성녀가 성체 조배의 중요성을 강조하신 것은 널리 알려진 사실입니다. 그분은 성체 조배를 통해 하느님과 깊은 교감을 이루며 사랑과 봉사의 힘을 얻었다고 말씀하셨습니다. 일화 하나를 소개합니다. 마더 데레사와 함께 차를 타고 자비의 집의 한 수도원에서 콜카타 시내에 있는 또 다른 수도원으로 여행할 때였습니다. … 나는 그분에게 이렇게 질문했습니다. "마더 데레사 수녀님, 미국을 회개시키려면 무엇이 필요할까요?" 마더 데레사는 주저하지 않고 이렇게 대답했습니다. "만일 미국에 있는 모든 본당이 하루에 3시간씩 성체 조배를 한다면 미국은 회개할 것입니다."(월간 「마리아」, 105호, 2001 참조)-역주

에 대한 흠숭은 그분을 하느님으로, 창조주요 구세주로, 주님이며 존재하는 모든 것의 주인으로, 사랑과 자비가 무한하신 분으로 인정하는 것이다."(2096항) 그렇습니다. 하느님을 인정해 드리며 이렇게 기도하는 것입니다! "하느님, 저는 당신께서 저의 하느님이심을 압니다. 주님, 저는 당신께서 저의 주님이심을 압니다. 저의 주님께서는 우주 만물을 창조하신 분이며, 저를 구원하신 분이고, 하늘과 땅의 주님이십니다." 이렇게 하느님을 하느님으로 인정하는 것이 바로 흠숭입니다.

　　제가 스페인 신문에서 스크랩한 기사 하나를 소개하겠습니다. 휘발유가 떨어져서 지나가는 차를 얻어 타고 주유소까지 가서 휘발유를 사 와야 했던 한 남자의 일화입니다. 기사에 따르면 헬멧을 쓰고 커다란 오토바이를 탄 운전자가 그 남자 앞에 멈춰 섰습니다. 그리고 그에게 타라고 말했습니다. 그 남자는 큰 오토바이 뒷자리에 탔습니다. 남자는 그들 뒤에 두 대의 오토바이가 아주 가까이 따라오는 것을 이상하게 생각했습니다. 주유소에 도착하자 그 남자는 오토바이 운전자에게 자신을 다시 차가 있는 곳까지 데려다 줄 수 있는지 물었습니다. 오토바이 운전자는 흔쾌히 승낙했고, 그렇게 했습니다. 차에 도착하자 남자는 감사를 표했습니다. 그때 오토바이 운전자가 헬멧을 벗었습니다! 그는 스페인 국왕이었습니다! 국왕은 오토바이를 좋아해서 가끔씩 주변을 돌아다니는 것 같았습니다. 그 남자는 얼굴이 하얗게 질렸습니다.

사실 이와 똑같은 일이 우리에게도 벌어지고 있습니다. 우리는 하느님을 하느님으로 알아보지 못한 채 살아가고 있기 때문입니다. 참으로 비극적인 일 아닙니까? 우리에게 경신덕이 부족하기에, 우리는 하느님의 자녀답게 살아가지 못할 뿐만 아니라 하느님을 알아보고 인정해 드리지도 못하고 있습니다. 여러분 한번 상상해 보십시오. 평소에 부모님과 멀리 떨어져 지내다가 어느 날 길거리에서 부모님이 내 앞을 지나가시는데도 알아보지 못한다면, 이 얼마나 어이없고 황당한 일입니까? 그런데 우리가 평소에 하느님을 알아보지 못하는 것은 물론, 하느님으로 인정하지도 않은 채 살아가고 있다면 이 얼마나 끔찍하고 비참한 일입니까? 하느님의 존재를 가장 강렬하게 인정하고 깊이 인식할 수 있는 순간은 바로 흠숭의 순간입니다. 그러므로 우리 삶의 시공간 속에서 하느님을 흠숭하기 위한 자리를 마련하고, 그분을 온전히 흠숭하는 것은 그 무엇보다 소중하고 중요한 일입니다.

다시 「가톨릭 교회 교리서」로 돌아가서 흠숭에 대한 정의를 이어가겠습니다. "하느님에 대한 흠숭은 그분을 존경하며 온전히 순명하는 가운데, 하느님이 아니면 존재할 수 없는 '피조물의 허무'를 인정하는 것이다."(2097항) '우리'라는 존재는 하느님이 아니면 존재할 수 없는 '허무'라고 합니다. 형제 여러분, 우리는 어떤 존재입니까? 하느님 없이는 존재할 수 없는 허무한 존재가 바로 우리 자신입니다. 우리는 스스로 생명을 부여하지 않았고, 세상을 창조하지도 않았으며, 건강이나 지능도 부여하지 않았습니다. 어디서, 언제, 어느 가족에게서 태어날지도 우리 스스로 결정한 것이 절대 아닙니다. 우리는 우리 자신에게 그 무엇도 부여하지 않았습니다. 사실 우리는 아무것도 아니며, 언젠가는 죽을 존재일 뿐입니다. 지금 당장 사라져도 이상하지 않을 존재입니다. 그렇습니다! 우리는 아무것도 아닙니다. 하느님 없이 우리라는 존재는 아무것도 아닌 허무일 뿐입니다. 그런데 교만은 이 허무함을 덮어 버립니다. 우리가 신이라도 되는 것처럼 믿게 하고, 심지어 "나는 신이다."라고 착각하게 만듭니다. 그러나 우리는 아무것도 아닌 허무일 뿐입니다.

얼마 전 로마에 있는 한 수도회의 장상이 마드리드의 신학교를 방문하였습니다. 일반적인 방문 일정을 준비했는데, 그 장상이 프라도 미술관을 관람하고 싶어 해서 모시고 갔습니다. 다행히 최근까지 프라도 미술관의 부관장이었던 미대 교수님과 친분이 있어서 도움을 받을 수 있었습니다. 교수님이 그림에 대해 한창 설명하고 있는데, 흐트러진 차림의 한 청년이 작은 책자 하나를 들고 오더니 우리에게 말을 걸었습니다. "안녕하세요? 괜찮으시다면 제가 이 책을 읽어 드릴까요? 여러분도 저처럼 미술을 잘 모르셔서 헤매고 있는 것 같아서요." 그래서 제가 그 청년에게 말했습니다. "괜찮아요. 저희는 스페인에서 미술에 대해 가장 해박한 분 중 한 분과 함께 있어서요." 참 이상합니다. 우리가 어리석은 짓을 하는 능력은 끝이 없네요. 어리석은 행동을 하면서도 자신은 모른 채 살아가죠.

바로 교만이 사람의 눈을 가리기 때문입니다. 이처럼 교만은 사람으로 하여금 자신도 모르게 어리석은 행동을 하게 만듭니다. 이러한 일들은 우리의 삶 속에서도 마찬가지로 일어납니다. 마치 자신이 신인 것처럼, 또는 죄 없는 존재인 것처럼 살아가는 사람들이 있습니다. 회개가 필요 없는 것처럼 행동하는 사람이라면, 이는 교만으로 인해 눈이 가려진 것입니다.

그렇다면 흠숭을 드린다는 것은 무엇을 의미할까요? 흠숭이란 하느님을 당신의 자리에 올려 드리는 것입니다. 그것도 가장 좋은 자리에 모시는 것입니다. 리옹의 이레네오 성인은 이렇게 말씀하셨습니다. "자신이 어떤 존재이며, 어디서 와서 어디로 가고 있는지를 아는 사람만이 자기 삶의 모든 것이 사랑임을 깨달을 수 있습니다." 이 위대한 말씀을 다시 한 번 되새겨 보겠습니다. 그만큼 중요한 내용이기 때문입니다. 이레네오 성인은 우리가 그저 흙과 먼지 같은 존재임을 깨달으라고 하십니다. 그러나 우리가 하느님의 자녀가 된 지금 이 순간, 우리는 하느님의 영광으로 이끌리게 됩니다. 이 모든 것은 우리 자신의 능력으로 이루어진 것이 아니라 전적으로 하느님의 선물입니다. 많은 선물을 받았음을 아는 사람은 "저는 그것을 정말 원합니다."라고 고백합니다. 하느님의 사랑을 누리는 사람도 마찬가지입니다. 이 얼마나 경이로운 일인가요! 그래서 흠숭이란 바로 하느님을 가장 높은 자리에 모시고, 우리를 마땅히 있어야 할 자리에 두는 행위입니다. 따라서 "당신은 허무 외에 다른 것이 아닙니다."라는 말은 당신을 의기소침하게 만들려는 것이 아닙니다. '당신은 정말 불행하고 비참한 존재'라는 부정적인 의미도 절대 아닙니다. 오히려 이 말씀은 하느님께서 당신을 자녀로 받아 주실 만큼 얼마나 당신을 사랑하시는지를 알려 주는 것입니다. 이처럼 "당신은 허무 외에 다른 것이 아닙니다."라는 말은 부정적인 의미가 아니라 오히려 정반대의 의미를 담고 있습니다. 그러므로 하느님에 대한 흠숭은 참으로 중요합니다.

"하느님에 대한 흠숭은 그분을 존경하며 온전히 순명하는 가운데, 하느님이 아니면 존재할 수 없는 '피조물의 허무'를 인정하는 것이다. 흠숭은 마리아께서 마니피캇Magnificat에서 노래하셨듯이, 하느님께서 큰일을 하셨고 그분의 이름은 거룩하시다고 감사하는 마음으로 고백하면서, 하느님을 찬미 찬송하고 자신을 낮추는 것이다."(「가톨릭 교회 교리서」, 2097항 참조) 마리아께서는 흠숭하는 여인, 즉 흠숭의 모범을 보여 주신 분입니다. "내 영혼이 주님의 위대하심을 찬송하나이다." 주님의 위대하심을 찬송하고 선포하는 것, 이것이야말로 흠숭하는 행위입니다. "내 마음이 나의 구원자 하느님 안에서 기뻐 뛰니 그분께서 당신 종의 비천함을 굽어보셨기 때문입니다."(루카 1,47-48) 여기서 비천함이란 무엇일까요? '나'라는 존재는 허무를 의미합니다. 그러나 허무한 존재인 나를 하느님께서 굽어보셨다고 고백하십니다. 마리아께서는 하느님의 어머니라는 참으로 고귀한 자리까지 오르신 피조물입니다. 마리아께서는 자신의 존재를 인식하셨고, 장차 어디로 올라갈지 아셨기에 기뻐하셨습니다. 그렇다면 기쁨이란 무엇일까요? 토마스 아퀴나스 성인은 기쁨을 가리켜 사랑의 열매, 즉 자신이 사랑받고 있음을 아는 것이라고 말씀하십니다. 누군가에게 사랑받을 때 기쁨을 느끼고, 누군가에게 미움을 받을 때 슬픔을 경험합니다. 그렇다면 하느님께 사랑받고 있다는 사실을 알게 된다면 그 기쁨은 얼마나 크겠습니까? 그래서 마리아께서는 이렇게 고백하신 것입니다. "내 영혼이 주님의 위대하심을 찬송하나이다. 내 마음이 하느님 안에서 기뻐 뛰노나이다."

우리를 해방시켜 주는 흠숭

「가톨릭 교회 교리서」 2097항은 "오직 한 분이신 하느님을 흠숭함으로써 인간은 자신을 폐쇄하는 데에서, 죄의 속박에서, 세상의 우상 숭배에서 해방된다."라는 말로 끝납니다. 이는 매우 중요한 부분입니다. 이 내용에 대해 함께 묵상해 보겠습니다. 정말 멋진 내용입니다. 하느님을 흠숭함으로써 우리가 해방되는 순간이 언제인지 생각해 보겠습니다. 먼저 자신을 폐쇄하는 데에서 해방된다고 합니다. 형제 여러분! 제가 겪고 있는 일을 여러분도 겪고 있는지 모르겠습니다만, 우리는 고통 받는 사람들입니다. 이 말을 어떻게 표현해야 할까요? 우리는 종종 잔뜩 움츠린 채 자기 자신만을 바라보며 살아갑니다. 그러면서 "내가, 나를, 나에게, 나와 함께"라는 말만 반복하며 스스로를 가둡니다. 마치 1인칭 단수 활용법만 아는 사람처럼 자기 자신 안에 고립되어 살아갑니다. 나에게 기쁜 일이 생길 때만 기뻐하고, 나에게 슬픈 일이 있을 때만 슬퍼한다는 것입니다. 우리는 종종 이런 모습으로 살아가고 있습니다. 그러나 이렇게 자신을 가두는 삶은 하느님을 사랑하는 사람의 모습이 아닙니다. 진정으로 하느님을 사랑하는 사람은 하느님께 기쁨을 드리는 일에 기뻐하고, 하느님께 슬픔을 드리는 일에 슬퍼합니다. 그러므로 흠숭은 우리를 스스로 가두는 것으로부터 해방시켜 줍니다. 혹시 자폐증 환자를 만나 보신 적이 있는지 모르겠습니다만, 영적인 자폐증을 앓는 사람들도 있습니다. 이들은 자신 안에 갇혀서, 오직 자기 자신과 관련된 문제에만 몰두한 채 폐쇄적으로 살아갑니다.

　　그리스도께서 어떻게 사셨는지 우리는 알고 있습니다. 그분은 자신을 위해 아무것도 취하지 않으시고, 오히려 사람들이 생명을 얻고 더 얻어 풍성하게 만드시려고 자신을 온전히 내어 주셨습니다. 그리스도께서는 영적인 자폐증 환자들과 완전히 다른 삶을 사셨습니다. 우리 사제들은 제2의 그리스도입니다. 그리스도의 대리자인 사제직을 통해 우리 각자는 또 다른 그리스도로서 살아가야 합니다. 어떻게 하면 그러한 삶을 살아갈 수 있을까요? 온전히 내어 주는 삶을 살아야 합니다. 스스로에게 갇혀 살지 않아야 합니다. 그러나 원죄의 결과로 우리는 매일 자기 자신 안에 갇혀 살고 싶은 유혹을 받습니다. 이러한 유혹에 대한 해독제가 바로 흠숭입니다. 매일 하느님을 흠숭하는 삶이야말로 영적인 자폐증의 치료제입니다. 이 약을 매일 충실히 복용해야 합니다.

죄로부터의 자유도 우리가 깊이 생각해 봐야 합니다. 형제 여러분! 죄는 우리를 노예로 만듭니다. 죄는 당신을 가짜 신들, 소위 우상이라 불리는 것들의 노예로 만들어 버립니다. 돈, 쾌락, 명예, 교만 같은 우상들의 노예가 되는 것이 바로 죄입니다. 지금 당신의 삶을 지배하는 것은 무엇입니까? 하느님만이 내 삶의 주님이시며, 나를 이끄시고 지배하시는 유일한 분이라고 고백할 수 있다면 얼마나 좋겠습니까! 하지만 내가 죄의 노예로 살아가고 있다면 나는 과연 누구의 지배를 받고 있는 것입니까? 욕망과 교만과 돈이 나를 지배하고 있다면 그 우상은 이렇게 속삭일 것입니다. "이리 와요. 나를 더 세게 끌어안고, 나를 더 애타게 찾아 헤매세요. 나를 더 많이 소유하세요." 그 유혹에 넘어가면 우리는 오직 우상을 추구하기 위해 살아가게 됩니다. 농담처럼 들릴지 모르지만, 이는 우리 주변에서 실제로 벌어지는 일입니다. 때로는 쾌락이 이렇게 속삭일 것입니다. "아직도 부족해. 너는 더 많이, 더 많이 누릴 수 있어." 이런 일이 내면에서 일어나도 전혀 알아차리지 못하는 것은 자기 자신 안에 갇혀서 살아가기 때문입니다.

우리가 사는 세상도 우상으로 다가올 때가 많습니다. 세상은 매우 매력적으로 보이지만 모두 한때일 뿐, 결국 허망한 것입니다. 죽음 이후에는 그 어떤 것도 가져갈 수 없기 때문입니다. 그런데도 세상은 여전히 우리의 시선을 사로잡으며 매력적으로 다가옵니다. 그러나 세상의 유혹을 해독해 주는 약이 있으니, 바로 주님께서 이미 우리에게 알려 주신 '흠숭'입니다. 그러므로 우리는 흠숭하는 마음가짐으로 기도하는 사람이 되어야 합니다.

　오후 피정의 첫 번째 주제인 흠숭을 매우 중요하게 생각해야 합니다. 흠숭하는 태도는 우리의 삶에 꼭 필요하기 때문입니다. 특히 사제들은 일상에서 아무리 바빠도 주님을 흠숭하는 마음으로 기도하는 시간을 반드시 마련해야 합니다. 그리스도 공동체가 모두 주님께 온 마음으로 흠숭을 드리며 살아간다면 얼마나 좋겠습니까? 본당 공동체가 다시 활기를 띨 수 있는 가장 간단한 방법은 함께 주님을 흠숭하며 살아가는 것입니다. 때로 우리는 공동체 활성화를 위해 매우 이상하고 터무니없는 시도를 하는데, 효과를 나타내는 방법은 매우 단순합니다. 사람들을 전례에 초대하여 하느님께 흠숭을 드리는 것, 그것만으로 충분합니다. 흠숭은 우리가 하느님을 아버지라고 부를 때 생겨나는 가장 아름다운 첫 번째 결과물입니다.

각자의 과제 : 그리스도를 알고 그리스도를 닮기

　토마스 아퀴나스 성인에 따르면, 하느님을 아버지라고 부를 때 생겨나는 가장 아름다운 두 번째 결과물이자 하느님의 자녀로서 우리가 지녀야 할 두 번째 태도는 그리스도를 닮는 것입니다. 그리스도를 닮는 것은 사실 매우 단순한 일입니다. 마치 자녀가 부모를 닮아 가는 것과 같습니다. 제 목소리가 아버지와 비슷하게 들리는 경우가 종종 있습니다. 그래서 집에 전화를 걸 때면 가족들이 저를 아버지로 착각하곤 하는데, 그럴 때마다 정말 기쁩니다. 왜냐고요? 제가 사랑하는 아버지를 닮았기 때문입니다. 몸짓은 물론 태도나 목소리 톤까지 아버지를 닮았다고들 하면 행복합니다. 이와 같은 일이 하느님과 우리 사이에도 일어나야 합니다. 하느님께서는 당신을 우리에게 어떻게 나타내셨습니까? 하느님께서는 예수 그리스도 안에서 온전히 당신을 드러내셨습니다. 그러므로 우리는 그리스도를 본받고 닮아야 합니다. 그리스도를 닮는 것은 모든 영성의 역사에서 매우 중요한 주제로 다루어 왔습니다. 특히 이 주제는 토마스 아 켐피스의 「준주성범 : 그리스도를 본받음」이라는 책 제목으로도 잘 알려져 있습니다.

그리스도를 닮기 위해서는 먼저 그분을 알아야 하며, 그리스도를 알기 위해서는 성경을 읽고 공부하면서 기도해야 합니다. 사랑하기 위해서는 사랑하는 대상을 알아야 하기 때문입니다. 따라서 하느님을 아버지라고 부르는 것의 두 번째 결과물은 하느님을 닮기를 바라는 마음입니다. 그렇다면 우리는 어떻게 하느님을 닮을 수 있을까요? 살아 계신 하느님의 아들 그리스도를 닮으면 됩니다. 그러나 이를 위해서는 그리스도를 읽고, 흠숭하고, 그분이 어떤 분이신지, 어떻게 생각하시는지, 어떤 시선으로 세상을 바라보시는지 알아야 하며 그분과 친밀해져야 합니다. 이를 위해 필요한 것이 바로 교도권의 가르침에 비추어 성경을 읽는 것입니다. 성경을 제멋대로 읽고 해석해선 안 된다는 것을 우리는 잘 알고 있습니다. 그러므로 교회가 읽고 해석하는 방식을 따라 성경을 읽고 이해해야 합니다. 예를 들어 베네딕토 16세 교황님이 쓰신 「나자렛 예수」라는 책을 읽어 보십시오. 그 책에서 교황님이 성경 구절들을 어떻게 묵상하시는지 명확히 알 수 있습니다. 교황님은 성경을 면밀히 연구하시며, 각 구절의 깊은 의미를 탐구하십니다. 이를 통해 그리스도를 아는 지식을 이성과 감성의 조화 속에서 아름답게 표현하셨습니다. 교황님이 성경을 해석하신 방식을 보면 참으로 감동적입니다. 삶의 긴 여정을 마친 후 "나는 그리스도를 알고 있습니다. 내가 아는 그리스도는 이런 분입니다."라고 고백할 수 있다면, 이 얼마나 경이롭고 감동적인 일이겠습니까! 우리는 자기 자신만의 그리스도에 대한 앎을 바탕으로 '나자렛 예수'라는 책을 쓸 수 있어야 합니다. 그러므로 우리는 그리스도를 알고자 하는 열망과 갈망을 품어야 합니다. 결국 성경을 읽는다는 것은 우리의 삶에서 가장 근본적이고 중요한 역할을 합니다.

토마스 아퀴나스 성인을 따라, 하느님의 자녀로서 우리가 지녀야 할 세 번째 태도는 '순명'입니다. 즉, 하느님의 자녀로서 갖춰야 할 첫 번째 태도는 그분을 흠숭하는 것이고, 두 번째 태도는 그분을 닮는 것이며, 세 번째 태도는 순명하는 것입니다. 리옹의 이레네오 성인은 "순명은 자유의 표현이다."라고 말씀하셨습니다. '순명이 자유'라는 말을 믿지 않는 이들에게는 어쩌면 일종의 스캔들일 수도 있습니다. 그러나 그 누구에게도 절대 순명하지 않는다고 말하는 사람도 사실은 순명하며 살아갑니다. 자기 자신의 천박하고 저속한 욕망에 순명하면서 살고 있지요. 결국 우리는 어떤 식으로든 무언가에 순명하고 있는 셈입니다. 왜냐고요? 우리는 신이 아니기 때문입니다. 그저 창조주께 속해 있는 피조물일 뿐입니다. 그렇다면 우리는 누구에게 순명해야 하겠습니까? 바로 하느님 아버지께 순명해야 합니다. "주님, 저에게 무엇을 원하십니까?" 이 물음 자체가 순명하려는 마음입니다. 하지만 사제들은 매우 심각한 문제를 가지고 있습니다. 어찌 보면 우리는 가장 자유로운 사람들입니다. 우리 마음대로 살아갑니다. 그래서 누군가가 우리에게 조언하거나 간섭하면 그것을 견디기 어려워합니다. 사실 저도 그렇습니다. 정말 어렵습니다.

    제 친형제들은 다양한 직업을 가지고 있습니다. 그래서 가끔 형제들과 대화를 나눌 때면, 자신들의 삶에 대해 길게 하소연하곤 합니다. 가령 지난 성탄절 때 친형제들과 긴 대화를 나눈 후에, 저는 일반 직장인들이 사제들보다 훨씬 더 순명하며 산다는 결론을 내렸습니다. "나 같은 경우 직장에서 15분만 늦어도 바로 인사과장한테 무슨 일로 늦었냐며 문책성 전화를 받아요." "그뿐입니까? 이

번 달 목표 실적을 달성하지 못해도 즉시 연락이 와요." "어느 날은 커피 마시러 잠깐 나갔다 왔는데, 그사이에 전화를 안 받았다고 바로 상사가 '도대체 무슨 일로 전화를 안 받았냐?'고 하면서 다짜고짜 짜증을 부리더라고요." "교수라고 다르지 않아요. 하루 수업을 빠지면 학과장이 바로 연락해서 무슨 일이 있었는지 묻거나, 그 수업은 수당에서 제외된다고 하죠." 이처럼 세상 속에서 살아가는 사람들도 모두 나름대로 순명합니다. 순명하지 않으면 생존할 수 없기 때문입니다.

어떻게 순명을 살아야 하나?

일화를 하나 이야기해 드리겠습니다. 친구 신부님을 만나러 그 친구의 본당에 갔습니다. 그런데 성당 사무실이 닫혀 있었습니다. 사무실 시간표를 확인해 보니, 다음과 같은 글이 붙어 있었습니다. '우리가 올 때 열고, 우리가 갈 때 닫습니다. 오셨는데 우리가 없으면, 시간이 안 맞은 겁니다.' 누군가 이렇게 말할지도 모릅니다. "진짜 멋지네요. 이런 걸 자유로운 영혼이라고 하는 거지 나도 매일 내 카리스마에 따라서 마음대로 살아야겠어요." 또 다른 일화는 제가 어느 대성당에서 미사 시간을 확인했을 때입니다. 미사 시간표에 '아침 8시 미사'라고 적혀 있었는데, 그 옆에 괄호로 '거의 항상'이라고 쓰여 있었습니다. 이게 무슨 뜻인지 궁금했습니다. 전에 제 형님이 그 성당에 갔다가 아침 미사가 취소된 적이 있었다는 말을 들었기 때문입니다. 마침 주교좌 성당의 참사회 위원 한 분을 알고 있어서 그분께 물었습니다. 알고 보니, 담당 신부님이 아침에 못 일어나서 미사가 없었던 날들이 있었다고 합니다. 사람들이 자꾸 항의하니까, 그분들을 속이지 않기 위해 '거의 항상'이라는 문구를 추가했다는 겁니다. 맙소사! 이런 태도가 소위 '카리스마'에 이끌려 자유롭게 사는 걸까요? 영적으로 자유롭게 산다고 착각할 수 있지만, 사실은 '철면피'처럼 뻔뻔하게 살아가는 것입니다.

결국 이는 우리가 순명하는 것이 얼마나 어려운지 보여 주는 사례들입니다. 우리는 모두 원죄로 인한 '사욕'을 지니고 있습니다. 저를 포함해서 우리 모두가 그렇습니다. 그래서 누군가 우리에게 기준을 정해 주고 따르라고 할 때, 그것에 순명하는 것이 쉽지 않습니다. 그러므로 추상적인 순명에만 머물지 말고, 더욱 구체적인 순명의 삶을 살아야 합니다. "당신은 하느님께 순명하고 있습니까?"라고 물으면, "네. 하느님께는 순명하지만, 그런데…"라고 대답할지도 모릅니다. 교회에도 순명하십시오! 이것은 중요합니다. 왜냐하면 교회는 하느님과 우리를 연결해 주는 고리이기 때문입니다. 하느님을 그저 하늘에만 계시는 영적이고 추상적인 존재로 만들어서는 안 됩니다. 하느님 아버지와 예수 그리스도와 교회의 연결을 결코 분리해서는 안 됩니다. 예를 들어 교회가 우리에게 성무일도를 바치라고 했을 때, 매일 성무일도를 충실히 바치는 것은 하느님 아버지께 순명하는 일입니다. 순명은 이렇게 구체적이고 아름다운 것입니다.

　　이제 우리는 각자 무엇을 통해 구체적으로 순명할 수 있는지를 알게 되었습니다. 하느님의 자녀로서의 삶은 매우 구체적이어야 하며 그렇게 살아야 합니다. 추상적이거나 비현실적인 것에 빠지지 않도록 주의하십시오! 가령 누군가가 "나는 하느님 아버지께 순명한다."고 말하면서 미사를 자기 멋대로 주례한다면 그것은 순명이 아닙니다. 얼마 전의 일입니다. 공동으로 집전하는 미사에 참례하기 위해 제의실에서 대기하는데, 주례 신부가 자기는 「미사 경본」을 사용하지 않는다고 하더군요. 제가 다 외우신 거냐고 묻자, 그 신부님은 "아니요. 그냥 제 마음에서 나오는 대로 합니다."라고 답했습니다. 실제로 미사 중에 그분은 감사 기도를 이렇게 바쳤습니다. "하느님 아버지, 당신을 찬미함이 참으로 마땅하고 옳은 일입니다. 왜냐하면 우리를 원숭이에서 진화시키셨기 때문입니다." 미사 중에 진화론을 인용하며 하느님께 감사 기도를 드린 겁니다. 미사가 끝난 후, 저는 그분에게 "신부님은 원숭이에서 나왔을지 모르지만, 저는 아닙니다. 다윈의 진화론에는 심각한 문제점과 한계가 있다는 사실이 이미 과학계에서 분명하게 밝혀졌습니다."라고 말했습니다. 어쨌든 우리는 교회가 정해 준 대로 미사를 집전해야 합니다. 어떤 이들은 노예적인 발상이라고 비판할지 모르지만 절대 그렇지 않습니다. 이것이 바로 순명이며, 하느님의 자녀로서 마땅히 지켜야 할 본분입니다.

오늘 우리는 '나는 어떻게 순명을 살아가고 있는가?'를 깊이 생각해 보아야 합니다. 농담처럼 들릴 수 있지만, 결코 가벼운 일이 아닙니다. 이는 매우 중요한 사안입니다. 이 피정 중에 스스로 이렇게 질문해 보십시오. '나는 순명의 삶을 어떤 차원에서 어떻게 살아가고 있는가?' 자기 자신을 속이지 마십시오. 만일 삶 속에서 여전히 순명하지 못하는 다섯 가지 큰 결점을 찾지 못했다면, 그것은 성찰을 제대로 하지 않았기 때문입니다. 이는 분명합니다. 왜냐하면 시에나의 가타리나 성녀께서 말씀하셨듯이, 우리가 올바르게 성찰하면 여전히 순명하지 못하고 있는 결점들을 발견하게 될 것이기 때문입니다. 게다가 우리는 항상 그 결점들의 심각성을 축소하려는 경향이 있습니다. 사람들은 보통 자신을 변명하려는 경향이 있지만, 어떤 사제들은 마치 묘기를 부리는 곡예사처럼 다양한 변명거리를 찾아내곤 합니다. "이건 사실 그렇게 중요하지 않아. 교회가 그렇게 말하는 건 맞지만, 그건 아주 특별한 상황에만 적용되는 거야." "성무일도? 그건 딱히 할 일이 없는 사람들이나 하는 거지. 나는 하루가 정신없이 바빠서 성무일도를 할 시간도 없어." "내가 이렇게 피곤한데 어떻게 미사를 하루도 빠짐없이 드릴 수 있겠어?" "미사 경본? 네, 좋지요. 하지만 본당 공동체에는 훨씬 더 창의적이고 자극적인 내용이 필요하답니다. 예를 들어, 오늘은 원숭이에 관해 이야기하고 내일은 얼룩말 정도는 얘기해야지요." 사실 "순명하겠습니다."라고 말하는 것은 참으로 아름다운 일입니다! 왜냐하면 겸손한 사람만이 순명할 수 있기 때문입니다. 순명하는 사람은 겸손하며, 겸손한 사람만이 하느님을 만납니다. 반대로 순명하지 않는 사람은 겸손하지 않은 사람입니다. 우리가 순명하지 않는 것은 곧 겸손하지 않기 때문입니다.

하느님의 자녀는 훈계를 언짢게 여기지 않는다

마지막으로 하느님의 자녀로서 지녀야 할 네 번째 태도는 훈계를 언짢게 여기지 않는 것입니다. 이는 누군가가 '하느님의 자녀'로 살아가고 있다는 증거가 되기도 합니다. 훈계는 듣기에 거북할 수도 있지만 매우 아름다운 것입니다. 토마스 아퀴나스 성인은 이 점을 잠언의 말씀을 인용하여 잘 요약합니다. "내 아들아, 주님의 교훈을 물리치지 말고 그분의 훈계를 언짢게 여기지 마라. 아버지가 아끼는 아들을 꾸짖듯 주님께서는 사랑하시는 이를 꾸짖으신다."(잠언 3,11-12) 훈계를 언짢게 여기지 않는 것은 매우 어려운 일입니다. 훈계를 받아들이고 자신을 바로잡는 일은 매우 버겁고 힘든 일이지요. 그러나 훈계를 받아들인다는 것은 진정으로 겸손하다는 증거 중 하나이므로 우리는 기꺼이 그렇게 해야 합니다. 잠언은 주님의 교훈을 물리치지 말라는 구절에서 '아들'이라는 단어를 사용합니다. "내 아들아, 내가 말하는 것을 가볍게 여기지 말고, 나의 훈계를 귀찮아하지 말라."는 뜻입니다. 왜냐하면 하느님은 사랑하는 이를 꾸짖고 훈계하여 바로잡으시기 때문입니다. 무엇을 위해 훈계하십니까? 그를 영원한 생명으로 이끌기 위해서입니다.

부모는 자녀를 바로잡아야 합니다. 그렇지 않으면 자녀를 올바르게 교육하지 않는 것이고, 교육하지 않으면 자녀의 성장에 얼마만큼 부정적인 영향을 끼칠지 알 수 없습니다. 결국 변화가 불가능한 패역한 자녀가 될지도 모릅니다. 이것은 저를 포함한 사제들에게도 해당하는 이야기입니다. 사제가 훈계를 듣는다는 것은 사실 참 어려운 일입니다. 정말로 힘들지만, 훈계를 받아들이는 것이 우리에게도 필요합니다. 그런데 어떻게 보면 하느님의 훈계라는 것이 다소 추상적으로 느껴질 수 있습니다. 하느님께서는 나를 언제 훈계하실까요? 이 질문에 대한 답도 '하느님, 그리스도, 교회의 연결' 안에 있습니다. 교회가 나에게 "이건 안 돼." 혹은 "이건 괜찮아."라고 말해 줄 수 있습니다. 그리고 교회의 가르침을 나에게 전하는 사람이 있을 것입니다. 토마스 아퀴나스 성인은 '훈계와 징벌 앞에서의 인내'에 대해 말씀하시면서, 이는 "치료하는 훈계"라고 표현하십니다. 당신을 훈계하는 말은 당신을 반응하게 합니다. 즉 훈계는 어려운 상황이나 죄의 상태, 불행한 상황에서 벗어날 수 있도록 당신을 반응하게 해, 영혼을 정화하고 영원한 생명의 길로 나아가도록 합니다. 형제 여러분! 이건 매우 중요한 일입니다. 우리의 삶이 걸려 있기 때문입니다! 그러므로 우리를 바로잡아 주고 삶의 진실과 마주하도록 이끌어 주는 사람이 얼마나 고마운지요! 그렇게 우리는 하느님의 참된 자녀로서 살아갈 수 있게 됩니다. 오늘은 이 가르침을 특별히 마음에 새기시길 바랍니다!

　　오늘 오후 기도 시간에 흠숭과 그리스도를 닮는 것, 그분께 순명하고 훈계를 받아들이는 것이 무엇을 의미하는지 묵상해 보시기를 권합니다. 주님의 기도에서 첫 번째 주제인 '아버지'라는 말씀을 통해 하느님의 자녀로서의 삶을 묵상해 보십시오. 또한 여러분이 하느님과 진정한 대화를 나눌 때 다음과 같은 순서로 해 보시기를 권합니다. 가장 먼저 하느님께 흠숭을 드린 다음 순명을 위해 이렇게 기도하십시오. "하느님, 저는 당신께 순명하기를 간절히 바랍니다." 그리고 구체적인 양심 성찰을 통해 '내가 무엇에 순명하지 못하고 있는가?'를 자문해 보십시오. 여기서 정말 중요한 것이 있는데, 순명하지 못하는 내 모습을 전혀 발견하지 못했다면 경고등을 켜야 합니다. 왜냐하면 눈이 먼 것이나 마찬가지이기 때문입니다. '내가 무엇에 순명하지 못하는가?' 이 질문은 마치 자선과도 같습니다. 인정하기가 어려울수록 더 현실적인 문제입니다. 진지한 양심 성찰과 함께 주님께 이렇게 간구하십시오. "저의 하느님, 저는 순명하고 싶습니다. 저에게 순명의 은사를 내려 주소서." 마지막 순서는 훈계를 받아들이는 것입니다. "주님, 제가 훈계를 받아들일 수 있도록 도와주십시오."라고 청하십시오. 가까운 형제나 친구, 심지어 장상에게 진솔한 훈계를 요청하는 것도 좋습니다. "형제님, 저를 바로잡아 주십시오."라고 말하며 훈계를 받아들일 수 있어야 합니다. 공동체에서 훈계를 통해 서로를 돕지 않고 아첨만 한다면 이는 결코 도움이 되지 않습니다. 아첨은 악마의 도구일 뿐입니다. 우리는 형제적 교정을 통해 서로를 도와야 합니다. 오늘 피정 강의는 여기서 마칩니다. 여러분은 오후나 밤에 하느님을 '아버지'라고 부르며 특별한 마음으로 기도하는 시간을 가지시기를 바랍니다.

은총이 가득하신 마리아님, 기뻐하소서!
주님께서 함께 계시니 여인 중에 복되시며
태중의 아들 예수님 또한 복되시나이다.
천주의 성모 마리아님,
이제와 저희 죽을 때에 저희 죄인을 위하여 빌어 주소서. 아멘.

영광이 성부와 성자와 성령께
처음과 같이 이제와 항상 영원히. 아멘.

4장
'우리 아버지'에 담긴 심오한 뜻

　　이제 우리는 피정 둘째 날을 맞이했습니다. 오늘은 베네딕토 16세 교황님이 쓰신 「나자렛 예수」를 묵상하면서, 하느님께서 언제나 역사 안에 현존하시고 활동하신다는 굳건한 믿음을 가지게 되기를 바랍니다. 우리는 인간만이 역사를 움직이는 유일한 주체라고 보는 물질주의적 관점을 갖고 있지 않습니다. 오히려 인류의 역사와 개개인의 삶 속에서 하느님이 적극적으로 개입하시며 일하고 계심을 알고 있습니다. 이것은 무엇을 의미할까요? 첫째, 하느님께서는 우리의 존재 자체를 지탱하시며 매 순간 우리를 떠받치고 계신다는 뜻입니다. 둘째, 하느님께서는 일상의 구체적인 상황들을 통해 매일 우리에게 말씀하시고 우리를 인도해 주신다는 의미입니다. 우리는 날마다 그분의 말씀을 받아들일지, 아니면 외면할지를 선택할 수 있습니다. 이것은 매우 중대한 일입니다. 따라서 오늘을 포함한 피정의 시간들은 하느님께서 주시는 아주 특별한 은총입니다. 하느님께서 우리와 소통하기를 원하시기 때문입니다. 하느님께서는 우리에게 회개의 은총을 주셔서, 우리가 더 행복하게 살고 더 많은 사랑의 열매를 맺으며 더욱 주님께 충실한 사람이 되기를 바라십니다. 그렇게 우리를 성화시키시어, 마침내 우리가 성인이 되기를 원하십니다.

오늘 이 시간, 우리는 자유롭게 하느님께 응답할 수 있습니다. 우리 각자는 자유로운 존재로서(우리가 자유로운 존재라는 그 자체가 놀라운 신비입니다) 하느님께 "저는 당신의 말씀을 듣고 싶습니다."라고 말할 수도 있고, 정반대로 "당신의 말씀을 듣고 싶지 않습니다."라고 말할 수도 있습니다. 물론 우리는 절대로 하느님께 당신의 말씀을 듣고 싶지 않다며 대놓고 말하지는 않습니다. 아무도 그런 식으로 말하지는 않습니다. 그러나 우리는 다른 방식으로 이를 표현하며 살아갑니다. 우리가 기도에 충실하지 않다거나, 정해진 기도 시간을 소홀히 한다거나, 기도 중에 온갖 잡념으로 집중하지 않는다면, 사실상 하느님께 "저는 당신의 말씀을 듣고 싶지 않습니다." 또는 "당신이 저에게 무슨 말씀을 하시든 상관없습니다."라고 말하는 것과 같습니다. 단순히 말뿐만 아니라, 우리는 행동으로도 응답합니다. 그래서 오늘의 이 피정은 중요합니다.

콜카타의 성녀 마더 데레사는 인생을 멋진 비유로 설명하면서 "우리의 삶은 수천 개의 순간으로 짜여 있다. 그 순간들은 하느님을 향한 사랑의 시간이 될 수도 있고 자신만을 위한 사랑, 즉 자기중심적이고 자기 안에 갇힌 시간이 될 수도 있다."라고 말씀하셨습니다. 결국 우리의 인생길은 수천 개의 순간들과 찰나의 시간들로 이루어집니다. 그래서 지금 이 순간을 경시하고, 현재 우리가 직면한 중요한 것들의 의미를 과소평가하는 것이 얼마나 큰 유혹인지 모릅니다. 예를 들어 바로 지금, 구체적인 이 순간을 과소평가해서는 안 됩니다. 지금 하는 피정을 그저 일 년에 한 번 통상적으로 반복하는 귀찮은 일이라고 생각하는 것이 얼마나 큰 유혹인지 모릅니다. 마치 하느님께서 역사 속에서 일하신다고 믿지 않는 회의주의자처럼 이렇게 말할 수도 있습니다. "우리가 이미 다 경험해 봐서, 피정 중에 무슨 일이 일어날지 다 알고 있잖아요. 물론 좋은 결심을 하고, 어쩌면 변화에 대한 열망을 느낄 수도 있겠죠. 하지만 결국 삶은 그대로입니다. 사람은 쉽게 변하지 않아요. 집이나 본당으로 돌아가면 모든 것은 다시 원래대로 돌아가 버릴 겁니다." "삶이 참 힘들죠. 혹시 내게 문제가 있는 걸까요? 사실 나는 원래 이런 사람인데 누가 나를 바꾸겠어요? 그리고 이 나이에, 이렇게 오랜 세월 동안 이 모양으로 살아온 나를 어떻게 바꿀 수 있겠어요? 그래도 피정은 어차피 해야 할 일이니까 하긴 합니다만, 내 말이 틀렸나요?" 이런 생각은 이미 패배한 삶을 사는 것이므로 결코 우리가 받아들여서는 안 될 사고방식입니다. 하느님께서는 오늘 이 자리에서, 지금 이 순간 우리 안에서 큰 기적을 일으키실 수 있는 분입니다.

따라서 우리는 오늘이라는 특별한 날, 구체적으로 2009년 1월 20일이 그냥 지나가지 않도록 마음을 굳게 다져야 합니다. 왜냐하면 하느님께서는 바로 오늘 우리에게 말씀하시기 때문입니다. 하느님께서는 지금도 우리에게 말씀을 건네십니다. 그분은 지금도 일하시며 항상 우리와 함께 현존하십니다.

　　이제 본격적으로 오늘의 피정 묵상을 시작해 보겠습니다. 여러분이 저를 격려해 주시는 것처럼, 저도 여러분을 격려하는 마음으로 제 경험 하나를 나누고자 합니다. 스페인의 한 교구에서 사제들을 위한 피정을 지도해 달라는 초청을 받았습니다[25]. 그런데 그 교구의 신부님들은 대부분 연세가 아주 많았습니다. 지금은 조금 더 나이가 들었습니다만, 당시 저는 사제품을 받은 지 6~7년 정도 될 때였습니다. 그런데 그 교구의 주교님께서 저에게 사제들을 대상으로 피정을 지도해 달라고 요청하신 겁니다. 저는 젊은 패기로 그저 하느님에 대해 선포하기 위해 그 제안을 수락했습니다. 왜냐하면 하느님께서는 사제들에게 말씀 선포의 은총을 주시기 때문입니다. 물론 가장 젊은 사람은 저였고, 저 다음으로 젊은 사제는 69세였습니다. 나머지 40명의 사제들은 모두 그보다 더 연로하셨습니다! 그래서 그분들은 저를 마치 손자처럼 대했습니다. 제가 강의를 마칠 때마다, 그분들은 저를 격려하며 이렇게 말씀하셨습니다. "힘

---

25 파블로 신부는 1999년 3월에 오우렌세Ourense에서 피정을 처음으로 지도했습니다.

내요! 잘하실 겁니다!" 그런데 저에게 가장 큰 격려는 여러분이 열정을 가지고 기도를 충실히 하며, 기도의 기쁨을 느끼는 모습을 보는 것입니다. 정말입니다. 이런 고백을 해도 되는지 모르겠습니다만, 저는 주님께 감사드리고 있습니다. 이 피정에서 여러분이 기도와 묵상에 온전히 몰입하며 충실한 모습을 보여 주실 때마다, 사제로서 아름다운 증거를 주님께 드러내 보이는 겁니다. 저는 그런 여러분에게 진심으로 감사드립니다. 물론 가끔 원죄의 흔적을 살짝 드러내는 분도 있습니다. 하지만 그건 뭐… 그저 주님께 도움을 청해야 할 듯싶습니다. 누구를 특정해서 하는 말은 아닙니다. 그런데 누군가 이 말을 듣고 자신에게 하는 말처럼 느낀다면, 그분은 주님 앞에서 스스로 이렇게 물어야 할 듯싶습니다. '내가 피정을 제대로 하지 않고 있는 걸 어떻게 알았지?' 우리는 계속해서 주님께 회개의 은총을 청해야겠습니다.

무슨 말을 하는지 알지도 못한 채 기도하고 있지는 않은가요?

주님의 기도에서 두 번째 묵상 주제는 '우리'입니다. 어제 우리는 '아버지'라는 단어를 묵상했습니다. 이제 '우리'라는 단어를 묵상해 보겠습니다. 하지만 너무 걱정하지는 마십시오. 주님의 기도에 나오는 단어를 하나하나 매일 묵상하지는 않을 겁니다. 그렇게 한다면 피정이 한 달 이상 걸릴 수도 있으니까요! 너무 겁내지 마세요.

어느 순간부터는 속도가 붙을 것입니다. 주님의 기도에서 첫 문장 속 첫 단어들은 놀라울 정도로 깊은 의미를 담고 있습니다. 우리는 주님의 기도에서 이 첫 단어들을 얼마나 자주 입으로 되뇌었습니까? 또한 주님의 기도를 얼마나 자주 외웠습니까? 그런데 예수의 성녀 데레사께서 언급하셨듯이, 어쩌면 우리는 더 이상 그 단어들에 마음을 담지 않고, 마치 딸그락거리는 깡통들처럼 기도하고 있는지도 모르겠습니다. 우리가 소리 내어 바치는 염경 기도에 우리의 열정과 영혼과 마음을 담지 않는다면 말입니다. 소리 내어 바치는 염경 기도는 영혼으로 채워져야 합니다. 성무일도를 바치거나 시편으로 기도할 때도 간절한 마음으로 해야 합니다. 옛날에는 라틴어로 미사를 드렸기에 그럴 수 있었다지만, 지금은 우리말로 기도하는데도 아무런 느낌이나 생각이 없어 보입니다.

'우리', 그리스도와 하나가 된 우리

우리는 주님의 기도를 너무 자주 습관적으로만 바치다 보니, 때로는 기도문의 단어에 마음과 영혼을 담지 않는 경우가 많습니다. 오늘은 특별히 '우리'라는 단어에 마음과 영혼을 담아 기도하시기를 바랍니다. '우리'라는 단어에는 신학적인 측면만이 아니라, 영성 생활과 사제의 삶에서도 매우 중요한 가르침이 담겨 있습니다. 아우구스티노 성인이 설명하신 바와 같이, '우리'라는 단어는 무엇보다도 하느님께서 우리를 소유하고 계시다는 사실을 상기시켜 줍니다. 우리가 자주 사용하는 '저의 하느님'이라는 표현처럼, 우리는 하느님께 '당신께서는 저의 하느님'이라고 고백할 수 있습니다. 왜냐하면 하느님께서 친히 우리에게 '나의 아들'이라고 말씀하셨고, 우리는 그분의 것이기 때문입니다. 하느님께서는 "너는 나의 백성이 될 것이다."라고 하셨으며, 이는 하느님의 약속 중 하나였습니다. "너희는 내 백성이 되고 나는 너희 하느님이 되리라."(예레 30,22) 따라서 우리를 소유하는 주체는 하느님입니다. 나는 하느님의 것입니다. 그러므로 우리는 삶의 의미나 존재의 목적을 멋대로 결정할 수 없습니다. 하느님께서는 이미 우리에게 이렇게 말씀하셨습니다. "너는 나의 것이다. 나의 자녀이기 때문이다. 너는 너 자신이면서도 나의 것이다." 그렇습니다. 우리는 하느님의 것입니다. 우리의 주인은 우리가 아닙니다. 우리의 존재 자체는 물론, 시간도 의지도 자유도 모두 하느님의 것입니다.

그런데 왜 '우리'일까요? 그리스도께서 친히 '우리'라고 가르쳐 주셨기 때문입니다. 주님께서는 우리가 '우리 아버지'라고 부르도록 가르쳐 주셨습니다. 이것이 바로 '우리'라는 단어의 첫 번째 중요한 의미입니다. 하지만 '우리'라는 단어가 기본적이면서도 더 직접적으로 가리키는 것은 이 점이 아닙니다. '우리'라는 복수형은 보다 더 중요한 의미를 가지고 있습니다. '하늘에 계신 나의 아버지'라고 말할 수도 있었지만, 우리는 '우리 아버지'라고 말합니다. 토마스 아퀴나스 성인은 '우리'라는 단어의 의미가 "그리스도의 몸과의 일치"를 의미한다고 단언하십니다. 하느님의 아드님은 누구십니까? 그리스도이십니다. 그분은 아드님이십니다. 그렇다면 나는 누구입니까? 나는 '아드님 안에서의 자녀'입니다. 우리 각자는 '아드님 안에서의 자녀', 즉 그리스도 안에서의 자녀입니다. 왜냐하면 우리는 세례를 받았고 그리스도를 입었기 때문에(갈라 3,27 참조), 나는 하느님을 '아버지'라고 부를 수 있게 되었습니다. 그래서 내가 하느님을 '아버지'라고 부르며 기도할 때 그리스도와 일치를 이루고, 그리스도의 몸인 보편 교회의 다른 지체들과도 하나 되어 기도하는 것입니다. 그러기에 이러한 기도는 교회와 하나 되어 바치는 심오한 교회의 기도가 됩니다. 여기서 기도하시는 분은, 아우구스티노 성인이 말씀하셨듯이 '온전한 그리스도(Cristo total)'이십니다. 우리가 여러 번 들어왔던 라틴어 'Christus totus'[26]라는 아름다운 표현이 바로 이것을 의미합니다. 그러므로 우리는 단순히 그리스도인이 된 것에 대해 축하하고 감사할 뿐만 아니라, 바로 그리스도 그분이 된 것에 대해 기뻐하며 감사해야 합니다. 형제 여러분! 이 말은 그 의미가 너무나도 깊고 경이로워서 우리로 하여금 경외심으로 떨게 만듭니다!

아우구스티노 성인은 요한 복음서 주해에서 다음과 같이 말

---

[26] 그러므로 그리스도와 교회는 '온전한 그리스도(Christus totus)'이다. 교회는 그리스도와 더불어 하나이다. 성인들은 이러한 일치를 매우 생생하게 의식하고 있다.-(「가톨릭 교회 교리서」, 795항). - 역주

합니다. "우리는 단순히 그리스도인이나 그리스도의 제자가 된 것이 아니라, 바로 그리스도 그분이 된 것을 기뻐하며 감사합시다." 형제 여러분, 하느님께서 우리에게 그리스도를 머리로 주신 은총을 이해하고 있습니까? 우리는 몸이고 그리스도는 머리이십니다. 어느 누가 자기 머리를 자를 수 있겠습니까? 어느 누가 "오늘 기분이 안 좋으니 내 머리를 잘라 버리겠다."고 말할 수 있을까요? 말도 안 되는 소리입니다. 그렇다면 왜 우리는 때때로 우리의 머리이신 그리스도를 삶에서 떼어 내려고 하는 것입니까? 왜 우리는 그리스도와의 일치가 아닌, 그분과 분리된 삶을 살려고 합니까? 아우구스티노 성인은 이렇게 말씀하십니다. "놀라고 기뻐하십시오. 우리는 그리스도가 되었습니다." 실제로 그리스도는 머리이시고 우리가 지체이기 때문입니다. 머리이신 그리스도와 지체인 우리의 일치가 온전한 사람을 만듭니다. 이것은 정말 놀라운 일입니다. 이제 나라는 존재는 그리스도 없이는 결코 이해할 수 없다는 것입니다. 아우구스티노 성인은 "그리스도의 온전함은 머리와 지체에 있다."고 덧붙이셨습니다. 그렇다면 '머리'와 '지체'는 무엇을 의미할까요? 아우구스티노 성인은 머리와 지체가 바로 "그리스도와 교회"를 가리킨다고 설명하셨습니다.

　　형제 여러분! 우리는 그리스도와 교회 없이는 우리 자신을 이해할 수 없습니다. 그것은 불가능합니다. 그러므로 주님의 기도에서 '우리'라고 말할 때, 우리는 이렇게 고백하는 것입니다. "내가 하느님의 자녀라는 사실은 그리스도를 머리로, 교회를 내 몸의 지체로 삼는 것과 결코 분리될 수 없습니다." 즉, 주님의 기도는 아주 심오한 교회의 기도임을 강조하고 싶습니다. 우리는 교회의 자녀이며, 교회 안에서 그리스도의 지체입니다. 그러므로 주님의 기도에서 '우리'라는 단어를 발음할 때마다, 우리는 주님께 "주님, 저는 당신과의 일치 속에서 살고 싶나이다."라고 고백하는 것입니다. 이는 곧 그리스도와의 일치 속에서, 다시 말해 교회와의 일치 속에서 살고 싶다는 뜻입니다. 형제 여러분! 우리가 이런 마음으로 주님의 기도를 바치지 않는다면, 거짓말을 하고 있거나 단순히 공허한 말만을 내뱉을 뿐입니다. 마치 약혼자에게 사랑을 고백하면서 시든 꽃다발을 들고 다른 쪽을 바라보며 "난 너를 어느 정도는 사랑하는 것 같아."라고 말하는 것과 같습니다. 이건 정말 어처구니없는 일입니다. 주님의 기도를 바치면서 우리가 말하는 바를 모른 채, 그토록 장엄한 말들을 그저 기계적으로 내뱉는 것은 터무니없고 부조리한 일입니다.

명심하십시오! 주님의 기도에서 '우리'라고 말할 때마다 "저의 하느님, 저는 당신과 일치할 뿐만 아니라 그리스도와 함께 교회와도 일치하며 살기를 간절히 열망하나이다."라고 선언하는 것입니다. 아우구스티노 성인은 이를 매우 아름답게 설명하셨습니다. 성인은 이에 대해 감동적으로 설명하시다가 어느 순간 이렇게 선포하십니다. "그러므로 이제 그리스도와 교회 없이는 당신 자신을 결코 이해할 수 없습니다. 그리스도와 교회가 없다면 당신은 아무것도 아니기 때문입니다. 머리가 잘리고 몸의 일부가 없는 존재, 즉 기형적인 존재가 될 것입니다." 형제 여러분, 우리도 그렇습니다. 그리스도와 교회가 없다면 우리는 기형적인 존재, 다시 말해 왜곡된 존재가 될 것입니다.

하느님의 모상인 형제들과의 일치

자, 이제 주님의 기도에서 '우리'라는 단어에 담긴 두 가지 측면에 대해 살펴보겠습니다. 첫 번째 측면은 아우구스티노 성인이 강조한 것이고, 두 번째 측면은 토마스 아퀴나스 성인이 이 구절을 주석하면서 제시하신 것입니다. 토마스 아퀴나스 성인은 형제들과의 일치에 초점을 맞춥니다. 특별히 그리스도와의 일치뿐만 아니라 형제들과의 일치를 강조하셨습니다. 그에 따르면, '우리'라는 단어는 가장 먼저 우리가 다른 사람들도 "하느님의 자녀"라는 사실을 깨닫게 해 줍니다. 다른 형제들도 본질적으로 하느님의 자녀이기 때문에 우리는 그들의 존엄성을 존중해야 합니다. 그들이 어떤 사회적 위치에 있든, 나이가 어떻든 상관없습니다. 그들은 모두 하느님의 자녀입니다!

우리는 하느님의 방식대로 다른 사람을 바라보는 법을 배워야 합니다. 하느님께서 어떤 사람을 볼 때 가장 먼저 무엇을 보실까요?

하느님께서 첫 번째로 보시는 것은 그가 '당신의 자녀'라는 사실입니다. 우리도 그렇게 다른 사람들을 바라보아야 합니다. 예를 들어, 우리는 교황님을 두 가지 관점으로 볼 수 있습니다. 한 개인으로서 그를 볼 수도 있고, 하느님 앞에서 베드로 사도의 후계자로 그를 볼 수도 있습니다. 그런데 이 두 가지 관점을 혼동하지 않도록 주의해야 합니다. 왜냐하면 두 관점은 서로 다르기 때문입니다. 제가 독일에서 알게 된 한 교수님이 있는데, 그분은 베네딕토 16세 교황님이신 요제프 라칭거와 절친한 친구였습니다. 그들은 독일에서 함께 교수로 일했던 동료였지요. 그 교수님은 지금도 가끔 교황님을 만나면 전혀 다른 태도로 대한다고 합니다. 그 이유는 무엇일까요? 교수님은 이렇게 설명하셨습니다. "비록 교황님이 제 친구일지라도, 이제 그는 베드로의 후계자이기 때문에, 나는 그에게서 가장 고귀하고 숭고한 면을 보아야 합니다. 교황님도 하느님 앞에서는 그분의 자녀이지만, 동시에 베드로의 후계자이기에 이 두 가지 모습을 함께 바라보아야 합니다." 우리도 마찬가지입니다. 우리는 서로를 친구로 여겨야 하지만, 동시에 하느님의 자녀이자 예수 그리스도의 사제라는 것을 알아야 합니다. 그러므로 상대방이 하느님 앞에서 누구인지, 즉 하느님께 선택받고 기름 부음을 받은 자라는 사실을 인식하는 것이 중요합니다.

이렇게 '우리'라는 단어는 다른 형제들과 하느님의 깊은 유대감을 인정하게 만듭니다. 이것이 우리가 형제들 안에서 가장 먼저 인식해야 할 점입니다. 토마스 아퀴나스 성인은 이것이 바로 다른 형제들을 존중해야 하는 이유라고 말씀하십니다. 예를 들어 말라키서에서는 이렇게 말합니다. "우리 모두의 아버지는 한 분이 아니시냐? 한 분이신 하느님께서 우리를 창조하지 않으셨느냐? 그런데 어찌하여 너희는 서로를 멸시하느냐?"(말라 2,10 참조) "어찌하여 너희는 서로를 멸시하느냐?"라는 말은 무슨 뜻일까요? 다른 사람을 바라볼 때 가장 중요한 것은 하느님과 관련된 것, 즉 그 사람이 하느님의 모상이라는 점입니다. 모든 피조물 안에는 이미 하느님의 흔적이 존재합니다. 토마스 아퀴나스 성인은 '흔적vestigium'과 '모상imago'을 구별합니다. 모든 물질적 피조물 안에는 하느님의 '흔적'이 있지만, 피조물 중에 오직 사람만이 하느님의 '모상'입니다. 사람만이 하느님의 모습으로 창조되었기 때문입니다. 그런데 어떤 사람들 안에서는 그 모상이 그리스도와 더욱 깊이 일치해 있습니다. 특히 사제직은 그리스도의 사제직에서 나온 것입니다. 따라서 우리는 서로를 사제로서 존중해야 하며, 비방이나 중상모략이나 험담을 피해야 합니다. 이러한 행위는 하느님과 다른 사람 안에 있는 그분의 모상을 심각하게 모독하는 행위이기 때문입니다. 우리는 단순히 인간적인 시선뿐만 아니라 신앙의 눈으로 다른 사람을 바라보아야 합니다. 하지만 이 사실을 잊어버리기가 너무도 쉽다는 것을 저 자신도 잘 알고 있습니다. 교회 전체에 대해서도, 각 개인에 대해서도, 각자의 자리와 역할과 맡겨진 사명에 대해서도 마찬가지입니다. 이 사실을 기억하는 일은 매우 중요합니다. 형제 여러분! 이것이 바로 '우리'라는 단어가 담고 있는 중요한 의미입니다.

타인을 사랑하고 그의 존엄성을 존중하기

토마스 아퀴나스 성인의 가르침에 따라, 첫 번째로 우리가 하느님의 자녀임을 깨닫는 것이 중요합니다. 이 깨달음은 우리가 다른 사람의 존엄성을 존중하도록 이끌기 때문입니다. 그리고 두 번째로 그들을 사랑하도록 이끌어 줍니다. 왜냐하면 그들 안에 계신 하느님을 사랑하기 때문입니다. 이 두 가지 원칙이 매우 중요합니다. 존중하고 사랑하는 것입니다. 때때로 사랑하는 것이 어려울 수 있지만, 그 전에 우리가 먼저 해야 할 일은 존중하는 것입니다. 존중과 사랑. 왜 사랑해야 할까요? 주님께서 친히 이렇게 말씀하셨기 때문입니다. "눈에 보이는 자기 형제를 사랑하지 않는 사람이 보이지 않는 하느님을 사랑할 수는 없습니다."(1요한 4,20) 자신을 속이지 맙시다. 우리가 눈에 보이는 형제를 사랑하지 않으면서, 어떻게 보이지 않는 하느님을 사랑한다고 말할 수 있겠습니까? 이것은 그리스도께서 우리에게 하신 말씀입니다. 따라서 '우리'라는 단어에서 첫 번째로 중요하고 강조해야 할 것은 형제들과의 관계입니다. 우리는 형제들 안에서 그들이 그리스도와 맺고 있는 유대를 바라보아야 합니다. 이 얼마나 아름다운 사실입니까! 그들이 그리스도와 연결되어 있다는 것입니다! 그렇지 않다면 어떻게 될까요? 우리는 서로를 자신의 목적을 달성하기 위한 도구로 사용하게 될 것입니다. 다른 사람을 단지 자신의 목표를 이루기 위한 수단으로 여기는 것입니다.

무신론자인 니체의 책에는 매우 충격적이고 소름 끼치는 글이 있습니다. 그는 인간의 존엄과 평등에 대해 이렇게 말했습니다. "존엄? 평등? 하하하! 그런 것은 존재하지 않는다. 오직 초인만이 존엄한 존재일 뿐이다." 이것이 무신론자의 시각입니다. 히틀러는 니체의 이 책을 오랫동안 침대 머리맡에 두고 읽었다고 합니다. 그 결과가 무엇이었습니까? 타인을 파괴하는 것이었습니다. 왜냐하면 타인 안에서 어떤 존엄성도 보지 않기 때문입니다. "나는 히틀러가 아니야!"라고 말할 수 있습니다. 그것은 사실입니다. 우리는 히틀러가 아닙니다. 하지만 조심하십시오. 우리 형제들의 존엄성을 존중하지 않는 방식은 다양하게 존재하기 때문입니다. 그들을 하느님의 자녀로 대하지 않거나, 그들에게서 거룩함을 바라지 않거나, 그들이 하느님 앞에서 어떠한 존재인지를 망각하고 그들을 존중하지 않는 것입니다.

하느님이 사라지면 인간도 사라집니다. 우리의 삶에서 하느님이 지워지면, 우리는 더 이상 진정한 인간으로 존재할 수 없습니다. 이것은 니체가 '하느님을 죽였다.'고 말한 후에 겪었던 그 경험입니다. 제가 매우 흥미롭게 읽은 책이 있습니다. 오스트리아 빈에서 출판되었는데, 니체의 어머니와 어린 시절부터 가장 친한 친구였던 프란츠

오버벡Franz Overbeck 사이에 오간 편지들을 모아 놓은 책입니다.²⁷ 이 편지들은 오랜 시간이 지난 후에 발견되었습니다. 이 책은 사랑하는 아들인 니체가 미쳐 가는 과정을 순박한 부인이었던 그의 어머니가 기록한 것이기도 합니다. 여기서 저는 결코 잊지 못할 문장을 하나 발견했습니다. 니체의 어머니가 오버베크에게 보낸 편지글 중에 정말로 충격적이고 강렬한 문장이 있습니다. "니체는 하느님으로부터 멀어지면서 이성을 잃고 미쳐 갔습니다." 이 문장은 매우 중요한 진리를 담고 있습니다. 우리가 하느님으로부터 멀어지면 이성을 잃고 미쳐 갈 수 있다는 것입니다. 겉으로는 어느 정도 정상으로 보일지 모르지만 사실은 그렇지 않습니다. 하느님으로부터 멀어지면 우리는 결국 광인처럼 됩니다. 그러므로 존중과 사랑이 중요합니다. 우리는 이것을 형제애의 차원에서 바라보아야 합니다.

그리스도와의 친교 안에서

두 번째로 말씀드리고 싶은 것은 '친교'입니다. 주님의 기도에서 '우리 아버지'라는 표현을 사용할 때, 나는 하느님께 "당신은 나의 아버지이십니다."라고 고백하는 것입니다. 이는 내가 하느님의 자

---

27 NIETZSCHE F., *Mi melancólica alegría. Carta de la madre de Nietzsche Franz e Ida Overbeck*, Siete Mares, Madrid, 2008.

녀임을 알고 있기에 그분의 자녀답게 살아가겠다는 의미입니다. 내가 하느님의 자녀임을 알고 있다면, 그것은 내가 '그리스도 안에서 자녀'이기 때문입니다. 다시 말해, 내가 그리스도와의 친교 안에 있기 때문입니다. 그리고 내가 그리스도와의 친교 안에 있다면 그것은 '역사 속에 현존하시는 그리스도', 곧 교회와의 친교 안에 있기 때문입니다. 왜냐하면 교회는 그리스도의 신비체이기 때문입니다. 그러므로 우리 모두가 알고 있듯이 그리스도와의 친교 안에서 산다는 것은 곧 교회와의 친교 안에서 사는 것입니다. 그리고 이는 매우 구체적인 방식으로 드러납니다. 이처럼 '주님의 기도'에서 '우리'라는 단어는 교회와 내가 친교를 이루며 사는 것과 밀접하게 연관되어 있습니다. 이 얼마나 아름답고 놀라운 사실입니까!

그렇다면 교회는 무엇입니까? 교회는 그리스도의 신비체입니다. 콜로새 신자들에게 보낸 서간 1장 18절에서처럼 "그리스도께서는 당신 몸인 교회의 머리"이십니다. 토마스 아퀴나스 성인이 말씀하셨듯이, 그리스도와 교회는 마치 하나의 신비로운 인격체처럼 머리와 지체로서 서로 결합되어 있습니다 (Caput et membra, quasi una persona mystica). 그러므로 나와 그리스도의 일치는 곧 나와 교회의 일치와도 떼어 놓을 수 없는 불가분의 관계입니다. 사실이 이렇다면, 오늘이라는 이 시간은 우리 자신의 삶을 돌아보고 성찰하기에 아주 좋은 날입니다. 피정의 시간은 기도하고, 주님의 말씀을 듣고, 성찰하는 시간입니다. 또한 양심 성찰은 하느님의 음성을 듣기에 정말 좋은 기회입니다. 진실한 양심 성찰은 우리가 하느님께 마음을 열 때, 그분께서 말씀하시는 자리이기 때문입니다.

두 가지 질문

제가 여러분께 두 가지 질문을 드리고 싶습니다. 이 질문들을 깊이 묵상하고 성찰해 보시기 바랍니다. 첫 번째 질문은 '나는 형제애를 어떻게 실천하고 있는가?'입니다. 즉, '나는 형제들에게 어떻게 존중을 표현하고 있는가?'라는 질문입니다. 이는 단순히 외적인 존중을 넘어서서, 다른 형제들이 지닌 존엄성을 내가 얼마나 발견하고 인정하는지에 대한 것입니다. 물론 사람마다 존중의 정도가 다를 수는 있습니다. 예를 들어 교황님에게 무례하게 대하는 것과 동료에게 무례하게 대하는 것은 둘 다 잘못된 행동이지만, 질적인 면에서 차이가 있다는 것을 우리도 잘 알고 있습니다. 그래서 우리 자신에게 던져야 할 질문은 '나는 존중을 어떻게 실천하고 있는가?'입니다. 이 존중은 궁극적으로 하느님과 그리스도에 대한 것이기도 합니다. 그래서 이 질문은 매우 중요합니다.

두 번째 질문은 "나는 사랑을 어떻게 실천하고 있는가?"입니다. 즉, "나는 형제들 안에서 하느님을 사랑하고 있는가?"라는 질문입니다. 혹시 그리스도를 머리로 하고 교회를 그 몸으로 삼는 이 연결을 끊어 버린 채 '나는 하느님을 사랑하지만 형제들을 사랑하지는 않는다."고 생각하지는 않습니까? 이 질문 역시 구체적인 상황에서 묻는 것이 중요합니다. 나는 형제들이 거룩해지기를 바라고 있습니까? 아니면 다른 무언가를 추구하고 있습니까? 첫 번째 질문이 형제애와 관련이 있다면, 두 번째 질문은 친교와 관련이 있습니다.

"나는 교회와 친교 속에서 살고 있습니까?" 이 질문은 아주 구체적으로 살펴봐야 합니다. 왜냐하면 추상적인 것들은 매우 위험할 수 있기 때문입니다. "나는 교회가 가르치는 것, 교회가 정한 규율에 따라 살고 있습니까?" 이 질문은 또한 구체적으로 사제 생활의 방식과 연결됩니다. 과연 나는 교회가 가르치는 바에 따라 사제로서 살아가고 있습니까? 나의 생활 방식과 습관들이 사제로서 합당합니까? 나는 교황님과 주교님은 물론 형제 사제들과 친교 안에서 살고 있습니까? 그들과 함께 한 몸을 이루고 있다는 의식을 가지고 있습니까? 아니면 내가 맡은 사제직을 독립적이고 고립된 것으로 여기고 있습니까? 나는 그리스도만이 유일한 대사제라는 사실을 알고 있으며, 교회 안에서 교황님과 주교님들과의 친교를 통해서만 그분의 사제직이 유일하게 표현된다는 사실을 인식하고 있습니까?

최후의 만찬 때 그리스도께서 바치신 대사제의 기도

그리스도께서 최후의 만찬에서 바치신 기도는 정말로 감동적입니다. 예수님께서는 제자들의 발을 씻겨 주신 후 기도를 시작하셨는데, 그 기도를 '대사제의 기도'라고 부릅니다. 이 기도는 요한 복음서 17장에 나옵니다. 오늘 피정 중에 우리가 그리스도의 마음으로 깊이 들어가기 위해 큰 도움을 줄 이 기도를 다 함께 묵상해 보도록 하겠습니다. 이 기도에서 예수님은 우리의 심금을 울리는 너무도 감동적인 말씀들을 하십니다. "영원한 생명이란 홀로 참하느님이신 아버지를 알고 아버지께서 보내신 예수 그리스도를 아는 것입니다."(요한 17,3) 즉, 영원한 생명이 진정한 행복이며 기쁨이라고 말씀하시는 겁니다. 그러나 우리가 묵상하는 이 맥락에서 보다 인상 깊은 말씀은 바로 다음 구절입니다. "거룩하신 아버지, 아버지께서 저에게 주신 이름으로 이들을 지켜 주십시오."(요한 17,11 참조) 예수님께서 바로 우리를 위해 기도하셨습니다!

"이들도 우리처럼 하나가 되게 해 주십시오."(요한 17,11) 이 얼마나 놀랍고 감동적인 기도입니까! "그들이 모두 하나가 되게 해 주십시오. 아버지, 아버지께서 제 안에 계시고, 제가 아버지 안에 있듯이, 그들도 우리 안에 있게 해 주십시오."(요한 17,21)라고 예수님은 기도하셨습니다. 예수님께서는 "우리 안에서 하나가 된다."고 말씀하십니다. 우리의 일치는 그리스도 안에서의 일치입니다. 이 일치는 단순히 감정이나 친분으로 이루어지는 것이 아닙니다. 예를 들어 "나는 내가 좋아하는 사제들과만 하나 된다고 느낍니다."라거나 "이 교황님은 독일 사람이니까 일치하지만, 전임자는 폴란드 사람이니 별로였고, 다음 교황이 루마니아 사람이라면 힘들겠지만 이탈리아 사람이면 좀 나을 것 같습니다."라고 말해서는 안 됩니다. 그런 것들은 전혀 중요하지 않습니다. 성베드로광장에서 교황궁무처장 추기경(Cardinal Camerlengo)[28]이 "우리에게 교황님이 생겼습니다!"라고 외치던 그 순간이 얼마나 아름답습니까! 그 순간 사람들은 박수를 치고 환호합니다. 아직 교황님이 누구신지 모름에도 불구하고 사람들은 뽑히신 교황님에게 박수를 치며 환호합니다. 교황님이 어떤 분이든 상관없습니다. 그분의 피부색이 어떤지, 나이가 어떻게 되는지, 외모가 어떻든지, 그런 건 전혀 중요하지 않습니다. 그저 그분이 교황님이기 때문에 환영하는 것입니다!

　　　고해성사 때도 비슷한 상황을 상상해 볼 수 있습니다. 가령 어떤 신자가 고해소에 앉아 계신 신부님을 보면서 '저 신부님은 내가 별로 안 좋아하는 스타일이야.'라고 생각할 수 있습니다. 하지만 고해성사는 신부님이 주는 것이 아니라 그리스도께서 주시는 것입니다. 한번은 제가 친구 신부님의 본당을 방문해서 고해소가 어디 있냐고 물어봤습니다. 그런데 친구 신부님이 모르겠다는 겁니다. 알고 보니 고해소에 빗자루가 가득 차 있어서 어디 있는지 모르겠다고 한 겁니다. 창고로 쓰고 있었으니까요. 그래서 제가 이렇게 말했습니다. "아니, 자네 얼굴이 빗자루를 닮은 건 내가 익히 알고 있었

---

28 교황 궐위 시(교황 선종 시부터 새 교황이 선출될 때까지) 교황청의 세속 자산과 권리를 특별법에 따라 관리하고 보살피는 업무를 담당합니다. - 역주

지만, 그래도 고해소는 좀 치워야지! 깨끗이 청소하고 고해소에 앉아 신자들을 기다려야 하는 거 아닌가!" 고해소는 앉아서 신자들의 고해를 들어주는 곳입니다. 그런데 가끔 신자들이 와서 이렇게 말할 수도 있습니다. "저는 이 신부님이 별로 마음에 안 들어요. 왜냐하면 제가 안경 쓴 사람을 보면 별로 기분이 좋지 않거든요." 그러므로 여러분도 편견을 갖지 않도록 조심하십시오. 장상과의 관계에서, 혹은 우리 사이에서도 편견을 갖지 않도록 조심해야 합니다. 그런 것들은 무의미하기 때문입니다. 중요한 것은 고해성사를 통해 주어지는 용서입니다. 용서는 사제에게 받는 것이 아니라 그리스도께로부터 오는 것입니다.

물론 특별한 이유가 있다면 고해 사제를 바꿀 수야 있겠지요. 한번은 성목요일 밤에서 성금요일 새벽으로 넘어가는 시간에, 어떤 본당에서 제게 갑자기 고해성사를 부탁했습니다. 신자들이 철야 성체 조배를 하는데, 너무 많은 분들이 고해성사를 기다리고 있다는 거였습니다. 그래서 제가 새벽 4시에서 5시쯤 본당에 도착해서 고해소에 앉자마자 한 신자가 들어왔습니다. "전능하신 하느님과 신부님께 제가 범한 모든 죄를 고백합니다." 그러고는 죄를 고백하지도 않고 대뜸 "이제 저의 죄를 사해 주십시오."라고 말하는 겁니다. 그래서 제가 "사죄경을 너무 빠르게 요구하시네요. 주님께 용서를 구하고 싶은 죄가 무엇인지 먼저 고백하셔야지요."라고 말하자, 그 신자는 이렇게 대답했습니다. "맞은 편 고해소에 계신 신부님께 이미 제 죄를 다 고백했는데, 그 신부님이 계속 주무시고 계시네요." 그래서 그 고해소 쪽을 보니 진짜로 신부님이 잠들어 있었습니다. 그 신자는 죄를 다시 고백해야 하냐고 물었고, 저는 "신부님을 깨워서 사죄경을 받으시면 어떨까요?"라고 권했습니다. 그랬더니 그 신자가 "제가 깨우면 신부님이 기분 나빠 할 텐데요. 기분이 나쁘다고 저에게 너무 무거운 보속을 주실지 모르잖아요."라고 말하더군요. 보시다시피 이건 제법 웃기는 신학적 딜레마이긴 합니다만… 아무튼 결과적으로 어떤 사제가 사죄경을 외우든지 그것은 그리스도의 사죄입니다. 우리 자신은 아무것도 아닙니다. 그리스도 없이 정말이지 우리는 아무것도 아닙니다. 우리가 교회와 친교를 이루지 못하면, 우리는 사제가 아닙니다. 교회와의 친교는 추상적인 것이 아니라 매우 구체적인 것입니다. 그리스도께서 대사제의 기도를 하시면서 얼마나 간절히 전구하셨는지 보십시오. "아버지, 그들이 모두 하나가 되게 해 주십시오."(요한 17,21 참조) 그러므로 오늘 우리 자신에게 던져야 할 또 하나의 질문은 '나는 과연 교회와의 친교를 어떻게 실천하고 있는가?'입니다.

형제 여러분! 하느님께서는 또한 양심 성찰을 통해 우리에게 말씀을 건네십니다. 제가 개인적으로 고백하자면, 어제오늘의 묵상 내용을 검토하면서, 오늘의 피정 묵상 주제를 여러분과 나누기 전에 저부터 먼저 진지하게 양심 성찰을 해야겠다고 생각했습니다. 그리고 실제로 양심 성찰을 해 보니 "아, 저의 하느님… 정말 너무 죄송합니다."라는 말이 절로 나왔습니다. 양심 성찰을 조금만 더 세밀하게 해 보면 "죄요? 글쎄요… 저에게 죄라고 할 만한 게 하나도 없는 것 같은데요."라고 말하기가 정말 어렵습니다.

    형제 여러분! 우리에게는 참으로 바꾸어야 할 것들이 많습니다. 삶에서 개선해야 할 것들도 너무나 많습니다. 우리 자신을 속이지 맙시다. 우리는 교회와의 친교를 제대로 이루지 못하고 있습니다. 우리가 고쳐야 할 구체적인 것들이 너무도 많습니다! 도대체 왜 우리는 진정한 마음을 담아 실질적인 노력을 하지 않는 걸까요? 무슨 대가를 치르든, 그 어떠한 희생이 따르든 상관없이 우리에게 가장 중요한 것, 곧 영원한 생명과 풍요로운 교회의 결실을 위해 정말로 마음을 다해 노력해야 하지 않겠습니까? 그래서 우리에게는 해야 할 일이 참으로 많습니다. 오늘 주님의 기도에서 '우리'라는 단어를 묵상하며, 진정으로 형제애와 친교의 의미를 깊이 새겨 보시길 간곡히 부탁드립니다. 이와 관련한 다른 자료들을 이용해 묵상하실 수도 있겠지만, 궁극적으로 가장 중요한 일은 양심 성찰과 함께 성령께 온전한 신뢰를 담아 이렇게 간구하는 것입니다. "제가 사랑을 실천하며 살게 하시고, 교회와의 일치 안에서 친교의 삶을 살게 하소서."

은총이 가득하신 마리아님, 기뻐하소서!
주님께서 함께 계시니 여인 중에 복되시며

태중의 아들 예수님 또한 복되시나이다.

천주의 성모 마리아님,

이제와 저희 죽을 때에 저희 죄인을 위하여 빌어 주소서. 아멘.

영광이 성부와 성자와 성령께

처음과 같이 이제와 항상 영원히. 아멘.

5장
하늘에 계신 하느님

성부와 성자오- 성령의 이름으로. 아멘.

주님, 당신의 은총이 저희 모든 일의 시작을 영감으로 채우시고
지속시켜 주시며 동행해 주소서.
그리하여 저희의 일이 모든 것의 근원이신 주님 안에서 시작하고
언제나 모든 것의 목표이신 주님께로 향하게 하소서.

영광이 성부와 성자와 성령께
처음과 같이 이제와 항상 영원히. 아멘.

첫날에도 말씀드렸듯이, 양심 성찰을 통해서 우리 자신을 자주 돌아보아야 합니다. '정해진 기도 시간을 잘 지키고 있는가?' '기

도를 위한 침묵을 지키려고 노력하고 있는가?' 스스로에게 이런 질문들을 자주 던져야 합니다. 물론 누구를 특정해서 말하는 것은 아니지만, 이 질문들은 정말 중요합니다. 왜냐하면 이 질문들로 인해 우리가 얻거나 잃는 것이 매우 크기 때문입니다. 형제 여러분! 기도에 어려움이 있더라도 계속 노력해 주시기를 부탁드립니다. 하느님께서는 무한히 너그러우신 분입니다. 우리가 조금만 노력한다면 하느님께서는 우리의 삶에 기적 같은 축복을 내려 주실 것입니다. 우리의 작은 노력은 하느님께서 주시는 은혜에 비하면 정말 아무것도 아닙니다. 시장에서 거래하듯 우리가 하는 일에 대한 대가로 은총을 주시는 것이 아니라, 하느님께서는 거저 은총을 주고 싶어 하십니다. 하지만 우리가 하느님의 은총을 받아들일 준비가 되어 있어야 합니다. 때로는 그 준비 과정이 고통스럽고 그만큼 노력이 필요할 수 있습니다. 사실 고통이 없다면 무언가 빠진 것입니다. 사랑도 마찬가지입니다. 진정한 사랑은 고통이 따르기 마련입니다. 그렇지 않으면 아직 시험을 통과하지 않은 것입니다. 우리가 피정을 통해 하느님께 드리는 충실함과 그분을 향한 사랑도 마찬가지입니다. 어려움을 겪기 전까지는 우리의 충실함도 진정한 시험을 통과했다고 볼 수 없습니다. 응분의 대가를 치를 때 비로소 진짜로 드러나는 것입니다. 그러니 계속해서 피정에 헌신하고 충실히 기도해 주시길 부탁드립니다.

    지금부터 점심시간 전까지, 그러니까 피정 강의 동안 하느님께서는 우리의 마음이 열리기를 기다리고 계십니다. 하느님을 마냥 기다리시게 둘 수는 없겠죠? 하느님께서는 주님의 기도에 담긴 깊은 의미를 깨닫도록 계속해서 우리를 초대하십니다. 우리는 이미 '아버지'와 '우리'라는 단어를 묵상했습니다. 이 두 단어가 바로 주님께서 가르쳐 주신 기도의 첫 번째 간구였습니다.

이제 두 번째 묵상 주제는 '하늘에 계신'입니다. 이 아름다운 구절에 대해 두 가지 측면에서 살펴보겠습니다. 첫 번째 측면은 우리의 현재, 바로 지금 우리가 살아가고 있는 현실과 관련된 것입니다. 두 번째 측면은 우리의 미래와 관련해서 바라보는 것입니다. 우선 현재와 관련된 첫 번째 측면에 관해서 묵상해 보겠습니다. 토마스 아퀴나스 성인은 이 구절을 매우 아름답고 통찰력 있게 해석하셨습니다. 성인들의 묵상과 성찰은 언제나 깊은 기도 후에 나오는 법입니다. 그러므로 그 속에는 하느님과의 체험이 담겨 있습니다. 마치 베네딕토 16세 교황님의 책 「나자렛 예수」처럼 말입니다. 이 책도 이성과 신앙, 그리고 기도를 통해 그리스도를 깊이 체험한 내용을 담고 있습니다. 성인들은 우리에게 '신앙의 선배'와 같은 분들입니다. 그러니 우리 역시 신앙의 선배인 성인들의 체험에 동참해야 합니다. 교황님도 우리에게는 친교의 중요한 기준점이 되십니다. 왜냐하면 교황님과 주교님들은 우리의 친교가 추상적이거나 비현실적이지 않도록 늘 중요한 기준을 제공해 주시기 때문입니다.

하늘의 사람과 성령의 역사의 조화

'하늘에 계신'이라는 표현은 기도를 준비시키는 말이라고 토마스 아퀴나스 성인은 말씀하셨습니다. 참으로 아름답지 않나요? 우리가 "하느님께서 하늘에 계시다."고 고백할 때 그것은 우리가 하늘의 사람임을, 즉 우리가 하느님과 영적으로 연결되어 있음을 드러내는 것입니다. 다시 말해 하늘의 영역과 이어진 우리의 영적인 차원과 함께 성령의 은사와 관련된 우리의 고귀한 본성을 인정하는 것입니다. 우리가 "하느님께서 하늘에 계시다."고 말할 때, 이는 하느님의 거처인 하늘과 우리의 고귀한 본성이 서로 조화를 이루고 있음을 인정하는 것입니다. 즉 "하느님께서 하늘에 계시다."고 고백하면 우리는 하늘의 사람으로서 준비되었음을 의미하며, 이는 육체의 욕망이 아닌 성령의 역사가 드러나도록 준비되었다는 뜻입니다.

형제 여러분! 이에 대해 바오로 사도는 매우 분명하게 설명하셨습니다. 우리는 하늘에 속한 사람과 타락한 세속적 인간 사이에서 내면의 투쟁을 벌이고 있습니다. 우리의 타락한 본성은 우리를 아래로 끌어내리려고 합니다. 이것에 대해 더 자세히 살펴보겠습니다. 누구나 타락한 인간의 무게를 느끼지 않습니까? 자기 이익만을 추구하고, 하느님을 배제하여 자신이 신이 되려 하며, 자기만이 항상 옳다고 믿고, 즉각적인 쾌락이나 이익만을 추구하며, 고통을 본질적으로 나쁜 것으로 여겨 피하려는 본능을 자신 안에서 느끼지 않습니까? 이것은 우리가 매일 경험하는 일입니다. 이것이 바로 우리를 아래로 끌어내리려는 타락한 인간의 모습입니다. 그러나 우리는 내면에서 또 다른 방향으로 이끄시는 성령의 역사하심을 느낄 수 있습니다. 그것은 우리를 영원한 선과 구원으로 인도하는 고귀한 본성입니다. 성령께서는 우리로 하여금 모든 것 안에서 하느님의 사랑을 찾게 하시고, 이웃의 선을 나의 이익보다 우선시하도록 만드십니다.

우리는 하느님의 말씀을 기쁘게 받아들이고, 그리스도의 수난에 동참하여 그분과 함께 구속의 여정에 동행할 기회로 고통을 받아들입니다.[29] 이러한 내면의 투쟁은 우리가 매일 겪는 일입니다. 인생에는 강렬한 내면의 싸움이 존재한다는 사실을 우리는 잘 알고 있습니다. 우리는 우리 안의 세속적이고 타락한 인간이 승리하도록 내버려두어서는 안 됩니다. 우리는 성령께 우리의 자유를 맡기고, 낡고 타락한 인간의 폭정을 이겨 낼 수 있도록 도와달라고 간절히 기도해야 합니다. 바오로 사도께서 말씀하셨듯이 우리는 더 이상 믿음이 없는 사람처럼, 구원받지 못하는 사람처럼 행동할 수 없습니다. 그리스도께서 우리를 위해 십자가에서 목숨을 바치지 않으신 것처럼 행동할 수 없습니다. 이러한 내면의 투쟁 속에서 살아

---

29 "이제 나는 여러분을 위하여 고난을 겪으며 기뻐합니다. 그리스도의 환난에서 모자란 부분을 내가 이렇게 그분의 몸인 교회를 위하여 내 육신으로 채우고 있습니다."(콜로 1,24)

가고 있음을 우리는 잘 알고 있습니다.

주님의 기도에서 '하늘에 계신 우리 아버지'라고 기도할 때, 이는 하늘의 사람인 우리가 하느님 아버지께 말씀드리고 있다는 고백입니다. 이를 통해 우리는 회개의 자세를 갖추게 됩니다. 우리는 하늘에 속한 새로운 사람으로서 기도하며, 고귀하고 구원받은 본성이 우리 안에서 드러나기를 원해야 합니다. 우리 안에 있는 가장 고귀한 본성으로 기도해야 하는 것입니다. 하지만 항상 경계해야 합니다. 왜냐하면 우리의 삶 속에서 타락한 본성을 지닌 옛 인간이 자주 죄를 저지르며, 인생의 분기점마다 승리의 깃발을 꽂고 "내가 이 영혼을 지배한다."고 말하기 때문입니다. 결국 토마스 아퀴나스 성인의 가르침에 따르면, 우리가 '하늘에 계신 우리 아버지'라고 기도할 때마다 "내 안에서 하늘에 속한 사람이 깨어났고 지금 기도하는 이는 하늘의 사람, 즉 천상 예루살렘의 사람이며 하느님과 늘 함께 있는 고귀한 존재입니다."라고 고백하는 것입니다.

"저는 하늘과 이미 조화를 이루며 살아가는 하늘의 사람으로서 하늘에 계신 아버지께 기도드립니다. 당신께서 이미 저에게 하늘을 주셨고, 저를 들어 높여 주셨기 때문입니다." 이 얼마나 놀랍고도 아름다운 일입니까! 그러므로 주님의 기도를 드릴 때마다 우리 자신을 속이며 건성으로 기도하지 않도록 주의해야 합니다. 우리는 종종 주님의 기도를 건성으로, 아무런 정성도 없이 바치고 있습니다. 때로는 '하늘에 계신 우리 아버지'가 아니라, 마치 '땅에 계신 우리 아버지'라고 기도하는 것 같습니다. 타락하고 패배한 인간으로서 기도하거나, 아예 아무런 대상 없이 그저 습관적으로 입술만 움직이는 경우도 있습니다. 우리는 하느님께 무엇을 청하고 있습니까? 내가 다른 사람들을 이겨서 그들 위에 서고, 내가 그들보다 더 많은 재물을 얻게 해 달라고 청하고 있지는 않습니까? 그런 기도는 어떤 아버지에게 드리는 기도입니까? 그런 기도는 사실 하느님이 아닌, 바로 우리 자신에게 말하는 기도일 뿐입니다.

이제 우리가 곧 묵상하게 될 일곱 가지 청원은 하늘에 계신 하느님께 기도하는 사람, 즉 고귀하게 변화된 본성을 지닌 하늘의 사람만이 청할 수 있습니다. 오직 그런 사람만이 하느님을 이해할 수 있기 때문입니다. 타락한 본성을 지닌 사람, 즉 예수의 성녀 데레사의 표현에 따르면 '죄에 물든' 사람은 하느님을 절대 이해하지 못합니다. 그런 사람은 하느님을 보지 못합니다. 왜냐하면 그 사람의 영혼의 성 깊은 곳에 계신 하늘의 왕이신 하느님께서 당신 자신을 그에게서 숨기시기 때문입니다. 이것이 얼마나 중요한 사실인지 모릅니다. 우리는 전쟁을 치르고 있습니다. 이 전쟁은 우리 내면에서 벌어지는 영적 전투입니다. 이 전투는 이미 그리스도 안에서 승리한 전투입니다. 그리스도께서 승리하셨습니다. 우리가 은총 속에서 살아갈 때, 그리스도의 승리의 첫 열매를 경험하게 됩니다. 사실 우리는 이미 그 첫 열매를 받았으며, 그러기에 하늘에 속한 사람으로서 살아갈 수 있습니다. 사랑하고, 다른 사람들의 선을 구하며, 자신을 내어 주고, 모든 것 안에서 그리스도를 보며, 하느님의 뜻을 이루고자 할 수 있습니다. 그러나 우리는 때때로 그렇게 살지 않습니다. 우리의 옛 인간[30]이 이기도록 내버려두기도 합니다. 이것을 바오로 사도의 언어로 표현하는 이유는 2008년 바오로 해를 맞이하여 특별히 이 위대한 사도에 주목해야 하기 때문입니다.[31] 단순히 진부한 관습이나 형식적인 이유에서가 아니라, 바오로 사도를 통해 진리인 하느님의 말씀이 드러났기 때문에 교회는 우리에게 이 위대한 사도를 다시 바라보도록 초대하고 요청합니다.

이처럼 우리가 주님의 기도를 드릴 때마다 토마스 아퀴나스 성인의 말씀처럼 "하느님 아버지, 이미 저희 안에 당신의 모상, 즉 하늘의 모상이 있음을 인정합니다."라고 고백하는 것입니다. 따라서 주님의 기도를 드리는 사람은 실제로 회개의 여정을 걸으며, 그리스도께서 내 안에서 승리하시기를 바라고, 내가 하늘의 사람으로서 말하고 행동하며 기도할 수 있기를 바라는 사람입니다. 그러나 실제로 우리는 삶에서 하늘의 사람이 아닌 타락한 본성에 사로잡힌 사람, 죄에 패배한 사람, 마귀에게 사로잡힌 사람처럼 타락한 욕망으로 잘못된 청원을 얼마나 자주 드리고 있는지 모릅니다. 많

---

30 바오로 사도는 '옛 인간'이라는 표현을 사용하여, 신앙을 갖기 이전의 타락한 인간 본성을 묘사했습니다. 이는 여러 성경 구절(로마 6,6; 에페 4,22; 콜로 3,9)에서 찾아볼 수 있습니다. - 역주
31 베네딕토 16세 교황님은 2008년 6월 28일부터 2009년 6월 29일까지 1년간을 성 바오로에게 바치는 '바오로 해'로 선포한 바 있습니다. - 역주

은 청원들이 그저 물질적이고 쾌락적인 욕망에서 비롯되었습니다. 하느님과는 전혀 상관없는 욕망, 복수와 분노의 욕망이 얼마나 많은지 모릅니다. 이 모든 것을 이토록 강조해서 말씀드리는 이유는 이 주제가 매우 중요하기 때문입니다. 어떤 사람들은 모든 것이 평안하다고 생각할 수 있습니다. 하지만 우리 안에서 이토록 치열한 전투가 벌어지고 있는데 어떻게 평안할 수 있겠습니까?

그리스도께서 십자가 위에서 피를 흘리신 일이 하찮은 일이었다고 감히 누가 말할 수 있겠습니까? 절대로 그렇지 않습니다. 왜냐하면 우리 안에서는 여전히 영적 전투가 벌어지고 있기 때문입니다. 우리를 창조하신 하느님께서는 우리의 구원을 위해 모든 것을 내어 놓으셨고, 우리가 장차 받기를 원하는 천상의 영광을 아무도 빼앗지 못하도록 온전히 당신 자신까지 내어 주셨습니다. 그래서 우리가 주님의 기도에서 '하늘에 계신 우리 아버지'라고 말할 때마다, 우리는 하느님께 이렇게 고백하는 것입니다. "저의 하느님, 저는 회개할 준비가 되어 있습니다. 새로운 사람, 즉 하늘의 사람이 제 안에서 기도하도록 간절히 청하나이다. 제 기도에 사탄의 말이 끼어들지 않도록 지켜 주십시오."

오늘 교황님이 참으로 아름다운 말씀[32]을 해 주셨습니다. 사

---

32 베네딕토 16세 교황님은 예수님께서 광야에서 사탄의 유혹을 받을 때, 사탄이 성경 구절을 인용하며 시험했음을 언급하셨습니다. 교황님은 성경을 해석할 때 성령의 인도를 받아 바르게 해야 하며, 그렇지 않으면 사탄이 이를 왜곡해 악용할 수 있음을 강조하셨습니다.(베네딕토 16세 교황의 2009년 사순 시기 담화문 참조). - 역주

탄이 성경을 얼마나 교묘하게 이용하는지에 대해 말씀하셨는데, 어떻게 그럴 수 있을까요? 우리가 종종 옛 사람으로서 타락한 삶을 정당화하기 위해 온갖 논리적이고 매력적인 핑계들을 내세우기 때문입니다. 겉보기에도 그럴듯하고 분명해 보이기 때문에 우리 역시 그 논리에 속아 넘어가는 겁니다. 다소 과장된 비유일 수도 있겠지만, 갑자기 머릿속에 그루초 막스Groucho Marx가 출연한 영화[33]의 한 장면이 떠오릅니다. 영화 속 주인공이 혼자 카드놀이를 하다가 잠시 주변을 둘러본 후, 소매에서 몰래 숨겨 둔 카드를 꺼내는 장면입니다. 자신도 모르게 스스로를 속이고 있는 것입니다. 이런 일이 우리에게도 벌어지고 있습니다. 우리도 종종 그런 식으로 스스로를 속이곤 합니다. 그러면서도 우리가 하늘의 사람이라고 믿고 싶어 하는 것입니다. 하지만 그 누구도 하느님을 속일 수가 없습니다. 결국 마지막 순간에는 우리 자신도 속일 수 없게 됩니다.

형제 여러분! '하늘에 계신'이라는 표현이 얼마나 아름답습니까! 이 구절이 우리의 마음을 사로잡는 이유는, 우리가 지금 이 순간 하느님께 구원받은 사람으로서 기도하고 있다는 사실을 고백하는 표현이기 때문입니다. 주님께서 주시는 하늘의 기쁨을 맛보는 바

---

[33] 그루초 막스의 여러 코미디 영화 중 한 장면을 언급한 것으로 보입니다. 그는 독창적이고 풍자적인 유머로 유명한 인물입니다. 1920년대부터 1940년대까지 활동하면서 다양한 영화에 출연했으며, 대표작으로는 '식은 죽 먹기'(Duck Soup, 1933)와 '오페라의 하룻밤'(A Night at the Opera, 1935) 등이 있습니다. 그는 특유의 엉뚱하고 기발한 자기기만을 보여 줍니다. 종종 유머와 반전을 이용해 자기 자신은 물론 상대까지 혼란스럽게 만드는 방식의 코미디를 만들었습니다. - 역주

로 그 사람 말입니다. 오늘 자기 자신에게 가장 먼저 물어야 할 것은 바로 이 점입니다. '나는 과연 구원받은 사람으로서 말하고 행동하고 있는가?'

하늘 : 하느님의 위대하심

토마스 아퀴나스 성인은 두 가지 질문을 하십니다. '하늘에 계신'이라는 표현은 무엇을 의미하는가? 하늘이라는 곳은 도대체 어디에 있는가? 그리고 이에 대해 성인은 매우 깊이 있는 고찰을 하셨습니다. 먼저 하늘은 하느님의 위대하심을 나타냅니다. 그는 아리스토텔레스의 「천체론 De caelo」[34]을 인용하면서, 아리스토텔레스조차 하늘이 '영원히 지속되는 것들의 영역'임을 발견했다고 말합니다. 따라서 하늘은 영원의 자리입니다. 이렇게 아리스토텔레스처럼 믿음이 없는 사람들조차도 신앙의 심오한 진리를 연상케 하는 말들을 남기곤 했습니다. "하느님께서 하늘에 계시다."라고 말할 때, 이는 하느님의 위대하심을 드러내는 표현입니다.

우리는 그리스도의 강생을 강조하면서 때로는 하느님의 영원하심과 전능하심, 그리고 거룩하심을 간과하기도 합니다. 하느님을 단순히 세상의 기준이나 모델로 바라봐서는 안 됩니다! 강생을 이

---

34 자연철학에 대한 아리스토텔레스의 주요 저술 중 하나로, 우주의 본성과 구조를 설명하려는 목적을 지닌다.-역주

해하려면 먼저 하느님의 위대하심을 알아야만 합니다. 그렇지 않으면 인류의 구원을 위해 위대한 인물들을 기리는 벽화에 마틴 루터 킹, 체 게바라, 그리고 그리스도가 함께 그려지는 광경을 보게 될지도 모릅니다. 이런 일은 결코 있어서는 안 되지만 실제로 이런 벽화가 존재합니다. 정말 어처구니없는 일입니다! 그리스도를 단순히 세속적인 해방자나 사상과 가치를 세우기 위해 오신 분 정도로 생각하는 겁니다. 이는 결코 진실이 아닙니다. 그리스도를 너무도 잘못 알고 있는 겁니다.

그리스도께서는 인류를 죄에서 구원하려고 이 세상에 오셨습니다. 우리를 천상의 예루살렘, 즉 하늘에 있는 우리의 본향으로 이끄시기 위해 이 세상에 오셨습니다. 이 중요한 사실을 잊으면 안 됩니다. 그분은 모든 것을 다시 하나로 모아 하느님의 영광으로 이끄시기 위해 이 세상에 오셨습니다. 베네딕토 16세 교황님이 「나자렛 예수」에서 말씀하신 것처럼, 우리는 역사를 마르크스주의적 관점으로 바라봐서는 안 됩니다. 우리의 궁극적인 해방이 이 땅에서 이루어진다는 생각은 잘못된 것입니다. 이 세상은 그 방향으로 나아가야 하지만 우리의 진정한 고향은 하늘입니다. 그러므로 우리는 하늘에 계신 하느님의 마음에 다다르기 전까지는 "유배 생활을 하고 있다."고 말할 수 있는 것입니다.

성경은 하느님의 위대하심에 대해 "저 하늘, 하늘 위의 하늘도 당신을 모시지 못할 터인데…."(1열왕 8,27)라고 말합니다. 이는 하느님께서 참으로 탁월하시고 경이로우신 분임을 의미합니다. 또한 시편에서는 "주님께서 드높은 당신 성소에서 내려다보시고 하늘에서 땅을 굽어보시리니… 당신은 영원히 머무십니다."(102,20 참조)라고 쓰여 있습니다. 그러므로 우리가 "하느님께서 하늘에 계신다."고 기도한다는 것은 이렇게 고백하는 것입니다. "하느님께서는 참으로 탁월하십니다. 저는 이토록 위대하신 하느님을 흠숭하나이다." 어제 말씀드린 흠숭의 자세가 바로 여기에서 비롯됩니다.

하늘은 이미 우리 가운데 있기에[35]
하느님은 우리와 가까이 계십니다

'하늘에 계신'이라는 표현에 대한 토마스 아퀴나스 성인의 또 다른 고찰은 하느님께서 우리 가까이에 계신다는 것입니다. 왜일까요? 하늘은 이미 우리 가운데 있기 때문입니다. 우리는 성령의 성전이기 때문에 하늘이 이미 우리 안에 있다는 것입니다. 즉, '하늘에 계신'이라는 표현은 "하느님께서 멀리 계시지 않고 우리 안에 계신다."는 뜻입니다. 이 점에 대해서는 「거룩한 전례에 관한 헌장」(이하 「전례 헌장」)을 참고할 수 있습니다. 이 문헌에서는 그리스도의 다양

---

35 "보라, 하느님의 나라는 너희 가운데에 있다."(루카 17,21)

한 현존 방식에 대해 설명합니다. 사실 그리스도께서 계시는 곳은 바로 하늘입니다. 왜냐하면 그리스도께서는 성부 오른편에 앉아 계시기 때문입니다. 그런데 그리스도께서는 특별하고 실제적인 방식으로 성체성사 안에도 현존하십니다. 그러기에 미사에서 성찬 전례는 미리 경험하는 하늘의 영광입니다. 「가톨릭 교회 교리서」에서는 성체성사를 영광의 예고편, 즉 미래 영광의 보증을 받는 파스카 잔치라고 말합니다(1323항 참조). 누군가 하늘의 창문을 열고 싶다면, 바로 성체성사를 통해 가능합니다. 성체성사 안에 그리스도께서 계시기 때문입니다. 따라서 '하늘에 계신 우리 아버지'라고 기도할 때, 우리는 성체성사 안에서 나와 가까이 계신 하느님을 모시고 있음을 고백하는 것입니다.

「전례 헌장」에서는 그리스도의 또 다른 현존 방식에 대해서도 설명합니다. 예를 들어 그리스도께서는 성사들 안에, 전례와 그 안에서 선포되는 하느님의 말씀 안에, 그리고 서품되는 직무 사제직 안에도 현존하십니다. 교황님과 주교님들, 그리고 이들과 일치를 이루며 사목하는 사제들 안에서 그리스도께서 함께하십니다. 「전례 헌장」은 그리스도의 현존을 통해 하느님을 인식해야 한다고 가르칩니다. 형제 여러분! 이처럼 다양한 그리스도의 현존을 깨닫지 못한다면, 우리는 마치 신앙 없는 사람처럼 살아가게 될 것입니다. '하늘에 계신'이라는 말을 하면서도, 울리지 않는 종이나 공허한 소리처럼 그저 공기의 울림에 불과하게 될 것입니다.

'하늘에 계신 하느님'이라는 표현은 또한 하느님의 말씀인 성경 안에 그리스도께서 현존하신다는 것을 나타냅니다. 하느님의 말씀은 살아 있고 힘이 있습니다. 하느님의 말씀은 단순한 과거의 기억이 아닙니다. 우리는 때때로 해설서만 읽고 그것이 성경의 전부인 것처럼 착각하곤 합니다. 하지만 성경은 성령의 영감을 받아 기록되었음을 명심해야 합니다(「가톨릭 교회 교리서」, 81항 참조). 그러므로 성경은 사도전승과 교회전승인 성전 안에서, 그리고 교도권의 가르침 안에서 읽어야 한다는 것을 분명히 해야 합니다. 성전과 하느님의 말씀은 서로 긴밀히 연결되고 상통하기에 결코 분리될 수 없습니다(「가톨릭 교회 교리서」, 80항 참조). 교회의 품 안에서 성경을 읽고, 교황과 주교들의 설교와 같은 교도권의 가르침에 따라 해석할 때만 성경 말씀을 제대로 이해할 수 있습니다. 이처럼 그리스도의 다양한 현존 방식을 깨닫는 것은 매우 중요합니다. 그리스도께서 우리 가까이 계시기에 하늘도 가까이 있습니다.

많은 사람들에게 잘 알려진 철학자 쇠렌 오뷔에 키르케고르Søren Aabye Kierkegaard는 이 주제에 대해 특별한 가르침을 준 인물입니다. 무한에 대한 그의 열망을 읽으면서 저는 감탄했습니다. 사실 우리는 모두 무한을 사랑합니다. 키르케고르는 "무한이 손에 닿지 않는 것만큼 큰 비극은 없다."고 말했습니다. 그는 「철학적 단편에 부치는 비학문적인 해설문Postscriptum」이라는 저서에서 "모든 시대의 철학자들과 사상가들이 추구해 온 것은 무한을 구체화하는 것이었습니다."라고 말했습니다. 이 무한을 구체적으로 실현하신 분이 바로 베들레헴에서 태어나신 그리스도이십니다. 그리스도야말로 이 땅 위에 계신 하늘이십니다. 하늘이신 그리스도께서 이 땅에 현존하셨기 때문입니다. 키르케고르는 말년에 큰 절망과 함께 비참한 인생의 위기를 경험했는데, 그 원인에 대해서 저는 이렇게 확신합니다. 그는 그리스도야말로 무한에 대한 해답임을 발견했습니다. 그러나 그가 발견하지 못한 것은 교회 안에서 그리스도를 만나야 한다는 사실이었습니다. 만일 교회 안에서 그리스도를 발견하지 못한다면, 그리스도는 여전히 추상적인 존재로 남게 될 것입니다.

교회와 분리된 채 그리스도를 사랑할 수 있다고 생각하는 것은 옳지 않습니다. 그리스도께서는 교회 안에 현존하시기 때문입니다. 많은 개신교 신자들이 가톨릭으로 개종했는데, 그들이 그 증인들입니다. 가톨릭으로 개종한 개신교 신자들은 단순히 가톨릭교회를 믿는 것이 아니라, 이제는 그리스도를 온전히 믿고 있는 것입니다. 그리스도께서 구체적으로 교회 안에 현존하시고, 교회 안에서 성화하시며, 교회 안에서 가르치시고, 특별히 성체성사 안에서 우리와 함께 계시며 우리를 보호해 주시기 때문입니다. 그러므로 '하늘에 계신'이라는 표현은 세 가지를 나타냅니다. 첫째, 회개하는 하늘의 사람이 말하고 있다는 것입니다. 둘째, 하느님께서는 탁월하시고 위대하시다는 것입니다. 셋째, 하느님께서는 우리와 가까이 계시다는 것입니다.

이제 여러분에게 한 가지 부탁하고 싶습니다. 점심시간 전까지 남은 오전 시간 동안 개인 기도를 충실히 바치셨으면 좋겠습니다. 꼭 여러 명이 모여서 기도하실 필요는 없습니다. 물론 혼자 기도하기 어려운 분들은 함께 모여서 하셔도 좋습니다. 누군가가 죽어 가면서 주변의 도움이 꼭 필요한 상황이라면 모여서 하셔도 됩니다. 저에게 꼭 알려 주십시오. 여기 의료진도 있으니까요. 오늘은 '하늘에 계신'이라는 구절이 담고 있는 세 가지 차원을 되새기기 위해 침묵 속에서 성찰해 보시기를 권합니다. 첫 번째로 묵상 기도를 하십시오. 두 번째로 성찰하십시오. 지금 내 안에서 말하고 있는 이는 누구입니까? 하늘의 사람입니까? 아니면 타락한 사람입니까? 세 번째로 하느님께 말을 건네는 대화를 하십시오.

어느 어머니가 아들에게 기도를 가르치고 있었습니다. 그들은 매일 함께 기도했는데, 아들이 기도를 기계적으로 외우지 않도록 어머니는 매일 다른 기도를 바쳤습니다. 어느 날 어머니가 이냐시오 성인의 봉헌 기도를 바치면서 "예수님, 제 온 생명과 마음을 당신께 봉헌하나이다."라고 말했습니다. 아이도 어머니의 말을 그대로 따라 했습니다. 그런데 어머니가 "제 곰 인형도 당신께 바칩니다."라고 하자, 아이는 곧바로 "안 돼요. 엄마! 제 곰 인형만큼은 절대 안 돼요!"라고 했답니다. 재미있지 않습니까? 하지만 이러한 일이 우리에게도 일어날 수 있습니다. 우리는 쉽게 모든 것을 바치겠다고 합니다. 영혼도, 마음도…. 하지만 곰 인형만큼은, 즉 우리에게 정말

5장 하늘에 계신 하느님

소중한 것만큼은 절대로 바칠 수 없다고 할지도 모릅니다!

양심 성찰을 해 보십시오. 우리가 가장 아끼는 것도 주님께 드리고 있습니까? 예를 들어 "나는 교회와 일치를 이루고 있는가?"라고 물을 때 "음, 그래. 더 개선해야 할 부분이 있긴 하지만… 나름대로 괜찮아."라고 생각할 수도 있습니다. 그러나 내게 중요한 것을 내어 드려야 할 순간이 오면, 정작 우리는 망설이면서 거부할지도 모릅니다. 우리의 양심 성찰은 짧더라도 매우 구체적이어야 합니다. 양심 성찰을 할 때 내가 피하고 싶은 질문은 무엇인지 스스로 되물어 보십시오. 그런 다음, 지금까지 회피해 온 질문에 대해 깊이 성찰하십시오. 본질을 놓치면 크게 무너질 수가 있습니다. 기억하십시오. 먼저 묵상 기도를 한 다음, 양심 성찰을 제대로 하고, 우리 자신의 '곰 인형'을 정말로 바쳤는지 되돌아보십시오.

한 신부님이 학교에서 피정 강의 중에 이런 말씀을 하신 적이 있습니다. "고해성사를 하러 갈 때는 '망신당할 준비'를 해야 합니다. 왜냐하면 많은 사람들이 고해할 때 자신이 성인이라도 되는 것처럼 말하기 때문입니다." 가령 "제가 완전히 겸손하지 못했습니다."라고 말하지만, 사실은 "저는 정말 엄청난 교만 덩어리입니다."라는 뜻일 수 있습니다. 또 다른 예로 "저는 기도 생활에 온전히 충실하지 못했습니다."라고 말하지만, 실제로는 "전혀 기도하지 않았습니다."라는 의미일 수 있습니다. 심지어 "제가 두 명의 형제를 죽였습니다."라고 고백해야 할 죄를 "형제들에게 자비를 더 베풀어야 한다고 생각하면서도 아직 많이 부족합니다."라고 고해할 수도 있습니다. 실제로는 "콜롬비아 은행을 털었습니다."라고 고백했어야 하는 죄를 "영적 어린이의 정신으로 살지 않았습니다."라고 애매모호하게 고해할 수도 있습니다. "제가 무기를 8개나 구입해서 반군에게 팔았습니다."라고 고백해야 할 죄를 "제가 때때로 더 나은 평화의 도구가 되지 못했습니다."라고 고해할 수도 있습니다. 그렇게 거짓된 고백을 하고 사죄경을 받은 후에는 자기가 용서를 받은 건지, 성인으로 시성된 건지 헷갈릴 정도입니다. 어떠한 죄도 우리에게 상처 주지 않기를 원한다면, 주의 깊게 스스로를 성찰해야 합니다. 무엇보다도 자신의 '곰 인형'만큼은 먼저 내려놓아야 합니다.

전례의 세부 사항들을 주의 깊게 지키고 있습니까? 전례의 구체적인 조항들까지도 잘 준수해야 합니다. 성작과 성합을 어떻게 다루고 있습니까? 성체성사와 다른 성사의 거행에서 교회의 지침들을 제대로 따르고 있습니까? 마지막으로 나는 항상 하느님과 신뢰 안에서 대화를 유지하며 양심 성찰을 잘하고 있는지 점검해야겠습니다. 우리와 함께하시는 복되신 동정 마리아의 전구로 성령의 도우심을 간절히 청해야겠습니다.

> 은총이 가득하신 마리아님, 기뻐하소서!
> 주님께서 함께 계시니 여인 중에 복되시며
> 태중의 아들 예수님 또한 복되시나이다.

천주의 성모 마리아님,
이제와 저희 죽을 때에 저희 죄인을 위하여 빌어 주소서. 아멘.

영광이 성부와 성자와 성령께
처음과 같이 이제와 항상 영원히. 아멘.

6장
'하늘'의 본질에 대하여

성부와 성자와 성령의 이름으로. 아멘.

하늘에 계신 우리 아버지
아버지의 이름이 거룩히 빛나시며, 아버지의 나라가 오시며
아버지의 뜻이 하늘에서와 같이 땅에서도 이루어지소서!
오늘 저희에게 일용할 양식을 주시고
저희에게 잘못한 이를 저희가 용서하오니, 저희 죄를 용서하시고
저희를 유혹에 빠지지 않게 하시고, 악에서 구하소서. 아멘.

영광이 성부와 성자와 성령께
처음과 같이 이제와 항상 영원히. 아멘.

이제 '하늘'에 관해 묵상하겠습니다. '하늘'은 그야말로 복음입니다! 지금부터 오후 시간 내내 '하늘'에 관한 묵상을 이어 갈 예정입니다. 아침 시간에 우리는 '하늘에 계신'이라는 주님의 기도의 한 대목을 묵상하면서 세 가지 의미를 살펴보았습니다. 첫째로 우리는 새로운 사람, 즉 하늘의 사람으로서 살아가라는 부름을 받았다는 것입니다. 둘째로 하느님의 위대하심과 탁월하심에 대해서 살펴보았습니다. 셋째로 하느님의 다양한 현존 방식은 그분이 우리와 얼마나 가까이 계신지를 알려 주는 표지라고 했습니다. 이제부터 예고했던 두 번째 주제로 넘어가겠습니다. 우리는 하늘 그 자체에 대해 생각하면서 묵상하려고 합니다. 많은 분들이 이 묵상 주제에 관심이 있을 것 같습니다. 하늘에 대해 이야기하거나 생각하는 것을 좋아하지 않을 사람이 누가 있겠습니까? 만일 지금 이 순간 하늘이 지루하다고 느끼는 분이 있다면, 아직 그분이 하늘의 위대함을 조금도 맛보지 못했기 때문입니다. 하느님의 은총으로 우리라는 존재는 영원히 하늘에 있을 것입니다.

문제 제기 : 인간은 역사적이고 유한한 존재

본론으로 들어가기 전에 약간은 철학적인 고찰을 먼저 하고 싶습니다. 여러분도 아시다시피 서서히 졸리는 이 오후 시간에 잠을 깨우기 딱 좋은 주제이기도 하고, 여기 모인 분들 중에는 깊은 지성을 지닌 분들이 계시기에 두 가지 중요한 철학적 문제를 언급하고 싶습니다. 이는 하늘의 개념에 대해 논하기 전에 꼭 필요한 기초를 다지는 데 중요한 문제들입니다. 첫째, 아리스토텔레스는 인간이 역사적 존재라고 말합니다. 이는 명백한 사실입니다. 인간은 과거를 현재로, 미래를 현재로 인식할 수 있는 인지적 기억을 지니고 있습니다. 즉, 인간은 현재라는 시간 속에서 과거와 미래를 동시에 경험할 수 있는 능력을 갖춘 존재입니다. 그래서 우리에게 현재라는 이 순간은 시간의 경계를 초월합니다. 이런 맥락에서 역사는 우리의 삶을 형성한다고 할 수 있습니다. 따라서 우리는 과거에서 중요한 부분을 잊지 않고, 미래의 우리를 그리면서 우리가 꿈꾸는 대로 살아가려고 노력합니다. 그러므로 기억은 우리의 삶에서 매우 중요한 역할을 합니다. 이제 이 개념을 영적인 삶에 적용해 보겠습니다.

기억! 하느님께서 나의 삶 속에서 해 오신 일들을 기억하고 되새기는 것이 얼마나 중요한지 모릅니다. 이러한 기억들을 절대 잊어서는 안 됩니다. 하느님께서 나를 창조하셨고, 세례를 받게 하셨으며, 무엇보다도 나를 사제직으로 불러 주셨습니다. 이처럼 하느님께서 나의 삶 속에서 구체적으로 나타나셨던 모든 순간들이 지금 나의 현재를 이루고 있습니다. 그러므로 내 삶에서 펼쳐진 구원의 역사를 되새기며, 하느님께서 나를 어떻게 구원하셨는지를 종종 기억하는 일은 매우 중요합니다. 과거를 기억하는 것과 마찬가지로 우리는 미래에 대해서도 생각해야 합니다. 미래를 앞당겨 현재 속에 되살리는 것이 중요하기 때문입니다. 우리에게 가장 큰 기쁨이 될 미래는 무엇일까요? 바로 하늘입니다! 때때로 우리가 영원히 부름 받는 하늘, 하느님께서 우리를 위해 마련해 두신 그 하늘을 마음에 미리 새기는 것은 참으로 유익합니다. 오늘 우리가 피정 중에 해야 할 일이 바로 이것입니다. 미래를 현재로 가져오는 연습을 해 보겠습니다. 왜냐하면 이는 우리 존재의 일부이기 때문입니다.

우리의 삶은 얼마나 지속될까요? 1년이든, 10년이든, 100년이든, 심지어 1,000년이라 해도 상관없습니다. 영원에 비하면 그 모든 시간은 아무것도 아니기 때문입니다. 예를 들어 삶의 길이가 연필심의 작은 끝부분에 불과하다면, 영원의 길이는 지구에서 명왕성까지의 거리를 무한히 반복하는 것과 같습니다. 이처럼 이 땅에서의 시간은 감히 영원과 비교할 수 없습니다. 그러므로 "하늘에 보물을 쌓아라."(마태 6,20)는 주님의 말씀을 따라 살아야 합니다. 만일 누군가가 "단 1초밖에 지속되지 않는 보물을 원합니까? 아니면 영원히 지속될 보물을 원합니까?"라고 물었을 때 "1초짜리 보물을 원합니다."라고 답할 사람이 있다면, 우리는 그를 보며 정신 나간 사람이라고 할 것입니다. 그런데 그 정신 나간 사람이 바로 우리 자신일지도 모릅니다. 합리적으로 생각한다면 1초간 유효한 보물을 선택하는 것은 어리석은 짓입니다. 하지만 실제로 우리가 이 지상의 것만을 바라며 살고 있지는 않습니까? 사실 이 땅의 모든 것은 언젠가

다 사라지고 없어질 것들입니다. 그렇기에 영원에 대해 잠시라도 생각하는 것은 우리에게 참으로 유익합니다. 왜냐하면 영원히 지속되는 미래가 우리 신앙에서 근본적인 것이기 때문입니다. 오지 않을 것을 현재로 만드는 것이 아니라 하느님의 은혜로 올 것을 현재로 만드는 것입니다. 그리고 존재하지 않는 것에 압도되는 것이 아니라 하느님의 은혜로 존재하게 될 것에 압도되는 것입니다.

제가 마드리드에서 스위스로 가는 기차를 탔을 때 겪은 일화를 소개하겠습니다. 객차에서 만난 젊은 여성이 울고 있었습니다. 당시 부제였던 저는 그 여인을 도울 방법이 있는지 생각했습니다. 슬픔에 빠진 사람을 위로하는 것은 자비의 행위라는 사실을 우리가 잊지 않았으면 좋겠습니다. 그래서 저는 일단 그녀에게 다가가 서툰 독일어로 위로해 보려고 시도했습니다. 말이 통하지 않을까 봐 주저했지만, 용기를 내서 무슨 도움이 필요한지 물었습니다. 그녀는 처음엔 괜찮다고 했습니다. 그런데 나중에는 이렇게 말하더군요. "저에게는 두 딸이 있습니다. 그런데 아이들이 자라면서 혹시라도 큰 병에 걸리거나, 죽거나, 누군가에게 상처 받을까 봐 걱정이 되서 울고 있어요." 저는 왜 그런 걱정을 하게 됐냐고 물었습니다. 그녀는 이유를 알 순 없지만 그런 생각에 사로잡히면 항상 불안해진다고 대답했습니다. 흥미로운 점은 실제로 존재하는 것에 대해서는 걱정하지 않으면서, 오히려 존재하지 않는 것에 대해서는 더 많이 걱정한다는 것입니다. 참 아이러니한 일이지요. 우리라고 별반 다르지 않습니다. 예를 들어 하늘은 실제로 분명히 존재합니다. 그리고 그곳에는 이미 성인들이 계십니다. 이것은 참입니다. 그런데 그 사실에 대해 진지하게 걱정하는 이가 얼마나 될까요? 오늘 오후 시간을 활용하여 하늘에 대해 생각하고 묵상하면서 성찰해 보십시오. 어떤 방식으로든 하늘을 현재로 되새기는 일이 매우 중요합니다.

우리가 이미 알고 경험한 것이 아니라면 원하지 않습니다

두 번째 철학적 고찰은 잘 알려진 형이상학적 또는 인식론적 원리 중 하나에 대한 성찰입니다. 품격 있는 청중을 위해 라틴어로 표현하자면 "Nihil volitum, nisi praecognitum."입니다. 이해하셨죠? 혹시라도 의미가 헷갈리실 분들을 위해 번역하자면 "미리 알지 못한 것은 원할 수 없다."라는 뜻입니다. 구체적으로 무슨 뜻일까요? 사실 우리 중 많은 사람들은 살면서 원하거나(volitum) 바라는 것이 크게 없습니다. 예컨대 하늘을 포함해서 알지 못하는 것에 대해서는 원하지도, 바라지도 않는다는 것입니다. 어떤 사람은 하늘에 대해서 알기 어렵다고 말할지도 모릅니다. 그러나 사실 우리는 하늘에 대해서 조금은 알고 있습니다. 성경이 하늘에 대해 말하고 있고, 하느님께서도 하늘이 얼마나 경이로운 곳인지 알려 주시기 때문입니다. 이 얼마나 놀랍고도 아름다운 일입니까!

'하늘에 계신 우리 아버지'라는 기도문은 우리가 각자 "저의 하느님, 당신이 계신 그곳에 저도 가고 싶습니다."라고 고백하는 것입니다. 즉, 하늘이 가고 싶다는 뜻입니다. 그렇다면 하늘에 대해 우리는 무엇을 말할 수 있을까요? 먼저 우리는 하늘을 갈망해야 합니다. 하늘에 가고자 하는 뜨거운 열망을 지녀야 합니다. 며칠 전, 마드리드 근처에 있는 가르멜 수녀원에 갔습니다. 거기에는 입회한 지 얼마 안 되는 18살 정도의 지원자들이 있었습니다. 그들은 최근에 돌아가신 한 수녀님에 대해 이야기하면서 제게 이렇게 말했습니다. "돌아가신 수녀님은 참 복도 많으세요. 이제 하늘나라에 계시잖아요! 저희는 그게 너무 부러워요." 저는 그들에게 아직은 너무 젊고 앞으로 살아가야 할 시간이 많이 남아 있다고 말해 주었습니다. 그러자 이런 대답이 돌아왔습니다. "하지만 진정한 삶은 오직 영원한 생명이고, 그 외의 다른 것은 아무것도 아니잖아요." 참으로 수준 높은 대답이었습니다. 비록 어린 지원자들이지만, 그들은 이미 하늘에 대해 깊은 성찰을 했기 때문에 하늘을 자각하고 있었습니다. 그 자리를 결코 빼앗기고 싶어 하지 않았습니다. 좋은 것을 맛본 사람은 더 이상 나쁜 것을 원하지 않게 됩니다.

만일 여러분에게 아르헨티나의 아사도asado나 스페인의 최고급 하몽 이베리코(jamón de pata negra)를 주고, 그 옆에 싸구려 소시지를 놓아둔다면 어느 것을 선택하시겠습니까? 이건 '지능 테스트'나 다름없습니다. 만일 누군가 싸구려 소시지를 선택한다면, 이는 매우 잘못된 선택이 될 것입니다. 단 한 번이라도 하몽 이베리코를 맛본 사람이라면 다른 것을 절대로 선택할 수 없기 때문입니다. 우리에게도 같은 일이 벌어집니다. 하늘의 맛을 전혀 경험해 보지 못한 사람은 하늘을 원하지 않습니다. 그러나 하늘의 맛을 아주 조금이라도 맛본 사람은 다른 그 어떤 것도 원하지 않게 될 것입니다. 그러므로 오늘 우리는 이렇게 기도해야 합니다. "주님, 제가 조금이라도 하늘을 맛보게 하시어, 그 무엇보다도 하늘을 열망하며 살게 하소서."

형제 여러분! 여기 있는 우리는 모두 영원히 하늘나라에서 살도록 부름을 받았습니다. 백 년 후, 우리는 어쩌면 하늘의 어느 구석에 다시 모여 이 문제에 대해 이야기하게 될지도 모르겠습니다. 아무튼 백 년 뒤에 우리 중 그 누구도 이 땅에 남아 있지 못할 것입니다. 혹시라도 더 오래 살고 싶은 분이 계실지 모르니까 백오십 년으로 연장하더라도 결과는 마찬가지입니다. 그러므로 현재의 은행 잔고를 포함하여 우리가 그동안 모아 온 모든 재산은 결국 아무것도 아닙니다. 정말 아무것도 아닙니다! 하늘로 가져갈 수 있는 유일한 것은 오직 하늘에 쌓아 둔 보물뿐입니다. 이제 다시 하늘의 본질에 대해 집중해 보겠습니다. 하늘에 대해 우리는 무엇을 말할 수 있을까요?

하늘이란 무엇일까요?

무엇보다 먼저, 하늘은 "하느님과 함께 살고, 하느님 안에서 살고, 하느님 곁에서 영원히 사는 것"이라고 말해야 합니다. 그러므로 하늘은 어떠한 방식으로든 우리가 이 땅에서 그리스도와 함께 있기를 갈망하는 모든 것입니다. 암브로시오 성인은 이렇게 말씀하셨습니다. "생명은 그리스도와 함께 있는 것입니다. 그곳에 생명이 있는 곳, 즉 왕국이 있는 곳이며, 나에게 생명은 그리스도이십니다." 그러므로 죽는 것이 이득입니다. 안티오키아의 이냐시오 성인은 그리스도의 이름을 버리라는, 즉 배교하라는 요구를 받았을 때 로마의 신자들에게 보낸 편지에서 이렇게 말씀하셨습니다. "여러분, 제발 저를 죽게 해 주십시오(사실 이 말씀은 그리스도를 배신하지 않겠다는 뜻입니다). 여러분, 제발 저를 살게 해 주십시오(사실 이 말씀은 순교하게 해 달라는 뜻입니다)." 이처럼 순교에 대한 열망은 바로 성인들이 그토록 바라던 것이었습니다. 그런데 문제는 우리가 그리스도를 지금까지도 충분히 알지 못한다는 점입니다. 우리가 그리스도를 알지 못하기 때문에 그리스도를 갈망하지 않는 것입니다. 이것이야말로 참으로 안타까운 일입니다. 그러니 사제들뿐만 아니라 모든 그리스도인은 그리스도와 친밀해지고, 그분을 깊이 알아야 하며, 이 세상 그 무엇보다도 그리스도를 갈망해야 합니다.

하늘이란 무엇일까요? 하늘은 지극히 거룩하신 삼위일체이신 하느님과 함께하는 완전한 삶입니다. 곧 삼위일체이신 하느님과 함께 생명과 사랑의 친교를 나누는 삶입니다. 하늘에서는 오직 사랑만이 존재할 뿐입니다. 「가톨릭 교회 교리서」에 따르면 하늘은 '인간의 궁극적 목적이고 가장 간절한 열망의 실현, 즉 우리가 존재하는 이유'입니다(1024항 참조). 그렇다면 나는 왜 존재할까요? 하늘을 위해, 즉 그리스도와 함께 영원히 살기 위해 존재하는 것입니다. 이것이 바로 우리가 존재하는 목적입니다. 형제 여러분! 다른 목적은 없습니다. 그렇다면 우리가 살아가는 목적은 무엇일까요? 유명해지는 것입니까? 많은 재산을 쌓는 것입니까? 아니면 단순히 즐거움을 추구하는 것입니까? 그런 것들을 위해 사는 것은 어리석은 짓입니다. 결코 그런 것들을 위해 살아서는 안 됩니다. 진정한 생명은 그리스도와 함께 있기 때문입니다.

그렇다면 하늘에서의 삶은 어떨까요? 사실 우리는 그것에 대해 정확히 알 수 없습니다. 바오로 사도는 이렇게 말씀하십니다. "어떠한 눈도 본 적이 없고 어떠한 귀도 들은 적이 없으며 사람의 마음에도 떠오른 적이 없는 것들을 하느님께서는 당신을 사랑하는 이들을 위하여 마련해 두셨다."(1코린 2,9) 이는 우리가 상상할 수 있는 것보다 훨씬 더 큰 신비입니다. 제가 철학을 공부할 때, 문화인류학에서 현장 조사를 하라는 과제가 있었습니다. 마침 아버지의 고향인 갈리시아로 휴가를 떠날 기회가 있어 그곳에서 죽음에 대해 연구하기로 했습니다. 그곳 사람들은 죽음에 대해서 진지하게 답변해 주었습니다. 농사를 짓고 가축을 돌보는 순박한 마을 사람들에게 하늘나라를 어떻게 상상하는지 물었습니다. 한 분이 이렇게 대답하셨습니다. "내게 하늘나라는 소들이 아주 많은 곳이지요. 소들이 없는 하늘나라는 도저히 상상할 수 없어요. 1등급 소들로 가득하고 그 소들이 모두 내 소유인 곳, 그곳이 바로 내가 상상하는 하늘나라이지요."

사람들은 하늘을 자신이 기대할 수 있는 가장 좋은 곳으로 상상합니다. 하지만 실제로 하늘은 어떤 곳일까요? 우리는 하늘이 어떤 곳인지 전혀 알지 못합니다. 마치 아이에게 "숫자를 얼마까지 셀 수 있니?"라고 물었을 때 "아주 많이요. 백까지 셀 수 있어요!"라고 아이가 대답하는 것과 비슷합니다. 한편, 우리의 상상력이 너무 빈약한 건 아닌지 생각해 봅니다. 완벽한 하늘을 소만 있는 곳으로 상상하는 어느 농부처럼 말입니다. 여러분이 상상하는 하늘은 어떤 곳입니까? 하늘은 지극히 거룩한 삼위일체이신 하느님과 함께하는 완전한 사랑의 삶이며, 가장 높은 차원의 초월적 사랑을 나누는 곳입니다. 사랑하고 사랑받으며, 그야말로 아무런 부족함이 없는 완전한 사랑의 상태가 영원한 곳입니다. 형제 여러분! 하늘에 대해 한 번 깊이 생각해 보십시오. 마음을 다해 하늘을 희망해 보십시오. 그리하여 하늘을 위해서라면 모든 것을 걸겠다는 결심을 해야 합니다. 그럴 만한 가치가 충분합니다. 하늘나라는 모든 것을 쏟아부어도 전혀 아깝지 않을 만큼의 가치가 있는 곳입니다.

저에게 세례를 주신 신부님이 1년 전에 돌아가셨는데, 그분이 생전에 이런 이야기를 들려주셨습니다. 어느 날 연세가 지긋하신 신사 한 분이 본당에 와서 수표 한 장을 건네며 말했습니다. "제가 가진 재산을 기부하려고 합니다." 그분은 피정 중에 언젠가 자신도 죽게 될 텐데, 그동안 모아 온 돈이 죽음 앞에서는 아무런 의미가 없다는 것을 깨닫게 되었다고 합니다. 그래서 하느님께 자비를 청하며 자신의 죄에 대한 보속으로 교회에 기부하기로 결심했다는 겁니다. 그래서 신부님에게 큰 금액이 적힌 수표를 건넨 후에 바로 본당을 떠났습니다. 그런데 30분 후, 그가 다시 돌아와 수표를 돌려달라고 했다는군요. 신부님은 당황했지만 그분의 요청대로 수표를 돌려주었습니다. 그러자 그는 더 큰 금액이 적힌 새로운 수표를 꺼내며 이렇게 말했습니다. "아까는 조금 남겨 둔 돈이 있었습니다. 하지만 이제는 모든 것을 드리기로 결심했습니다." 그는 그렇게 자신의 전 재산을 기부했습니다.

　　우리도 종종 이와 같은 갈등을 겪습니다. 두 가지를 모두 가지려고 합니다. 하늘의 보물을 원하면서 이 세상의 보물도 놓치지 않으려 합니다. 우리는 하느님과 영원히 살기를 원하는 동시에 이 땅에서 그 어떠한 고통도 겪지 않으려고 합니다. 그래서 종종 십자가를 거부합니다. 하지만 모든 것을 다 가질 수는 없습니다. 우리는 하늘을 위해 모든 것을 걸어야 합니다. 하늘을 위해 우리의 모든 것을 투자해야 합니다. 그렇지 않으면 우리의 삶은 의미와 가치를 잃게 됩니다. 「가톨릭 교회 교리서」는 "그리스도 안에 있는 모든 사람과 하느님 사이에 이루어지는 복된 친교의 이 신비는 모든 이해와 표현을 초월한다."(1027항)라고 밝힙니다. 즉, 우리가 상상할 수 있는 모든 것을 넘어선다고 말합니다. 또한 성경은 하늘을 다양한 이미지로 표현합니다. 예를 들어 생명, 빛, 평화, 혼인 잔치, 하늘나라의 포도주, 아버지의 집, 천상 예루살렘, 낙원 등 비유적인 표상들을 통하여 우리에게 말해 줍니다. 하늘을 상상하는 이미지는 각자 다를 수 있지만 한 가지는 확실합니다. '하늘'은 '완전함'입니다.

요한 묵시록에 따른 하늘과 성인들의 모습

하늘에 대한 이미지를 어떻게 그려 볼 수 있을까요? 어떻게 하면 하늘을 조금이라도 맛볼 수 있을까요? 하늘을 미리 경험해 보는 방법이 있을까요? 저는 여러분께 이러한 주제로 묵상해 보시길 제안합니다. 이를 위해 제가 지금 드리는 글을 읽으며 묵상하셔도 좋겠습니다. 양심 성찰을 하신 후에 다음과 같은 질문을 스스로에게 던져 보십시오. "나는 하늘을 진정으로 열망하는가?" "나는 항상 내 미래의 하늘을 마음에 두고 사는가?" "하늘을 등진 채 살고 있지는 않은가?" 마지막으로 하느님에 대한 신뢰 속에서 기도해 보시길 권합니다. 더불어 요한 묵시록 7장을 읽어 보시길 바랍니다. 참으로 아름다운 말씀입니다. 여러분은 묵시록의 언어가 상징적이라는 것을 잘 알고 계실 겁니다. 인간이 이해할 수 있는 한계를 초월하는 모든 것은 상징적인 형태로 표현됩니다. 이러한 상징적인 이미지들은 매우 생생하고 강렬하여, 하늘이 얼마나 장엄하고 놀라운 곳인지 우리에게 미리 보여 줍니다. 우리 역시 예상보다 빨리 하늘에 있게 될 것입니다.

작년에 제가 독일에서 공부할 때 만났던 교수님이 생사를 가르는 수술을 받으셨습니다. 그분은 사제셨고, 제가 독일에 머무는 동안 저를 당신 집에 받아 주셨습니다. 그런데 갑자기 심부전이 매우 심각해서 응급 수술을 하게 되었습니다. 의사들은 살아남을 확률이 15%에 불과하다고 했습니다. 심장을 꺼냈다가 다시 넣어야 하는 복잡한 수술이었습니다. 죽음을 직감하신 신부님은 지인들과 작별 인사를 하셨는데, 그 모습이 정말 감동적이었습니다. 저에게도 이렇게 말씀하셨습니다. "이제 드디어 하늘나라를 볼 수 있게 되었네요." 신부님은 아우구스티노 성인을 매우 좋아하셨는데, 특히 죽음을 눈앞에 둔 모니카 성녀와 아우구스티노 성인이 하늘나라에 대해 이야기하며 '영원한 기쁨의 나라'를 상상했던 구절을 자주 묵상하셨다고 합니다. 신부님은 수술실로 들어가셨고, 수술이 8시간 정도 걸린다고 해서 우리도 자리를 떠났습니다. 혹시라도 수술이 잘못되면 병원에서 연락을 주겠다고 했습니다. 다음 날 간호사로부터 연락이 왔습니다. 신부님이 아직 살아 계시지만 위독한 상태라고 했습니다. 이틀 후, 신부님은 깨어나기 시작하셨고 마침 제가 그 자리에 있었습니다. 신부님은 몇 번 눈을 떴다가 감으시더니, 우리를 보며 환한 미소를 지으셨습니다. 아마도 우리를 천사로 착각하셨나 봅니다. 우리는 신부님께 인사를 드렸습니다. "알베르디 신부님! 아직 병원에 계십니다." 그러자 신부님은 크게 실망하시며 이렇게 말씀하셨습니다. "제가 아직 죽지 않았단 말입니까?" 우리는 대답했습니다. "네. 아직 안 돌아가셨어요." 신부님은 다시 눈을 감으시며 깊이 탄식하셨습니다. 자신이 아직도 죽지 않았다는 사실에 크게 실망하신 모습이었습니다.

요한 묵시록에 이런 말씀이 있습니다. "그 다음에 나는 네 천사가 땅의 네 모퉁이에 서서 땅의 네 바람을 붙잡고서는 땅에도 바다에도 그 어떤 나무에도 바람이 불지 못하게 하는 것을 보았습니다."(7,1) 이처럼 하늘의 네 천사가 이미 모든 피조물을 둘러싸고 있습니다. 그 외의 것은 이미 모두 사라졌습니다. 사실 모든 것이 덧없습니다. 모든 것은 허망하기 짝이 없습니다. 형제 여러분! 우리가 짓고 있는 건물이나 이 아름다운 집도 모두 덧없는 것들입니다. 천상의 것만이 영원하고 완전한 상태로 존재합니다. "나는 또 다른 한 천사가 살아 계신 하느님의 인장을 가지고 해 돋는 쪽에서 올라오는 것을 보았습니다."(묵시 7,2) 이것은 모세의 상징적 의미로, 그리스도와 일치를 이루며 살아온 모든 이에게 찍히게 될 인장입니다. 즉, 그리스도의 몸인 우리에게 은총으로 그분과 결합되어 있음을 나타내는 인장이 될 것입니다. "그가 땅과 바다를 해칠 권한을 받은 네 천사에게 큰 소리로 외쳤습니다. '우리가 우리 하느님의 종들의 이마에 인장을 찍을 때까지 땅도 바다도 나무도 해치지 마라.'"(묵시 7,2-3) 이 구절의 의미는 무엇일까요? 그리스도와 결합된 모든 사람은 절대로 해를 입지 않는다는 것입니다. 여기서 말하는 '해'란 무엇일까요? 또한 죽음이란 무엇일까요? 그것은 바로 그리스도와 함께 있지 않는 상태입니다. 우리는 이 말의 뜻을 모두 잘 알고 있습니다. 이 말은 하느님께서 누구에게 해를 입히신다는 뜻이 아닙니다. 그리스도와 분리된 사람은 이미 자기 자신에게 해를 입힌 것이며, 이것이야말로 인간에게 닥칠 수 있는 최악의 해입니다. 그리스도와 함께하지 않으면 영광에 들어갈 수 없기 때문입니다.

"나는 인장을 받은 이들의 수가 십사만 사천 명이라고 들었습니다. 인장을 받은 이들은 이스라엘 자손들의 모든 지파에서 나온 사람들이었습니다."(묵시 7,4) 이 구절에서 이스라엘의 열두 지파가 언급됩니다. '십사만 사천'이라는 숫자는 완전성과 충만함을 상징하며, 이는 곧 그리스도의 몸 전체, 즉 그리스도 안에서 살아가는 모든 사람들을 의미합니다. 따라서 은총 안에 살아가는 모든 이들은 이미 그리스도의 몸을 이루고 있습니다. 이처럼 그리스도의 몸 전체가 인장을 받아 하늘로 인도되는 것입니다. 열두 지파에 대한 언급 후에는 이렇게 이어집니다. "그다음에 내가 보니, 아무도 수를 셀 수 없을 만큼 큰 무리가 있었습니다. 모든 민족과 종족과 백성과 언어권에서 나온 그들은, 희고 긴 겉옷을 입고 손에는 야자나무 가지를 들고서 어좌 앞에 또 어린양 앞에 서 있었습니다."(묵시 7,9) 여기서 '흰옷'은 은총을, '야자나무 가지'는 순교를 상징합니다. 순교자란 '증인'을 의미합니다. 그들은 그리스도의 증인이며, 그들의 삶 속에서 그리스도를 드러낸 이들입니다. 그들은 그리스도처럼 살았고 그리스도의 몸을 이루었습니다. 이들이야말로 진복팔단에 나오는 복된 이들입니다. 그들은 큰 소리로 외칩니다. 마치 스페인 내전 당시 순교자들이 "그리스도 왕 만세!"라고 외쳤던 것처럼 말입니다. 사람은 가장 중요한 외침을 결정적 순간을 위해 마음속에 간직해 두는 법입니다. 참으로 복된 이들이 순교의 순간에 남겨 둔 외침은 무엇일까요? "구원은 우리 주 하느님과 성부 오른편에 앉아 계신 어린양께 있나이다!"라는 외침입니다. 이는 오직 하느님만이 구원자이시며 참된 생명이자 행복이라는 의미입니다. 이것이 바로 복된 이들의 외침입니다.

요한 묵시록은 계속해서 이렇게 말합니다. "그러자 모든 천사가 어좌와 원로들과 네 생물 둘레에 서 있다가, 어좌 앞에 얼굴을 땅에 대고 엎드려 하느님께 경배하며 말하였습니다."(7,11-12) 여기서 우리는 흠숭의 중요성을 깨닫게 됩니다. 흠숭은 가장 큰 기쁨의 근원입니다. "아멘. 우리 하느님께 찬미와 영광과 지혜와 감사와 영예와 권능과 힘이 영원무궁하기를 빕니다. 아멘."(묵시 7,12) 형제 여러분! 하느님께 모든 찬미를 드립시다. 참으로 행복한 삶이란 자신을 돌아보지 않고 온전히 타인에게 자신을 내어 주는 삶입니다. 이것이야말로 삼위일체이신 하느님의 삶입니다. 성부께서는 성자를 위해, 성자께서는 성부를 위해, 성령께서는 성부의 선물로서 성자를 위해 존재하시기 때문입니다. "그때에 원로 가운데 하나가, '희고 긴 겉옷을 입은 저 사람들은 누구이며 어디에서 왔느냐?' 하고 나에게 물었습니다. '원로님, 원로님께서 알고 계시지 않습니까?' 하고 내가 대답하였더니, 그가 나에게 말하였습니다. '저 사람들은 큰 환난을 겪어 낸 사람들이다. 저들은 어린양의 피로 자기들의 긴 겉옷을 깨끗이 빨아 희게 하였다.'"(묵시 7,13-14) 여기서 '큰 환난'이란 바로 십자가를 의미합니다! 십자가! 예수님은 이미 말씀하셨습니다. "누구든지 내 뒤를 따라오려면, 자신을 버리고 제 십자가를 지고 나를 따라야 한다."(마태 16,24) 우리는 십자가를 거부하거나 십자가의 원수로 살아서는 안 됩니다. 왜냐하면 하늘에 대해 이야기하는 것은 십자가, 즉 영광의 십자가를 바라보는 것과 뗄 수 없는 관계이기 때문입니다. 우리는 그리스도의 피로 씻김을 받은 자들입니다.

　　십자가와 일치하여 살아온 이들은 고통을 겪었지만 동시에 은총과 순교의 피, 구원과 사랑도 받았습니다. 그래서 그들은 하느님의 성소 안에서 그분의 어좌 앞에 서서 밤낮으로 그분을 섬기며 흠숭을 드리고 있습니다. 하늘을 이 땅에서 미리 체험하는 것은 바로 하느님께 드리는 경배입니다. 이것이 흠숭이며, 곧 성체성사입니다. 하늘나라에서 드리는 경배와 가장 가까운 흠숭이 바로 성체성사입니다. 그러므로 성체성사를 통해 우리는 하늘나라를 가장 가까이에서 미리 경험하는 것입니다. 요한 묵시록은 계속해서 이렇게 말합니다. "그들이 다시는 주리지도 목마르지도 않을 것이며 해도 그 어떠한 열기도 그들에게 내리쬐지 않을 것이다. 어좌 한가운데에 계신 어린양이 목자처럼 그들을 돌보시고 생명의 샘으로 그들을 이끌어 주실 것이며 하느님께서는 그들의 눈에서 모든 눈물을 닦아 주실 것이다."(7,16-17)

이처럼 요한 묵시록 7장은 참으로 놀랍고도 아름다운 하늘의 비전을 우리에게 보여 줍니다. 가끔씩 이 구절을 읽어 보시길 바랍니다. 그러면 하늘을 조금 더 갈망하게 되고, 하늘의 현존 속에서 살아가며, 지금 이 순간 내 삶에서 미래의 하늘을 미리 맛보고 싶어질 것입니다. 우리가 부름 받은 그 하늘을 말입니다. 바로 이것이 오늘 여러분에게 제안하고자 하는 바입니다. 하늘을 미리 체험하고 기억하고 열망하면서 모든 것을 하늘에 걸어 봅시다. 그야말로 우리가 얻을 수 있는 가장 중요한 것, 즉 하늘을 위해 모든 것을 바칠 수 있기를 바랍니다. 아, 중요한 말씀 하나를 깜빡했네요. 하늘나라에도 침묵은 있다는 사실을요. 대침묵 안에서 하늘을 미리 맛보는 시간이 되시기를 빕니다.

영광이 성부와 성자와 성령께
처음과 같이 이제와 항상 영원히. 아멘.

7장
아버지의 이름이 거룩히 빛나시며

성부와 성자와 성령의 이름으로. 아멘.

주님, 당신의 은총이 저희 모든 일의 시작을 영감으로 채우시고
지속시켜 주시며 동행해 주소서.
그리하여 저희의 일이 모든 것의 근원이신 주님 안에서 시작하고
언제나 모든 것의 목표이신 주님께로 향하게 하소서.

영광이 성부와 성자와 성령께
처음과 같이 이제와 항상 영원히. 아멘.

한 프랑스 영화감독은 이렇게 말했습니다. "아무 일도 일어나지 않을 거라고 생각하며 시작하는 아침보다 더 슬픈 일은 없습니

다." 이는 그날 일어날 모든 일을 이미 다 알고 있는 것처럼 생각하며 아침을 맞는 것보다 더 최악은 없다는 뜻입니다. 그런데 언제 이런 생각을 하게 될까요? 바로 내가 삶의 주인이라고 착각할 때입니다. 마치 모든 일이 내가 원하는 대로 이루어질 것이라고 확신하는 순간입니다. 그러나 하느님께서 우리의 삶을 이끌어 가신다는 사실을 깨달을 때, 즉 내가 아니라 하느님께서 삶의 주도권을 가지고 계시다는 사실을 알게 될 때, 우리가 상상하지도 못한 엄청난 일들이 일어날 수 있습니다. 그러므로 우리는 성령께서 우리 안에서 활동하고 계시며, 성인의 통공으로 많은 형제들이 기도를 통해 우리의 삶에 영향을 미칠 수 있다는 사실을 다시 한 번 명확히 인식해야 합니다.

시르카시아Circasia[36]에 있는 빈첸시오수녀회로부터 저희를 위해 기도한다는 내용의 팩스를 받았습니다. 누군가가 우리를 위해 기도하고 있다는 사실을 깨닫는 것이 얼마나 중요한 일인지 모릅니다. 팩스 내용은 다음과 같습니다.

파비오 두케 주교님, 파블로 도밍게스 신부님, 그리고 킨디오 교구의 모든 사제들께 이 글을 올립니다. 이번 피정을 통해 여러분이 놀라운 하느님의 은총을 깊이 체험하게 되기를 기원합니다. 저희는 미사를 봉헌

---

[36] 콜롬비아 킨디오주(州)에 위치한 도시 이름입니다. - 역주

하며, 피정 중이신 모든 사제들을 위해 저희의 진심을 담아 끊임없이 기도를 바치고 있습니다. 피정이라는 내적 침묵의 시간 속에서 하느님에 대한 믿음과 신뢰가 굳건히 자리 잡고, 거룩한 사제직의 사명을 위한 관상적인 삶의 기초가 잘 다져지기를 기원합니다. 하느님과의 일치를 통해 그분의 시선과 신앙의 눈으로 삶의 모든 차원을 바라보고, 이를 내면화할 수 있는 시간이 되기를 바랍니다. 이를 통해 사막 같은 삶의 여정이나 깊고 어두운 밤과 같은 시기에, 그리고 역사 속의 커다란 걱정과 갈등에 짓눌리는 순간에도 흔들림 없는 믿음 안에서 견고히 살아갈 수 있게 되기를 바랍니다. 우리는 모두 하느님과 지속적인 관계를 유지하기 위해서 내외적인 침묵을 회복하고, 감미로운 고독 속에서 자신 안으로 깊이 들어가 참된 자아를 만나야 한다는 사실을 잘 알고 있습니다. 아우구스티노 성인의 말씀처럼 '진리가 머무는 그곳'에서 기도의 삶을 통해 참된 기쁨을 경험하시길 바랍니다. 여러분을 깊이 존경하고 존중하며 진심으로 응원합니다. 영원한 대사제이신 예수 그리스도의 성령께서 여러분을 격려하고 인도해 주시기를 기도드립니다. 여러분이 교회를 위해 행하시는 그 무엇과도 비교할 수 없는 고귀한 사제직에 깊은 감사와 존경을 표합니다.

- 레지나 줄루아가Regina Zuluaga 수녀와 공동체 올림

이제부터는 빈첸시오회 수녀님들을 우리를 위한 기도의 협력

자 목록에 포함시켜, 우리 역시 그분들을 위해서 기도해야겠습니다. 사실 기도의 협력자들을 위해 기도하는 것은 정의의 의무이자 자비의 의무이기도 합니다. 더군다나 교회의 사랑 안에서 그분들은 우리의 친누이들이나 다름없습니다. 우리를 위해 기도해 달라고 협력자들에게 요청하는 것 역시 매우 중요합니다. 우리가 유혹이나 어려움을 겪을 때 우리를 위해 기도하는 이들이 있다는 사실을, 그분들의 기도 덕분에 우리가 지탱하고 있다는 사실을 잊지 말아야겠습니다. 이것을 신앙 안에서 바라보면 매우 중요한 사안입니다. 물론 신앙이 없다면 이 모든 것이 아무런 의미도 없겠지만, 신앙의 눈으로 보면 기도가 얼마나 큰 힘이 되는지 깨닫게 될 것입니다.

피정의 참된 의미

이제 우리는 피정의 중간 지점에 와 있습니다. 앞으로도 계속 영적인 전투를 이어 나가야 합니다. 이를 위해 잠시라도 자신의 영적 상태를 점검해 보는 차원에서 다음과 같은 질문을 던져 보면 좋겠습니다. 나는 피정 동안 어느 정도 영적인 성장을 했는가? 성령께서 나의 협조를 통해 내 안에서 더 큰 자리를 차지하셨는가? 아니면 악한 영이 여전히 내 안에 자리를 잡은 채 버티고 있는가? 나는 진심을 담아 피정에 임하고 있는가? 나는 세속적인 유혹이나 욕망에 맞서면서 영적 전투를 하고 있는가? 하느님과의 만남은 물론 그분의 말씀과 뜻을 찾는 것 외에 다른 걱정들에 휩쓸려 마음을 빼앗기지 않도록 치열하게 영적 싸움을 하고 있는가?

형제 여러분! 최후의 심판을 잘 준비하기 위해서는 평소에 양심 성찰을 충실히 해야 합니다. 우리는 최후의 심판을 결코 피할 수 없습니다. 하지만 아직까지는 최후의 심판을 잘 준비할 시간이 주어져 있습니다. 성령께서 우리 안에서 활동하시도록 그분께 마음을 열고 모든 것을 맡겨 드릴 때, 우리의 영적 전투는 성령의 승리로 끝날 것입니다. 오늘 아침 피정 강의 전에 먼저 양심 성찰을 하면서, 피정을 어떻게 하고 있는지 자문해 보길 부탁드렸습니다. 예를 들면 피정 시간을 잘 활용하고 있습니까? 첫날에 말씀드렸던 좋은 피정을 위한 지침들, 즉 침묵과 기도 시간 준수와 잠심 등을 잘 지키고 있습니까? 성령께 나를 온전히 맡겼습니까? 아니면 이 피정을 마치 휴양지나 호텔에서 쉬는 것처럼 여기고 있지는 않습니까? 피정 강의를 잔소리라고 생각한 적은 없습니까? 이 피정에는 매우 중요하고 심오한 의미가 담겨 있습니다. 앞서 공개했던 빈첸시오회 수녀님의 편지를 떠올려 보십시오. 수녀님은 이 피정의 의미를 정확히 파악하고 이렇게 말씀하셨습니다. "여러분이 교회를 위해 행하시는 그 무엇과도 비교할 수 없는 고귀한 사제직에 깊은 감사와 존경을 표합니다."

많은 이들의 구원이 우리에게 달려 있다는 사실을 기억하십시오. 우리는 결코 혼자가 아닙니다. 사제가 성인들을 본받아 신실하게 살아간다면, 많은 이들이 그 성화의 은총으로 변화됩니다. 반대로 사제가 세상과 적당히 타협하며 죄 속에서 살아간다면, 많은 이들이 어둠 속에 머물며 살게 됩니다. 주님께서 말씀하셨듯이 우리는 등경 위에 놓인 세상의 빛입니다(마태 5,13-16 참조). 그러나 그 빛이 어둠 속에 감춰지거나 소금이 맛을 잃으면 세상을 어떻게 구원할 수 있겠습니까? 형제 여러분! 우리는 누룩이고 소금입니다. 보다 정확히 말하자면 우리는 빛입니다. 주님께서 우리에게 그렇게 살아갈 수 있는 길을 열어 주셨습니다.

우리는 모두 자신의 선을 위해 움직이는 존재이긴 합니다만, 오직 나 자신만을 위해서는 도저히 움직일 힘조차 없을 때가 가끔 있습니다. 그럴 때는 최소한 타인의 선을 위해서라도 움직여야 합니다. 많은 가장들이 아침에 이렇게 말합니다. "나 혼자라면 너무 피곤해서 일어나기 싫은데, 자녀들과 아내를 위해서라면 일어나야지요." 우리도 마찬가지로 이렇게 말할 수 있을 것입니다. "오직 나 자신을 위해서라면 이 피정도, 영적 싸움도 하지 않았을지 모릅니다. 그러나 하느님께서 나에게 맡기신 사람들 때문에라도, 그분께서 주신 사명과 권한 때문에라도 저는 반드시 이 피정에 신실하게 임할 것입니다." 이 사실을 등반에 비유해 보겠습니다. 밧줄로 서로를 연결한 채 등반할 때가 있습니다. 보다 안전하기 때문입니다. 그러나 내가 떨어지면 다른 사람들도 함께 떨어지게 됩니다. 누군가가 힘이 없어 더 이상은 못 오르겠다면서 멈춰 버리면 다른 이들도 모두 멈춰야 합니다. 그러니 다른 사람들을 위해서라도 우리는 계속 나아가야 합니다. 우리가 이렇듯 밧줄로 연결되어 함께 나아가고 있지만, 사제들에게는 한 가지 특별한 점이 있습니다. 사제는 그 밧줄의 맨 앞에 서 있는 선봉장입니다. 우리가 앞으로 나아가면 우리에게 맡겨진 하느님의 백성도 함께 나아가게 되고, 우리가 앞으로 나아가지 않으면 하느님의 백성도 멈추게 됩니다.

최후의 심판 때 수많은 사람들이 우리를 바라보며 이렇게 말한다면 어떻게 될까요? "저는 하느님을 알 수 없었습니다. 이게 모두 다 사제였던 당신 때문입니다. 사제로서 당신이 나를 제대로 이끌어 주지 않았고, 모범을 보여 주지 않았기 때문입니다. 당신이 미지근하게 살면서 사제의 소명에 충실하지 않았기 때문에, 나도 하느님의 이름을 거룩하게 하지 못했습니다." 형제 여러분! 이는 매우 중대한 문제입니다. 어떤 의미에서는 우리가 피정을 하는 지금 이 순간, 하느님께서 우리에게 맡기신 모든 사람들이 우리와 함께 하느님을 찾고 있다고 말할 수도 있습니다. 오늘 이 피정을 통해 여러분이 사목직의 아버지로서 하느님으로부터 부여받은 이 막중한 책임감을 깊이 깨닫게 되기를 빕니다! 표현이 다소 과격할 수 있지만 양해를 구하면서 드리고 싶은 말씀이 있습니다. 그저 자신의 이익이나 만족만을 추구하면서 제멋대로 살아가는 '독신자'가 되지는 마십시오. 그런 태도는 지금 즉시 버려야 합니다. 그것이야말로 사탄이 우리에게 원하는 모습이기 때문입니다.

하느님은 가장 경이로우신 분

오늘 이 시간에는 '아버지의 이름이 거룩히 빛나시며'라는 구절에 대해 함께 묵상하고자 합니다. 형제 여러분! 우리의 유일한 목적은 하느님의 이름을 거룩히 빛나게 하는 것입니다. 즉, 모든 사람이 하느님을 알고 진리를 알도록 하는 것입니다. 그리하여 모든 사람에게 하느님이 인식되고 사랑받으시도록 해야 합니다. 하느님께서 우리에게 맡기신 모든 이들이 그리스도를 알고 깨닫게 하는 일이야말로 우리에게 가장 중요한 사명입니다. 세상에는 여전히 하느님을 알지 못하는 사람들이 많고, 하느님이 존재하지 않는 것처럼 사는 이들도 많습니다. 하느님의 거룩하심을 모르기에 진리의 빛을 갖지 못한 이들도 많습니다. 그러므로 우리의 바람은 하느님의 이름이 흠숭과 찬미와 사랑을 받아서 사람들이 그분을 찾도록 하는 것입니다. 이것이 바로 우리의 유일한 목적입니다.

토마스 아퀴나스 성인은 '아버지의 이름이 거룩히 빛나시며'라는 구절을 주석하면서 하느님의 이름이야말로 '가장 경이롭고 사랑과 경배를 받으실 만하다.'라고 했습니다. 하느님의 이름은 가장 경이롭습니다. 우리가 인생에서 경이롭게 여기는 것은 무엇입니까? 아름다운 풍경, 우주의 광활함, 미세한 원자 구조 등이 우리에게 경이로움을 줄 수 있습니다. 그러나 이 모든 것은 하느님의 영원하심과 위대하심에 비하면 아주 하찮은 것들입니다. 우리는 하느님의 경이로움을 통해 모든 사람이 하느님을 찬양하게 해야 합니다. 세상에서 가장 아름다운 풍경을 앞에 두고 커튼으로 가려서 아무도 보지 못하게 한다면 얼마나 안타까운 일입니까! 우리는 하느님을 절대 숨겨서는 안 됩니다. 모든 이들이 하느님을 경외하도록 그분을 드러내고 보여 드려야 합니다. 왜냐하면 여전히 많은 이들이 하느님을 모르기 때문입니다. 많은 사람들이 강생하신 예수님, 성부의 영원한 말씀이신 그리스도, 우리를 위해 십자가에 못 박혀 돌아가신 예수 그리스도를 알지 못하기 때문입니다. 그래서 하느님의 이름이 경배를 받고 거룩히 빛나시며, 토마스 아퀴나스 성인의 표현대로 '가장 사랑받는 분'이 되시기를 우리는 간절히 원해야 합니다.

사람은 사랑에 대한 특별한 갈망을 지니고 있어서 무언가를 사랑하며 살아갑니다. 그런데 우리는 과연 무엇을 사랑하고 있습니까? 하느님을 사랑하지 않으면 우리 자신을 사랑하거나 세상의 하찮은 것들을 사랑하게 됩니다. 하느님의 사랑을 추구하지 않는다면 결국 우리는 집, 차, 돈, 명예, 외모 같은 하찮은 것들을 사랑하게 된다는 말입니다. 이것이야말로 참으로 끔찍한 일입니다. 우리가 하느님의 사랑을 알지 못하기 때문에 세상의 하찮은 것들을 사랑하게 되는 것입니다. 이 세상에는 길을 잃고 지친 이들이 왜 그토록 많을까요? 때로는 우리 자신마저도 포함해서 말입니다. 그 이유는 우리가 여전히 하느님의 사랑을 제대로 알지 못하기 때문입니다. 오, 저의 하느님! 당신께서 얼마나 자애로우신 분인지, 당신께서 바로 사랑 자체이심을 우리가 깨닫게 된다면, 그리하여 다른 사람들 또한 이 놀라운 사실을 깨닫게 된다면 얼마나 좋겠습니까! 하느님께서 우리를 사랑하셔서 친히 사람이 되시고, 우리를 위해 당신의 목숨까지도 내놓으셨다는 이 엄청난 하느님의 사랑을 알게 된다면 얼마나 좋겠습니까!

우리의 사명 : 모든 사람이 하느님을 사랑하고 경배하며 찬미하도록

토마스 아퀴나스 성인은 하느님의 이름이 '가장 경이롭고 사랑과 경배를 받을 만하다.'라고 하셨습니다. 이는 곧 우리가 마땅히 경배할 분은 오직 하느님뿐이라는 뜻입니다. 저는 토마스 사도 축일에 태어났습니다. 어쩌면 하느님께서 이를 통해 저에게 무언가 말씀하시려는 듯싶습니다. 사실 토마스 사도는 의심하면서 자기 눈으로 직접 보기 전까지는 믿지 않겠다고 했습니다. 그러나 눈앞에 계신 분이 그리스도임을 깨닫자 본능적으로 그 자리에서 즉시 땅에 엎드렸습니다. 하느님을 만난 사람에게 가장 자연스러운 자세는 하느님을 경배하고 경외하는 마음으로 땅에 엎드리는 것입니다. 이처럼 우리는 하느님을 경배해야 할 뿐만 아니라 그분과 관련된 성스러운 것들, 그분을 볼 수 있도록 돕는 모든 것들, 특별히 전례에 대해서 신경을 써야 합니다.

'아버지의 이름이 거룩히 빛나시며'라는 구절은 주님의 기도에 나오는 일곱 가지 청원 중에 첫 번째 청원입니다. 주님의 기도에 등장하는 일곱 가지 청원은 완전합니다. 즉, 우리가 청해야 할 모든 것이 주님의 기도 안에 있다는 뜻입니다. 또한 토마스 아퀴나스 성인은 이 청원의 순서가 매우 중요하다고 말씀하셨습니다. 청원의 순서는 우리가 무엇을 우선적으로 청해야 할지, 그리고 우리가 청하는 것이 올바른지를 실질적으로 알려 주기 때문입니다. 따라서 우리는 "주님, 당신께서 사랑과 찬양과 경배를 받으시기를 간절히 바라나이다." 하고 첫 번째로 청원해야 합니다. 형제 여러분! 이것이 바로 우리의 사명입니다. 모든 사람이 하느님을 사랑하고 경배하며 찬미하도록 돕는 것, 이것이 우리의 사명이자 성소입니다. 우리는 이 목적 외에 다른 이유로 사제가 된 것이 아닙니다. 사람들이 우리를 경배하고 사랑하며 존경하게 만들려는 것이 결코 아니라는 말입니다. 양심 성찰을 해 보니, 저 역시 이러한 경향이 있었다는 사실을 깨닫게 되었습니다. 양심 성찰을 제대로 하면, 왜 내가 그토록 많은 물질과 돈을 쌓아 왔는지 깨닫게 됩니다. 왜 그랬을까요? 사람들은 항상 많은 재물을 가진 자가 전능한 자라고 생각하기 때문입니다. 즉, 내가 돈을 많이 가지면 사람들이 나를 존경하고 숭배할 것이라고 믿기 때문입니다.

그러나 우리는 모든 이가 나를 숭배하는 것이 아니라, 오직 하느님만을 경배하고 찬미하며 사랑하게 되기를 간절히 바라야 합니다. 오직 이 한 가지 소망만을 품어야 합니다. 사제직에 대한 진정한 믿음을 우리가 갖추고 있는지, 그리고 모든 이가 그리스도를 알게 하고자 하는 열정을 지니고 있는지 스스로에게 물어보아야 합니다. 이것이 우리의 사명이기 때문입니다. 때로는 사목하는 곳에서 멀리 떨어져서 바라보며, 이렇게 기도하는 것도 참으로 좋을 듯싶습니다. "저의 하느님, 당신께서 제게 맡겨 주신 이 모든 사람이 저의 사제직을 통해 오직 당신만을 사랑하고 경배하며 찬양하게 해 주십시오." 이 모든 것은 나에게 달려 있기도 하고 성령께도 달려 있지만, 하느님께서는 나의 신실함을 기대하고 계십니다. 본당에 신자 50명이 더 왔다고 해서 만족해서는 안 됩니다. 오히려 얼마나 많은 이들이 아직도 오지 않고 있는지를 생각해야 합니다. 매주 10명의 신자들이 고해성사를 본다고 해서 그걸로 만족해서는 안 됩니다. 나머지 신자들은 어디에 있는지 물어야 합니다. 모든 것이 그럭저럭 잘 돌아가는 것에 안주할 수 없습니다. 우리는 항상 더 나아지기 위해 노력해야 합니다.

우리는 안주할 수 없습니다. 나는 시간을 어떻게 쓰고 있습니까?

주님께서는 말씀하십니다. "나는 하느님 나라의 기쁜 소식을 다른 고을에도 전해야 한다. 사실 나는 그 일을 하도록 파견된 것이다."(루카 4,43) 우리 사제들도 안주해서는 안 됩니다. 지쳐 쓰러질 정도로 죽을힘을 다해 복음을 선포하고, 탈진해 쓰러질 정도로 죽을 힘을 다해 선교하며, 모든 이들에게 하느님을 알려서 그분을 사랑하게 해야 합니다. 그리하여 하느님의 이름이 거룩히 빛나게 해야 합니다. 그렇다면 도대체 언제 하느님의 이름이 거룩히 빛날 수 있습니까? 그것은 사람들이 하느님을 알게 된 바로 그 순간입니다. 그렇습니다. 그 순간이 바로 참된 행복을 누리는 순간입니다. 하느님을 알게 되는 그 순간에 완전한 행복이 우리에게 찾아옵니다. 그래서 제가 강조하고 싶은 점은 바로 '사제적 열정', 즉 하느님의 이름이 거룩히 빛나게 하기 위한 복음화를 향한 사제로서의 열정입니다.

그런데 조심하십시오. 우리가 주님의 기도를 드릴 때 건성으로 "예, 예. 주님의 이름이 거룩히 빛나십시오."라고 하는 순간, 하느님께서는 "그런데 내 이름을 거룩하게 하기 위해 정작 너는 무엇을 했느냐?"라고 물으실 수 있기 때문입니다. 이것은 마치 소방관이 물통이나 소방 호스를 들고 불 앞에 서서 아무 일도 하지 않으면서 "하느님, 이 불을 어서 꺼 주세요. 모든 것이 불타고 있지 않습니까! 이 얼마나 심각한 상황입니까!"라고 기도만 하는 것과 똑같습니다. 만일 모든 것이 불타는 동안 아무 일도 하지 않으면서 "주님, 왜 아무것도 하지 않으십니까?"라고 하느님께 따진다면, 그분은 "내가 선을 행하도록 너를 창조하지 않았느냐? 너에게 물도 주지 않았더냐? 왜 네가 그 불을 끄지 않았느냐?"라고 답하실 것입니다. 시험에서 0점을 받은 학생이 "신부님, 저는 지난주 내내 시험에 합격하게 해 달라고 오직 기도만 했는데, 왜 이런 결과가 나왔는지 이해할 수가 없어요."라고 말한다면 "그나저나 공부는 했니?"라고 되물어야 할 것입니다. 그러므로 하느님의 이름이 거룩히 빛나게 하기 위해 우리가 해야 할 일을 반드시 실천해야 합니다.

'아버지의 이름이 거룩히 빛나시며'라고 기도할 때 스스로에게 이렇게 물어보십시오. 나는 주님의 이름을 빛나게 하기 위해 무엇을 하고 있는가? 이를 위해 내 시간을 어떻게 사용하고 있는가? 나는 하느님의 말씀을 제대로 전하고 있는가? 하느님께서 나에게 맡기신 사람들을 위해 기도하고 있는가? 내 사제직에 대한 믿음을 가지고 있는가? 교회와 멀어졌던 사람들이 돌아오도록 노력하고 있는가? 그들을 진심으로 돌보고 있는가? 이런 일들을 하는 것이 바로 사제의 열정입니다. 양심 성찰을 하면서 자기 자신에게 다음과 같은 질문도 던져 봐야겠습니다. 나는 정말로 사제로서의 열정을 가지고 있는가? 모든 사람이 그리스도를 알고 사랑하게 만들려는 진정한 열정을 가지고 있는가? 아니면 그저 찾아오는 사람들만 대충 맞이하고 있는가? 오늘은 다섯 명이나 찾아왔으니 더는 안 만나겠다면서 "오늘 업무는 끝났으니 내일 다시 오세요."라고 말하진 않는가?

때로 우리는 "신부님, 이 돈은 필요한 곳에 쓰세요."라는 말을 오해할 때가 있습니다. 그 돈은 새 차를 사라는 것이 아니라 사제로서 진정으로 필요한 곳, 즉 복음을 전하는 데 쓰라는 것입니다. 사람들은 우리가 물질적 재화를 잘 사용할 것이라고 믿습니다. 최후의 심판 때, 우리는 물질적 재화에 대해서도 심판을 받게 될 것입니다. 그때 본당에서 사용한 물건이나 돈에 대해서도 물을 텐데 "본당과 나는 한 몸입니다."라는 말로는 빠져나갈 수 없을 것입니다. 심판의 시간에는 그 모든 잘못에 대해 지독한 수치스러움을 느끼며 후회하게 될 것입니다. 아무도 내가 하는 일을 모를 것 같아도, 하늘에서는 모든 것이 다 드러날 것입니다. 지금 당장 벌을 받지 않는다고 할지라도, 불공정한 것은 불공정한 것으로 남게 될 것입니다.

은총 : 그리스도의 신비체를 거룩하게 하는 것

다시 '(사랑스럽고 경배와 찬양을 받으실 만한) 아버지의 이름이 거룩히 빛나시며'라는 표현으로 돌아가 보겠습니다. 아버지의 이름은 어떻게 거룩히 빛날 수 있을까요? 하느님께서 당신의 신비체, 곧 그리스도의 몸 안에서 거룩하게 되신다는 것입니다. 다시 말해 그리스도의 신비체가 거룩해지는 것이 바로 하느님의 이름이 거룩히 빛나는 것입니다. 그렇다면 누가 그리스도의 신비체를 거룩하게 만들 수 있겠습니까? 바로 우리 자신입니다. 하느님께서 우리에게 바로 그 사명을 맡기셨기 때문입니다. 요한 복음서는 이렇게 말합니다. "예수님께서 다시 그들에게 이르셨다. '평화가 너희와 함께! 아버지께서 나를 보내신 것처럼 나도 너희를 보낸다.' 이렇게 이르시고 나서 그들에게 숨을 불어넣으며 말씀하셨다. '성령을 받아라. 너희가 누구의 죄든지 용서해 주면 그가 용서를 받을 것이고, 그대로 두면 그대로 남아 있을 것이다.'"(20,21-23) 우리가 깊이 묵상해야 할 말씀입니다.

사제는 사람들을 거룩하게 할 수 있는 능력을 받았습니다. 하느님께서는 거룩하게 하는 직무, 곧 성사 집전의 직무를 사제에게 맡기셨습니다. 그래서 오늘 저는 여러분과 함께 사제 생활에서 결정적으로 중요한 '성사의 집전자가 되는 것'에 대해 깊이 성찰해 보고자 합니다. 우리는 사람들에게 필요한 하느님의 말씀과 은총을 전달할 수 있는 능력을 지니고 있습니다. 하지만 그 능력이 유효한 것은, 그것이 우리의 것이 아니라 그리스도의 것이기 때문입니다.[37] 「가톨릭 교회 교리서」에서는 '성사'를 다음과 같이 설명합니다. 성사란 하느님의 백성, 즉 신자들을 그리스도의 은총에 참여할 수 있게 해 주는 것입니다. 즉 성사는 강생을 포함한 그리스도의 모든 생애와 함께 죽음과 부활이라는 파스카 신비 안에 있는 그리스도의 은총을 나누어 줍니다. 「가톨릭 교회 교리서」에 따르면, 지금 이 순간 하느님께서 우리 각자를 거룩하게 하시는 방식과 방법은 성사를 통해서입니다. 그리고 사제가 바로 그 성사의 집전자입니다. 어디에서 빛과 힘을 찾아야 할지 모르는 이들이 많습니다. 그들에게 필요한 것이 바로 성사입니다.

---

[37] 신앙 안에서 정당하게 거행된 성사는 그 성사가 의미하는 은총을 준다. 성사는 그 안에 그리스도께서 일하고 계시기 때문에 유효하다(「가톨릭 교회 교리서」, 1127항).-역주

제가 있던 본당38은 평범한 분들이 계신 곳이었습니다. 가끔 누군가가 와서 저에게 성수를 달라고 부탁하곤 하였는데, 저는 참 신심이 깊은 분들이라고 생각했습니다. 한번은 성수를 어디에 쓰시는지 물었는데, 주술사(curandero)39가 성수를 어디에 뿌려야 하는지 알려 주었다고 말했습니다. 우리는 그 사람에게 주술사가 아니라 성사의 은총에 대해서 알려 주어야 합니다. 우리는 주술사가 아니라 주님의 사제입니다. 우리에게 성사라는 영적인 약이 있다는 사실이 참으로 놀랍지 않습니까! 성사보다 더 큰 힘은 없습니다. 이 사실을 모르는 사람들은 어디로 가겠습니까? 원하는 답을 찾을 수만 있다면 어디든 가리지 않고 가게 됩니다. 결국에는 거짓된 것들을 찾아 나섭니다. 각종 점이나 궁합을 보는 무속인들 말입니다. 세례성사, 견진성사, 성체성사, 고해성사, 병자성사 같은 성사의 힘보다 더 강력한 것은 없습니다. 아픈 사람에게 정말 필요한 것이 무엇입니까? 아픈 사람의 머리 위에 무당의 크리스털 구슬을 얹는 것입니까? 앞으로 죽을지 살지 물어보기 위해 점쟁이를 찾아가 점을 보는 것입니까? 다들 이미 알고 계시겠지만, 그런 일은 백해무익합니다. 그들에게 진정으로 필요한 것은 하느님의 말씀과 성사의 힘, 바로 병자성사입니다. 삶의 무게에 짓눌린 이들에게 참으로 필요한 것은

---

38 마드리드 대교구의 산페르난도데에나레스San Fernando de Henares에 있는 성모 마리아 본당.
39 스페인과 라틴아메리카에서 민간요법을 쓰는 치유사나 주술사를 가리키는 용어입니다. - 역주

무엇일까요? 미래를 예측하는 것이 아니라 고해성사의 은총으로 회개하고, 성체성사로 영혼을 살려 활기를 되찾는 것입니다. 다른 것은 필요하지 않습니다.

형제 여러분! 우리는 하느님께 참으로 감사드려야 합니다. 왜냐하면 이런 엄청난 힘을 지닌 성사를 거행하도록 사제들에게 권한을 주셨기 때문입니다! 세계 최고의 차를 가지고 있으면서 정작 당나귀를 타고 가는 사람이 있겠습니까? 그런 사람이 있다면 참으로 미련하고 어리석은 사람일 것입니다. 이런 비유로도 부족합니다. 우리는 가장 강력한 힘을 가지고 있습니다. 가장 강력합니다! 바로 그리스도의 힘입니다. 하느님의 이름을 거룩하게 하고 그분의 신비체를 거룩하게 할 수 있는 힘이 바로 성사입니다. 때로는 순박한 사람들을 현혹시키기 위해 온갖 이단과 사이비 종교들이 수단과 방법을 가리지 않고 홍보하면서 사기를 치고 활개를 치는 바람에, 그것에 속은 사람들이 우리 곁을 떠나기도 합니다. 그러나 우리는 거룩하게 하는 직무를 수행하는 사제들입니다. 공허한 것을 파는 종교 장사꾼들이 그리스도의 유일한 영역, 곧 사람들에게 거룩함과 은총을 통해 참된 건강을 주시는 성사의 영역을 침범하지 못하게 해야 합니다. 우리는 하느님의 은총을 청하며, 그 은총은 우리의 것이 아니라 하느님의 것이라는 사실도 잊지 말아야 합니다.

성사를 통한 성화

성화의 사명과 성사에 대해 「가톨릭 교회 교리서」 1076항은 이렇게 밝힙니다. "성령 강림은 '신비의 나눔(dispensatio)' 안에서 새로운 시대, 곧 교회의 시대를 연다. 이 교회 시대에 그리스도께서는 다시 '오실 때까지'(1코린 11,26) 당신 교회의 전례를 통하여 구원 활동을 드러내고, 현존하게 하고, 전해 주신다." 이 시대에 성령께서 활동하시는 방식은 성사의 경륜,[40] 즉 성사들을 통해서입니다. 그러므로 사제는 성사의 거행자로서 성사를 삶으로도 살아가야 합니다. 너그러움의 방식으로 성사를 거행해야 합니다. 즉, 우리의 시간은 물론 물질적인 것도 너그럽게 아낌없이 나누고 베풀어야 합니다. 성사를 거행하는 사제로서 너그럽게 사는 것은 참으로 중요합니다. 그러니 명심하십시오. 주님께서는 "너희가 거저 받았으니 거저 주어라."(마태 10,8)라고 말씀하셨습니다. 그러므로 성사 집전을 통해 경제적인 이익을 얻으려는 짓은 절대로 해서는 안 됩니다. 이는 성사를 상업적으로 거래하는 끔찍한 일이기 때문입니다. 때때로 작은 물질적인 이익이라도 챙기고 싶은 유혹을 받을 수 있겠지만, 성사는 지극히 거룩한 것임을 절대 잊지 마십시오.

---

40 그리스도께서는 성사들을 통하여 활동하신다. 바로 이것을 동방과 서방의 전통은 한결같이 '성사의 경륜'이라고 부른다. 그리고 이 성사의 경륜은 교회가 '성사의' 전례 거행을 통하여 그리스도의 파스카 신비에서 얻은 열매를 전해 주는(또는 나누어 주는) 것이다(「가톨릭 교회 교리서」, 1076항). - 역주

「가톨릭 교회 교리서」에서는 "성사는 그리스도의 은총과 성령의 힘으로 성사가 의미하는 은총을 '실제로' 유효하게 실현한다."41고 설명합니다. '실제로'라고 말합니다. 무당은 그것을 절대 실제로 이루지 못합니다. 그러나 사제가 성사를 교회의 의향에 따라 거행하면,42 성사가 의미하는 은총은 실제로 이루어집니다. 예를 들어 세례성사는 세례 받은 사람을 새롭게 태어나게 하며 성령의 성전으로 만듭니다. 고해성사는 죄를 용서하고 은총을 회복시켜 신자들이 받았던 거룩함을 되찾아 줍니다. 성체성사는 십자가에서 돌아가시고 부활하신 그리스도의 신비를 현재화하여, 실제로 그리스도를 현존하게 합니다. 성품성사는 주교가 집전하는 성사로, 세례 받은 사람을 실제로 그리스도와 일치시켜 대사제이자 영원한 사제이신 그리스도와 하나가 되게 합니다. 견진성사는 성령의 참된 도유입니다. 형제 여러분! 그렇다면 이토록 거룩한 성사를 우리는 어떻게 거행하고 있습니까? 그저 습관적으로 타성에 젖어 피곤함 속에서 거행하고 있지는 않습니까? 정말 성사의 은총을 믿고 있는 겁니까? 아니면 그저 마지못해 아무런 정성도 없이 기계적으로 일하는 공무원이나 관료처럼 성사를 집전하고 있는 것은 아닙니까?

---

41 신앙 안에서 정당하게 거행된 성사는 그 성사가 의미하는 은총을 준다. 성사는 그 안에 그리스도께서 일하고 계시기 때문에 유효하다. 세례를 주시는 분도 그리스도이시고, 성사가 의미하는 은총을 주시기 위해 성사 안에서 활동하시는 분도 그리스도이시다.(「가톨릭 교회 교리서」, 1127항). -역주
42 성사가 교회의 의향에 따라 거행되면 집전자의 개인적인 성덕과 관계없이 그리스도와 그분 성령의 힘이 성사 안에서 성사를 통하여 작용한다(「가톨릭 교회 교리서」, 1128항). -역주

「가톨릭 교회 교리서」는 "성사가 오직 하느님의 사랑 안에서만 거행되는 천상의 전례를 미리 맛보게 해 준다."[43]고 언급합니다. 그러므로 성사는 하느님의 사랑을 실제로 드러내는 것입니다.

마지막으로, 여러분 각자 개인적으로 진솔하게 양심 성찰을 하고 묵상하면서 하느님과 대화하는 기도 시간을 가져 보라고 다시 한 번 간곡히 부탁드립니다. 이를 위해 몇 가지 제안을 하면, 첫 번째로 「영신 수련」에 나오는 '양심 성찰에 대한 구체적인 지침'[44]에 따라 깊이 있는 양심 성찰을 해 보시길 바랍니다. 이 피정 중에 내가 영적 싸움을 잘하고 있는지 스스로에게 물어보십시오. 만일 잘 싸우다 지쳐 쓰러졌다면, 다시 일어나야 합니다. 우리의 모토는 "많은 이들이 멈추는 그곳에서 우리는 다시 시작한다."가 되어야 합니다.

두 번째로 '아버지의 이름이 거룩히 빛나시며'라고 말한 다음, 이를 위해 내가 무엇을 해야 하는지 성령께 묻고 그분의 음성을 들어 보십시오. 사제에게 주어진 성화 직무의 의미를 묵상하기에 참으로 좋은 순간입니다. 나는 어떻게 성화 직무를 수행하고 있습니까? 하느님의 말씀을 선포하고 성사를 제대로 집전하기 위해 얼마

---

43 우리는 성찬 전례를 거행함으로써 이미 천상 전례와 결합되며, "하느님께서 모든 것 안에서 모든 것"(1코린 15,28)이 되실 그때의 영원한 생명을 미리 맛본다(「가톨릭 교회 교리서」, 1326항). - 역주
44 로욜라의 이냐시오 성인이 저술한 「영신 수련」 24항부터 43항까지를 보면, 양심 성찰의 방법과 실천에 대해 상세히 다루고 있습니다. - 역주

나 많은 시간을 할애하고 있습니까? 나는 기꺼이 정성을 다해 성사를 거행하고 있습니까? 다른 이들의 선익을 추구하고 있습니까? 아니면 나 자신의 이익을 구하고 있습니까? 그리스도께서 바라시는 방식대로, 교회가 가르치는 대로 이를 수행하고 있습니까? 아니면 내가 마치 독자적인 교회인 양 멋대로 행동하고 있습니까? 혹시 그리스도와 보편 교회보다 내가 더 똑똑하다고 생각하고 있지는 않습니까? 나는 교회가 요구하는 것에 충실합니까? 나는 타인을 위해 봉사하는 '사목자'로서 행동하고 있습니까? 아니면 내 이름만 드높이기 위해 일하는 '독불장군'처럼 행동하고 있습니까?

세 번째로, 성화가 무엇을 의미하는지 묵상해 보십시오. 사제의 손에 있는 그리스도의 은총이라는 놀라운 능력을 깊이 성찰해 보십시오. 성사를 통해 그리스도의 생명을 전하는 것, 이것이 바로 사제의 행복입니다! 그렇다면 사회 활동에 헌신하는 것은 좋은 일일까요? 물론 그것도 좋지만, 사제는 그보다 훨씬 더 중요한 일을 할 수 있습니다. 오직 사제만이 할 수 있는 일입니다. 바로 성화를 전하는 사명입니다. 오늘 개인 기도 시간을 통해 회개하고 변화되기 위해 굳은 결심을 하고 성령께 은총을 청하십시오. 또한 "아버지께서 나를 보내신 것처럼 나도 너희를 보낸다. 성령을 받아라."(요한 20,21-22 참조)는 복음 말씀을 묵상하는 시간도 가져 보시길 바랍니다. 형제 여러분, 힘내십시오! 하느님께서 사제에게 주신 능력과 사제직이 무엇을 의미하는지를 깨닫는 것만으로도 우리는 주님 앞에서 기뻐하고 춤추며 그분을 찬미하고 찬양하게 될 것입니다. 성사는 주님께서 사제 안에서, 그리고 사제를 통해 이루시는 위대한 업적입니다.

은총이 가득하신 마리아님, 기뻐하소서!
주님께서 함께 계시니 여인 중에 복되시며
태중의 아들 예수님 또한 복되시나이다.
천주의 성모 마리아님,
이제와 저희 죽을 때에 저희 죄인을 위하여 빌어 주소서. 아멘.

영광이 성부와 성자와 성령께
처음과 같이 이제와 항상 영원히. 아멘.

8장
사제의 직무와 생활 지침

성부와 성자와 성령의 이름으로. 아멘.

하늘에 계신 우리 아버지
아버지의 이름이 거룩히 빛나시며, 아버지의 나라가 오시며
아버지의 뜻이 하늘에서와 같이 땅에서도 이루어지소서!
오늘 저희에게 일용할 양식을 주시고
저희에게 잘못한 이를 저희가 용서하오니, 저희 죄를 용서하시고
저희를 유혹에 빠지지 않게 하시고, 악에서 구하소서. 아멘.

영광이 성부와 성자와 성령께
처음과 같이 이제와 항상 영원히. 아멘.

요한 복음서 17장은 복음서에서 가장 긴 예수님의 기도로 '대사제의 기도'라고도 합니다. 대사제의 기도는 정말 놀랍습니다. 그리스도께서 우리의 마음을 여시기 때문입니다. 우리가 사제로서 우리의 가장 큰 열망이 그리스도라는 것을 절대 잊어서는 안 됩니다. 우리는 그리스도와 같은 모습으로 변화되었고, 우리의 정체성은 '또 다른 그리스도'가 되는 것입니다. 그러므로 대사제의 기도 안에서 그리스도께서는 우리의 마음을 열어 주십니다. 이 기도를 통해 그리스도께서 아버지께 어떻게 기도하시는지 들을 수 있었으니 정말로 경이로운 은총입니다!

한번은 어떤 물리학자가 자신만만하게 말했습니다. 그리스도의 음성을 녹음할 방법이 있다는 겁니다. 그게 어떻게 가능하냐고 묻자, 그는 이렇게 대답했습니다. "지구에서 소리의 속도보다 훨씬 빠르게 멀어져서 그리스도의 말씀의 진동을 포착하면 됩니다." 그래서 제가 이렇게 말해 주었습니다. "굳이 그런 복잡한 방법을 쓰지 않아도 될 것 같습니다. 성경을 읽기만 해도 그리스도의 말씀을 들을 수 있습니다. 성경을 통해서 하느님의 말씀을 마음속에 녹음할 수 있기 때문입니다." 예를 들어 그리스도는 아버지께 이렇게 기도하셨습니다. "제가 그들과 함께 있는 동안 아버지께서 제게 맡기신 이들을 지켜 주었고, 그들 가운데 하나도 멸망하지 않았습니다."(요한 17,12 참조)

그리스도께서는 우리 역시 지켜 주십니다. 그리스도께서 우리를 보살펴 주십니다. 형제 여러분! 그리스도께서는 지금도 우리를 참으로 지켜 주십니다. 어떻게 우리를 지켜 주실까요? 그리스도께서는 교회를 통해 우리를 지켜 주십니다. 우리는 교회를 통한 그분의 보살핌을 받아들여야 합니다. '아버지의 이름이 거룩히 빛나시며'라는 기도에서 우리는 이미 두 가지 중요한 측면을 묵상했습니다. 첫째, 사제로서의 열정입니다. 이는 모든 사람이 그리스도를 알고 사랑하며 경배하기를 바라는 마음입니다. 둘째, 사제직으로부터 나오는 사목자로서의 사랑입니다. 즉, 성화와 사제직 수행, 곧 성사의 거행에 대해 묵상했습니다.

사제의 성화

이제 또 다른 중요한 측면인 성화에 대해 이야기해 보고자 합니다. 사제의 성화란 그리스도와 일치된 삶을 살기 위해 온 마음을 다해 노력하는 것을 의미합니다. 우리는 모든 사람들이 구원받고 진리를 깨닫게 되도록 전심전력해야 하지만, 동시에 우리 자신도 하느님의 거룩함 안에 머물면서 신실하게 살아가야 합니다. 그래서 오늘 오전 피정 강의의 마지막 주제로 사제의 성화에 대해 말씀드리려고 합니다. 형제 여러분! 사제의 성화는 매우 중요한 주제입니다. 우리는 선한 사람이 되어야 하며 거룩해져야 합니다. 성화란 그리스도를 철저히 닮아 가며 하느님의 뜻을 온전히 따르는 것입니다. 이것이 가능하도록 그리스도께서 우리를 지켜 주십니다. 그리스도께서 우리를 지켜 주신다는 것이 어떤 의미인지 깨닫고 계십니까? 그리스도께서 우리를 보살펴 주신다는 사실을 아는 것만으로도 우리는 엄청난 평화를 누릴 수 있습니다. 또한 저는 여러분에게 「사제의 직무와 생활 지침」(교황청 성직자성, 한국천주교주교회의, 2018)이라는 책을 권합니다. 꼭 한번 읽어 보십시오. 오늘은 이 책의 일부를 인용하여 함께 성찰하는 시간을 가져 보고자 합니다. 이 책은 사제직의 정체성과 삶을 알고 이해하는 데 큰 도움이 되는 훌륭한 신학적 가르침이 담긴 매우 유용한 지침서입니다. 하지만 일부 내용은 우리에게 큰 도전이 될 것입니다. 앞서 소개한 곰 인형 사건처럼, 우리가 봉헌해야 하지만 차마 내려놓지 못하는 것들에 관한 내용은 아마 우리를 깜짝 놀라게 할지도 모릅니다.

　　구체적인 현실은 때때로 우리를 난처하게 합니다. 예를 들어 누군가 "신부님은 기도하는 삶을 살고 계십니까?"라고 애매모호하게 묻는다면 당연히 "예."라고 답할 것입니다. 하지만 더 구체적으로 "매일 일정 시간 동안 감실 앞에서 하느님의 말씀을 묵상하며 성체 조배를 하십니까?"라고 질문한다면 대답하기가 결코 쉽지 않을 것입니다. 기도는 단지 짧은 순간에 끝나는 것이 아니라 계속해서 삶 전체로 이어져야 합니다. 하느님과 대화하기 위해 선택한 그 순간을 넘어서, 우리의 삶을 통틀어 사랑의 실천으로 이어져 나가야 합니다. 그렇다면 앞선 질문들에 대해 이렇게 대답할 수 있을 것입니다. "본당 사목이 너무 바빠서 솔직히 항상 가능한 건 아니지만, 종종 성체 조배를 하면서 기도하려고 노력하고 있습니다." 여기서 보다 더 구체적으로 "매일 적어도 30분 동안 성체 앞에서 기도하고, 성무일도의 끝기도까지 완벽하게 다 바치고 계십니까?"라는 질문을 받는다면 어떨까요? 묵상 기도를 보다 잘하기 위해서라도 이러한 질문들을 통해 양심 성찰을 하면서, 자신의 기도 생활을 점검하고 반성할 필요가 있습니다. 제가 조심스럽게 경고합니다. 「사제의 직무와 생활 지침」에서는 이 부분을 매우 직설적으로 다룹니다. 정곡을 찌르는 면이 있으므로 우리에게 오히려 유익할 것입니다. 너무나 구체적이라서 변명이나 핑계로 도망칠 여지도 없을 것입니다. 오직 "예." 또는 "아니요."로만 대답할 수 있습니다. 이 책은 사제의 삶을 여러 각도로 조망하면서, 그리스도께서 그들을 어떻게 돌보시고 지켜 주시는지를 알려 줍니다. 하지만 우리 역시 그리스도의 돌봄을 받아들여야 합니다.

영성 생활의 우선성

「사제의 직무와 생활 지침」은 영성 생활의 우선성에 대해 언급합니다. "사목 활동과 영성 생활을 분리하는 것은 아주 큰 위험"이라고 경고하지요. 예를 들어 "기도할 시간조차 없을 만큼 바쁘다."라고 하는 것도 문제이며, 반대로 "사제로서 매일 기도해야 하므로 다른 일은 할 수 없다."라고 말하는 것도 잘못되었다고 지적합니다. 우리는 봉쇄 수도원의 수도자가 아닙니다. 사목 활동과 영성 생활을 분리하려는 태도는 분명 잘못된 것입니다. 물론 이런 위험이 흔하지는 않겠지만, 어떤 경우에는 일종의 '사목적 나태함'이 생길 수도 있습니다. 이와 관련하여 요한 마리아 비안네 성인의 삶을 살펴보면 좋습니다. 그의 삶은 우리에게 놀라운 모범이 됩니다. 제가 13살이었을 때, 방학이면 이모님이 아침 7시에 저를 깨워서 요한 마리아 비안네 성인전을 읽어 주시곤 했습니다. 처음에는 그 이야기를 듣는 게 너무 지겨웠습니다. 제가 싫어하는 것을 보고, 가족들은 비안네 성인의 이야기를 또 읽어 주겠다며 놀리곤 했습니다. 그러나 시간이 지나면서 그 이야기가 얼마나 귀한 보물인지 깨닫게 되었습니다. 지금은 비안네 성인의 이야기를 정말 좋아합니다. 아르스Ars 지역에서는 비안네 성인에 대한 엄청난 신심이 있습니다. 비안네 성인께서 미사를 집전하셨던 제대에서 미사를 봉헌하고, 그분이 앉아 고해성사를 주셨던 고해소 안에서 똑같이 고해성사를 드리는 것은 정말 감동적입니다. 성인들은 하느님의 거룩함의 또 다른 현존이기 때문입니다.

영성 생활을 위한 수단

「사제의 직무와 생활 지침」에는 사제의 성화와 영성 생활을 위한 구체적인 수단에 대해서 다루는 부분이 있습니다. "영성 생활은 각 사제 안에서 전례, 개인 기도, 생활 방식, 그리고 그리스도교 덕목의 실천으로 구현되어야 한다."(95쪽 참조)고 말합니다. 이렇게 일반적인 설명 후에 보다 구체적인 실천 방법들을 제시합니다. 아주 신중한 표현으로 다음과 같이 설명합니다. "사제는 합당한 준비와 감사로 날마다 거행하는 성찬 전례, 정기적 고해성사와 신학교에서부터 이미 실천해 온 영성 지도, 일과 의무인 온전하고 열정적인 시간 전례의 거행, 양심 성찰, 묵상 기도, 렉시오 디비나, 특히 정기적인 영성 수련과 피정 중에 가지는 긴 침묵과 대화, 묵주 기도와 같은 성모 신심의 소중한 표현, 십자가의 길과 다른 신심 행위, 그리고 성인들의 삶에 대한 풍성한 독서 등을 포함하여 자신의 기도 생활에 부족함이 없어야 한다."(95-96쪽 참조) 이렇게 구체적인 실천들이 반드시 필요하며 꼭 이루어져야 합니다. 이러한 실천 사항들에 대해 보다 더 면밀하게 성찰해 보겠습니다.

매일 이루어지는 성찬 전례 거행에 대해 이야기할 때, 이는 단수형(la celebración diaria de 《la》 Eucaristía) [45]으로 표현됩니다. 성찬 전례는 매우 거룩한 행위이므로, 단 한 번의 미사를 거행하더라도 기도와 감사로 철저히 준비하는 것이 필요하기 때문입니다. 그래서 평일에

---

[45] 스페인어에서 단수형으로 표현되어 있습니다. - 역주

미사를 두 번 집전해야 할 때는 이 행위가 매우 예외적인 것임을 기억하기 위해 교회법에서는 주교의 허락을 받도록 명시하고 있습니다.[46] 따라서 우리는 보편적 교회법을 충실히 따라야 합니다. 미사는 거룩한 행위이기에 결코 일상적이고 형식적으로 거행해서는 안 됩니다. 이러한 규정들이 매우 사소하고 별로 중요하지 않게 보일 수도 있습니다. 그러나 이러한 규정들 또한 그리스도의 돌봄입니다. 아이들이 호기심으로 콘센트에 손가락을 넣지 않도록 부모가 덮개를 씌워 자녀를 위험으로부터 보호하며 돌보듯, 교회법의 규정들도 마찬가지입니다.

날마다 거행하는 성찬 전례

저는 4월 20일에 사제품을 받았고, 그 다음 날 첫 미사를 드렸습니다. 그런데 다른 두 명의 동료 사제들도 그날 첫 미사를 드렸기에, 함께 첫 미사를 봉헌하기 위해 교구장의 허락을 받아야 했습니다. 교회법에 따르면, 하루에 세 번 미사를 드려야 할 경우 교구장의 허락을 받아야 합니다. 사제품을 받은 우리에게 교구장 수퀴아 Suquía 추기경님은 공식적인 권한을 받을 때까지 고해성사를 집전할

---

[46] 교회 법전 제905조: ① 사제는 법 규범에 따라 같은 날에 여러 번 성찬을 거행하거나 공동 거행할 수 있는 경우 외에는 하루에 한 번 이상 거행할 수 없다. ② 사제들이 부족하면 교구 직권자는 사제들이 정당한 이유로 하루에 두 번, 또 사목적 필요가 요구하면 주일과 의무 축일에는 세 번까지도 거행하도록 허가할 수 있다. - 역주

수 있는 권한을 직접 주셨습니다. 추기경님이 자리를 떠나시기 전에, 저는 하루에 세 번 미사(제 미사와 두 동료의 미사)를 드려도 되는지 여쭤 보았습니다. 추기경님은 "정말 필요한 상황이 아니라면 그렇게 하지 말라."는 답변을 주셨습니다. 이 말씀을 저는 절대 잊지 않을 것입니다. 이는 미사를 집전하기 전에 기도와 감사로 철저히 준비해야 한다는 교훈이었습니다. 그렇지 않으면 마치 파일럿이 비행기를 '자동조종장치'로 운항하듯 기계적으로 미사를 대충 끝내 버릴 위험이 있습니다. 사제는 매일 하루에 한 번 성찬 전례를 거행하도록 교회는 권고합니다. 이것은 그리스도께서 우리를 돌봐 주시는 방식이기에, 이러한 교회의 규범을 거부하는 것은 곧 그리스도의 돌보심을 거부하는 것과 같습니다. 교회는 어머니이십니다.

　　기도와 감사로 미사를 잘 준비해야 한다고 말씀드렸습니다만, 구체적으로 어떻게 미사를 준비해야 할까요? 우리가 거행할 미사의 신비를 인식하며, 미사 전에 잠시라도 묵상 기도를 하십시오. 미사를 교회 정신과 그리스도의 뜻에 따라, 그리고 그리스도의 희생을 재현한다는 마음으로 거행해야 합니다. 미사는 엄청나게 중요하기 때문입니다. 우리는 연극이나 영화를 보러 가듯 미사에 참례해서는 안 됩니다. 절대 안 됩니다. 만일 이 사실이 이상하게 느껴진다면, 위험을 알리는 경고등이 켜진 상태입니다. 이는 우리에게 가장 중요한 것이 무엇인지 깨닫게 해 주는 신앙의 감각을 잃어 가고 있다는 증거이기 때문입니다. 미사를 '감사제'라고도 부르는데, 미사 중에는 최소한의 감사 행위가 필요합니다. 성체를 모신 후 잠시라도 침묵의 시간을 가지면서 하느님께 감사를 드리고 이렇게 기도해야 합니다. "저의 하느님, 거룩한 미사의 희생을 거행하도록 허락해 주셔서 참으로 감사드립니다." 그리고 파스카 신비를 통해 주신 모든 은총에 대해서도 깊은 감사를 드려야 합니다. 이처럼 미사 준비와 감사 기도는 매우 중요합니다.

정기적 고해성사

우리는 자주 고해성사를 봐야 합니다. 여러분은 얼마나 자주 고해성사를 보십니까? 기준을 하나 정하자면, 한 달을 넘기지 말아야 합니다. 물론 필요하다면 더 자주 볼 수도 있습니다. 죄 중에 살아가지 않고 하느님의 은총 안에서 살아가기 위해 정기적으로 고해성사를 봐야 합니다. 고해성사는 철저한 양심 성찰, 죄에 대한 진심 어린 통회, 같은 죄를 반복하지 않겠다는 굳은 결심, 사제에게 진솔하게 죄를 고백하기, 주어진 보속을 충실히 이행하는 것이 중요합니다. 사제 역시 이러한 방식으로 충실하게 고해성사를 해야 합니다. 철저한 양심 성찰을 통해 자신의 죄를 인식하고, 하느님의 사랑을 거슬러 범한 죄에 대해 진심으로 통회해야 합니다. 이는 사랑의 고통입니다. "주님, 당신의 마음을 아프게 한 것에 참으로 통회합니다. 주님과 화해하고 싶습니다."라고 고백해야 합니다. 그리고 다시는 똑같은 죄를 반복하지 않겠다고 다짐하면서 이렇게 기도해야 합니다. "'다음에 또'가 아니라, 다시는 주님을 거스르지 않도록 저를 도와주십시오. 하느님, 제가 어떻게 당신을 다시 거스르겠습니까? 도와주십시오. 주님!" 또한 자신의 죄를 진실하고 구체적으로 고백해야 합니다. 그 다음, 사제는 주어진 보속을 충실하게 이행해야 합니다. 이는 자신의 죄뿐만 아니라 다른 이들의 죄까지도 함께 보속하기 위함입니다. 그러므로 자주 고해성사를 하는 것은 사제의 성화를 위한 중요한 실천입니다. 참으로 좋으신 우리 주님께서는 너무도 자비로우셔서 사제들의 삶을 위해 자주 고해성사를 할 수 있는 은혜를 주십니다. 고해성사의 은총은 언제든지 우리 가까이에서 쉽게 받을 수 있습니다.

영적 지도

사제 생활에서 겪는 문제들로 인해 어려움이 있을 때 마음을 열고 다른 사제에게 상담하는 것이 좋습니다. 즉, 영적 지도를 받을 필요가 있습니다. 그렇다면 어떤 기준으로 영적 지도 사제를 찾아야 할까요? 영적 지도에 적합한 사제는 우리가 듣고 싶은 말을 해 주는 사람이 아니라, 우리에게 필요한 진실을 말해 줄 수 있는 사람입니다.

온전하고 열정적인 시간 전례의 거행

다음으로 시간 전례, 즉 성무일도를 온전하고 열정적으로 바치는 것에 대해 이야기해 보겠습니다. 여기서 온전하다는 말은 아침기도, 저녁기도, 적어도 한 번의 낮기도(삼시경, 육시경, 구시경 중 한 번), 그리고 독서기도와 끝기도를 포함한 모든 기도를 빠짐없이 바친다는 의미입니다. 열정적이라는 말은 시편을 음미하며 깊이 몰입하여 기도하는 것을 의미합니다. 성무일도를 품위 있게 거행하는 것은 참으로 아름다운 일입니다. 성무일도는 전례와 거룩한 미사의 연장선에 있습니다. 성무일도의 거행과 관련하여, 교회는 '매일의 의무'라고 말합니다. 그리스도께서는 교회의 규범을 통해 우리를 돌보십니다. 교회의 규범은 우리가 위험할 때 경고를 주기 위함입니다. 만일 누군가 성무일도를 바치지 않고 있다면 이는 위험 신호, 즉 빨간 경고등이 켜진 것입니다. 무슨 일이 일어나고 있는 걸까요? 급속히 빠르게 냉담해지고 있는 것입니다. 신앙의 열정이 식으면 다른 것도 차례로 식어 가며, 이는 마치 자유낙하와 같아서 지구의 중력가속도인 약 $9.8 m/s^2$로 계속 가속됩니다. 성무일도를 포기하면 신앙에 대한 열정이 식으면서 다른 신앙 활동도 점차 멀어지고, 결국에는 요가를 하게 될지도 모릅니다.

한번은 마드리드에 있는 한 수녀원의 피정의 집을 피정을 위한 장소로 예약하러 찾아갔습니다. 그런데 특정 그룹을 위한 피정이 계획되어 있어서 이미 주말마다 예약이 꽉 찼다는 말을 들었습니다. 그래서 그토록 인기가 많은 이유를 물었더니, 동양의 선(禪, Zen) 명상 그룹과 계약을 맺어 묵상이 아니라 명상을 위한 피정 센터가 되어 버렸다는 것이었습니다. 도대체 그리스도인의 기도가 어떠해야 합니까? 그리스도인의 기도는 전례적이어야 합니다. 그러므로 우리는 항상 그리스도와 성체성사를 중심으로 기도해야 합니다. 그리스도인의 기도의 본질은 바로 성체성사입니다. 우리가 누구인지 잊지 않는 것이 중요합니다. 그러기에 때로는 그리스도인으로서의 정체성을 되찾아야 합니다. 그리스도인들은 기도할 때 그리스도와 하느님 아버지께로 나아갑니다. 그리스도인의 기도는 교회 공동체 전체의 기도입니다. 단순히 어느 한 신자만의 기도가 아닙니다. 그렇습니다. 교회 공동체 전체가 함께 참여합니다. 우리는 모두 함께 '기도하고' 있는 셈입니다. 따라서 그리스도인의 기도는 하느님 아버지께 드리는 기도이며, 예수 그리스도의 이름으로 드리는 것입니다. 교회의 모든 기도가 이와 같이 이루어집니다. 성무일도와 성체 강복도 마찬가지입니다. 이것이 바로 그리스도인의 기도입니다.

양심 성찰

「사제의 직무와 생활 지침」에서 언급하는 다음 측면은 바로

'양심 성찰'입니다. 끝기도를 시작하면서 번갯불에 콩 볶아 먹듯 아무런 뉘우침도 없이 간단하게 양심 성찰을 해치워 버릴 위험이 있습니다. 더군다나 끝기도 중에 하는 양심 성찰은 하루 중 가장 피곤한 시간에 하기에 빠르게 끝내 버리려는 경향이 있습니다. 그렇다면 어떻게 해야 할까요? 하루의 구체적인 사건들을 되새기면서 차분히 성찰해야 합니다. 예를 들어 반복되는 일상에 대해 우선적으로 살펴봐야 합니다. 기도 생활, 성무일도, 미사, 사랑의 실천 등이 있습니다. 또한 나의 애덕 행위에 대해 성찰하면서 말과 행동, 그리고 의도를 통해 사랑이 드러나고 있는지를 돌아봐야 합니다. 아울러 일하면서 얼마나 너그러운 마음으로 임하고 있는지 성찰하고, 물질적인 집착과 욕심을 버리고 자유로운 마음으로 가난하게 살아가고 있는지를 성찰해야 합니다. 각각 영역별로 나누어 하나씩 차례로 성찰하는 것이 좋습니다. 천천히 차분하게 점검하고 성찰하면서 성령께서 빛을 주시어 우리를 도와주시기를 기도해야 합니다.

묵상 기도

또 다른 주제는 묵상 기도입니다. 매일 묵상 기도를 바치는 시간을 가져야 합니다. 나의 기도 시간은 얼마나 됩니까? 한번은 예수회 신부님이 지도하시는 피정에 참여하게 되었습니다. 마드리드에 있는 '몬테 알리나Monte Alina'라는 매우 큰 영성 센터에서 하는 피정이었는데, 제가 주일 오후에 도착했을 때 아무도 없었습니다. 그래서 피정을 지도하시는 신부님께 다른 참석자들은 어디 있냐고 여쭤 보니, 제가 유일한 참석자라고 하셨습니다. 그러면 피정이 취소되는 거냐고 물었는데 아니었습니다. 저 혼자 그 넓은 강당에 앉아 있었고, 신부님은 마치 2,000명 앞에서 강의하시는 것처럼 온 힘을 다하셨습니다. 그때 신부님은 대충 기도하고 싶은 자신의 마음에 속지 말라고 하셨습니다. 그래서 개인 기도와 묵상 기도는 반드시 경당에 앉아서 해야 한다고 말씀하셨습니다. 유일한 참석자였던 제가 경당에 가지 않으면 아무도 없을 것이기 때문에 모든 시간을 충실히 지켰습니다. 정말 놀라운 경험이었습니다. 마지막 날 아침 9시에 신부님이 강론을 마치신 후 조용히 저에게 말씀하셨습니다. "제가 해야 할 일이 있어서 먼저 떠나야겠어요. 죄송합니다. 그런데 피정은 점심 후에 끝나요." "걱정 마십시오. 신부님." 그렇게 저는 끝까지 남아 피정의 모든 일정을 지켰습니다. 그 피정을 통해 진정한 기도, 즉 묵상 기도가 어떻게 이루어져야 하는지를 마음 깊이 새기게 되었습니다.

주님 앞에 앉아 주님께로 나아가는 것, 그것이 바로 묵상 기도입니다. 「사제의 직무와 생활 지침」에서는 이를 '참된 기도'라고 부릅니다. 축구하면서도 기도할 수 있습니까? 물론입니다. 그러면 기도하면서 축구할 수 있습니까? 아닙니다! 묵상 기도를 할 때는 하느님과 직접 만나야 합니다. 우리는 최소한 하루에 30분 묵상 기도를 하겠다는 결심을 다져야 합니다. 가장 이상적인 모습은 하루에 1시간 정도 묵상 기도를 하는 것입니다. 형제 여러분! '하루에 한 시간'을 잊지 마십시오. 인터넷에서 최신 뉴스를 한 시간 이상 보는 것은 전혀 지루하거나 아깝지 않습니다. 참 신기한 일은, 그 한 시간이 아주 빨리 지나간다는 것입니다. 친구들과 차를 마시며 대화하다 보면 두 시간 반이 훌쩍 지나기도 합니다. 그런데 묵상 기도에 들어가기만 하면 5분도 되지 않아 불편하고 지루해서 온몸을 뒤척이기 시작합니다. 우리가 습관과 덕을 기르는 일에 여전히 무관심하기 때문입니다.

렉시오 디비나

그 다음으로 소개되는 것은 렉시오 디비나Lectio Divina입니다. 이는 성경, 곧 하느님의 말씀을 읽는 것입니다. 성경을 읽거나 좋은 성경 주석서, 예를 들어 여기서 소개한 「나자렛 예수」와 같은 훌륭한 책을 읽는 것도 좋습니다. 또한 성무일도의 독서기도를 통해서도 렉시오 디비나를 효과적으로 할 수 있습니다. 지금까지 제시한 지침들을 따르지 못했다고 해서 너무 실망하지는 마십시오. 원죄의 상처를 지닌 인간에게는 이러한 어려움이 일반적이고 흔한 일이기 때문입니다.

정기적 피정

이어지는 내용은 피정, 즉 '하느님과 함께하는 대화와 깊은 침묵의 시간'에 대한 것입니다. 피정을 위해 정기적으로 시간을 마련하는 것이 중요합니다. 매월 하루, 그리고 매년 한 번씩은 5일 동안 하느님과의 대화와 침묵의 피정이 필요합니다. 이것은 선택 사항이 아니라 필수 사항입니다. 형제 여러분! 만일 우리가 이러한 시간을 가지지 않는다면 정말 조심해야 합니다. 우리가 신앙의 감각을 잃어 가고 있거나 무언가 잘못되었음을 의미하기 때문입니다. 만일 항암 치료나 투석 치료가 반드시 필요한 사람이 병원에 가지 않겠다고 하거나 필요할 때 가겠다며 고집을 피운다면 어떻게 되겠습니까? 이는 매우 위험한 일입니다. 그런데 왜 우리는 영성 생활에서는 그렇게 행동하는 것일까요? 자신의 영적인 건강을 위해 피정에 참여하는 것을 꺼리는 사람이 있습니다. 그러나 피정은 우리의 신앙생활에 매우 기본적이고 필수적인 것입니다.

성모 신심

「사제의 직무와 생활 지침」에서는 '묵주 기도와 같은 성모 신심의 소중한 표현'에 대해서도 언급합니다. 형제 여러분! 우리에게 무엇보다도 필요한 것은 지극히 거룩하신 성모님에 대한 신심입니다. 이는 우리의 삶에서 정결과 순결을 살아가도록 하는 초대입니다. 묵주 기도를 정성스럽게 바치고, 십자가의 길과 같은 다른 신심 행위와 경건한 기도들도 함께 드리도록 합시다. 묵주 기도를 마지막으로 바친 것이 언제인지 생각해 보십시오. 혹시 작년이었던 것은 아닙니까?

영적 독서

「사제의 직무와 생활 지침」에서 소개하는 또 다른 지침은 '성인들의 삶에 대한 풍성한 독서'입니다. 즉, 요한 마리아 비안네 성인과 같은 분들의 일대기를 읽는 것입니다. 성인전을 읽다 보면, 성인들이 단지 우리의 중재자일 뿐만 아니라 거룩함의 모델임을 깨닫게 됩니다. 따라서 성인전을 읽으며 성화에 대한 열망을 키우고, 나와 마찬가지로 원죄의 상처를 지녔던 사람들이 악과 어떻게 싸웠는지 알게 되는 것이 유익합니다.

지속적 양성

마지막으로 '지속적 양성'에 관해 말하고 싶습니다. 이는 사제에게 진정으로 필요한 일입니다. 「사제의 직무와 생활 지침」은 이렇게 밝힙니다. "사제들은 자신들의 양성이 신학교 몇 년으로 끝난 것이 아니라는 점을 깨닫는 것이 핵심이다. 그와는 반대로, 사제는 서품을 받는 순간부터 주님이신 그리스도를 더욱더 닮고자 끊임없이 전진할 필요가 있음을 느껴야 한다. … 지속 양성은 사제가 하느님과 하느님 백성에 대한 봉사라는 자기 성소의 목표를 달성하는 데에 필요한 수단이다."(165.168쪽 참조) 즉, 사제 양성은 사제가 자신의 소명을 완수하고 하느님과 그분의 백성을 섬기기 위한 필수적인 수단이라고 말하는 것입니다. 지속적 양성은 단순히 지적 양성에만 국한되지 않습니다. 각 교구에서 제공되는 지속적 양성 프로그램들은 단순한 취미나 오락이 아니라 우리의 성화를 위한 중요한 도구입니다.

  그리스도께서는 우리를 매우 구체적인 방법으로 돌봐 주십니다. 하느님께서 우리의 삶을 통해 원하시는 우리의 성화와 거룩한 행위에 충실할 수 있도록 주님께 마음을 다해 청해야 합니다. 점심 전까지 개인 기도 시간을 가지면서 지금까지 다룬 주제들을 바탕으로 양심 성찰을 하고 구체적인 결심을 세워 보시라고 제안합니다. 그리고 하느님의 도우심으로 그 결심들이 결실을 맺기를 바랍니다. 중요한 것은 그동안 무질서하고 흐트러졌던 삶을 새롭게 정돈하고 개인 기도에 충실히 매진하는 것입니다. 아침기도, 낮기도, 저녁기도, 끝기도를 매일 바치십시오. 그리고 영적 독서를 어떻게 할지 구체적으로 계획해 보십시오. 유익한 다른 영적 도서도 많겠지만 성인전을 중심으로 실천하시기 바랍니다. 매일 이렇게 충실히 살아가다 보면 우리를 돌보시고 지켜 주시는 그리스도의 손길을 느끼게 될 것입니다.

    은총이 가득하신 마리아님, 기뻐하소서!
    주님께서 함께 계시니 여인 중에 복되시며
    태중의 아들 예수님 또한 복되시나이다.
    천주의 성모 마리아님,
    이제와 저희 죽을 때에 저희 죄인을 위하여 빌어 주소서. 아멘.

    영광이 성부와 성자와 성령께
    처음과 같이 이제와 항상 영원히. 아멘.

9장
사추덕

성부와 성자와 성령의 이름으로. 아멘.

하늘에 계신 우리 아버지
아버지의 이름이 거룩히 빛나시며, 아버지의 나라가 오시며
아버지의 뜻이 하늘에서와 같이 땅에서도 이루어지소서!
오늘 저희에게 일용할 양식을 주시고
저희에게 잘못한 이를 저희가 용서하오니, 저희 죄를 용서하시고
저희를 유혹에 빠지지 않게 하시고, 악에서 구하소서. 아멘.

오늘의 묵상과 기도 시간이 우리 삶의 마지막 순간인 것처럼 온전히 집중할 수 있도록 성령께 도움을 청해야 합니다. 잠시 후, 우리가 사형장으로 끌려가 죽음을 맞이할 것이라고 상상해 보십시

오. 우리는 이 순간이 마지막인 것처럼 그렇게 간절한 마음으로 기도해야 합니다. 사실 인생에서는 모든 순간이 유일하고 절대적인 순간입니다. 스페인 내전 동안 수많은 순교자들이 있었습니다. 수천 명의 사제와 수도자들이 끔찍한 박해로 목숨을 잃었습니다.[47] 그분들이 삶의 마지막 순간에 마지막 기도를 어떻게 바치셨는지에 대한 아름다운 이야기들이 많이 남아 있습니다. 성인들의 삶을 담은 성인전을 읽는 것이 저에게는 큰 위로가 됩니다. 성인들의 삶을 통해 나의 삶을 어떻게 마주해야 할지, 나에게 주어진 소중한 매 순간을 얼마나 진지하게 살아가야 하는지 깨닫게 됩니다. 하지만 악마는 진지하게 살지 말고 쉽고 편안하게 살아가라고 우리를 유혹합니다. 예를 들어, 지금 이 순간을 그냥 즐기고 안락함을 누리며 게으름을 피워도 된다고 유혹합니다. '피정을 이틀이나 했더니 피곤하네. 지금 오후 3시인데 기도하기에 적합한 시간은 아니네. 아이고! 피정이고 뭐고 다 귀찮다. 그냥 낮잠이나 자자.' 하고 생각하도록 우리를 유혹합니다. 이런 상황에서는 사랑에 빠진 사람의 열정을 가지고 지금 이 순간이 마치 내 삶의 마지막 순간인 것처럼 살아야 합니다.

---

[47] 스페인 내전(1936-1939) 동안 수많은 가톨릭 성직자와 수도자들이 인민전선 정부에 의해 박해를 받고 목숨을 잃었습니다. 약 6,832명의 성직자와 수도자들이 사망한 것으로 추정됩니다. - 역주

사제의 성덕

제가 자주 하는 생각을 여러분과 나누고 싶습니다. 만일 사제들이 참으로 성인들처럼 살아간다면 세상이 얼마나 아름다워질까요! 사제가 성인이 되기 위해 악과 투쟁하고 하느님의 은총을 충실하게 받아들이며 열심히 살아간다면 세상이 얼마나 근사하게 변할까요! 사실 지금 존재하는 수많은 문제들이 사제들의 헌신과 성덕의 부족에서 비롯된다는 점을 깨달아야 합니다. 열두 사도가 가진 것이 무엇이었습니까? 사도들은 성령께서 '활동하시도록' 자신을 온전히 내어 드렸을 뿐입니다. 그렇다면 지금 우리는 어떻습니까? 지금은 성령께서 더 이상 활동하지 않으시는 걸까요? 초대 교회 때만 성령께서 활동하시고, 지금 우리 시대에는 잠들어 계시는 걸까요? 그렇지 않습니다. 열두 명의 거룩한 사도들은 그리스도의 증인으로서 자신을 성령께 온전히 헌신하고 내어 드렸습니다. 그래서 그리스도의 왕국은 확장되었습니다.

주님의 기도에서 첫 번째 청원인 '아버지의 이름이 거룩히 빛나시며'의 의미는 다음과 같습니다. "주님, 모든 사람 안에서, 사제인 제 삶 속에서 당신의 이름이 거룩히 빛나게 해 주십시오. 그러기 위해 제가 거룩하게 살도록 해 주십시오." 이 청원은 다음 청원인 '아버지의 나라가 오시며'와 연결됩니다. 그리스도의 왕국이 확립되고 확장되며 현존하기 위해서는 앞선 청원, 즉 '아버지의 이름이 거룩히 빛나시며'가 반드시 필요하기 때문입니다. 그러기 위해서는 우리 자신이 거룩해져야 합니다. 형제 여러분! 그리스도의 왕국이 확장되고 그리스도께서 왕으로 다스리시는 것은 무엇보다도 사제들의 성덕에 크게 달려 있습니다. 열두 사도는 로마 제국뿐만 아니라 그 너머까지 성령의 불로 타오르게 했습니다. 그들은 성덕을 통해 복음을 전하는 데 충실했습니다.

지금 피정을 하고 있는 우리는 모두 50명입니다. 주님께서는 당신의 영원하신 섭리와 계획 안에서 우리 50명이 수행할 선교 활동을 위해 무엇을 마련해 두셨을까요? 주님께서 마음속에 품고 계신 것은 무엇일까요? 주님의 뜻과 의지에 따라 미리 계획하신 것은 무엇일까요? 그리고 우리는 그 목표에 얼마나 도달했고, 도달하지 못한 것은 무엇일까요? 이런 생각을 해 본 적이 단 한 번도 없으신가요? 그렇다면 깊이 한 번 생각해 보십시오. "주님, 당신께서는 모든 인류를 위한 구원 계획을 가지고 계시지만, 그것이 실현되기 위해서는 저의 충실함이 필요하나이다. 주님, 제가 충실하지 못하고 성덕을 위해 더 투쟁하지 않는다면, 주님의 가르침과 구원과 왕국이 얼마나 많은 이들에게 닿지 못할까요!" 형제 여러분! 우리는 혼자가 아닙니다. 우리는 서로 연결되어 있으며, 그 연결의 선두에 사제가 있습니다. 물론 사제 앞에는 그리스도께서 계십니다. 그러므로 우리는 그리스도의 이름으로 그분을 대신해 활동하고 있다는 점을 잊어서는 안 됩니다.

오소서, 주 예수님

'아버지의 나라가 오시며.' 베네딕토 16세 교황님의 책 「나자렛 예수」에서 언급된 '그리스도 왕국의 의미'에 대해 생각해 봅시다. '하느님 나라'는 그리스도께서 백 번도 넘게 언급하신 표현 중 하나입니다. 그렇다면 '하느님 나라'는 어떤 의미일까요? 치프리아노 성인의 말씀을 인용하여 요약해 볼 수 있습니다. "하느님 나라는 그리스도 자체를 의미합니다. 우리는 날마다 목소리를 높여 그리스도를 부르고, 그분을 간절히 기다리며 주님의 재림을 서둘러 맞이하고자 합니다." 형제 여러분! 하느님 나라는 바로 그리스도이십니다. 하느님 나라는 그리스도께서 계신 곳에 있습니다. 우리가 각자 그리스도의 현존이 되고, 그리스도의 은총이 우리를 통해 흐르며, 우리가 그리스도의 신비체가 될 때, 우리 가운데 그리스도의 나라가 존재하게 됩니다. 그리스도의 나라에서는 정의, 사랑, 믿음, 희망이 존재하며 덕행들이 꽃피고 드러납니다. 그리스도께서 다스리시면 그 영향은 분명히 드러납니다. 그리스도께서 다스리실 때 우리는 그 변화를 명확히 느낄 수 있습니다. 하지만 그리스도께서는 우리를 통해 다스리고자 하십니다. 우리는 그분의 나라를 확장하도록 부름을 받은 사람들입니다. 그러므로 그리스도의 나라는 추상적인 가치가 아닙니다. 그리스도의 나라는 바로 그리스도 자체이며, 그분께서 현존하시는 곳에 있습니다.

그리스도께서는 인격이십니다. 단순한 사상이나 이념이 아닙니다. 형제 여러분! 우리는 사상이나 이념을 파는 사람들이 아닙니다. 우리는 '어떤 삶의 방식을 제시하도록' 부름 받은 자들이 아니라, 그리스도를 현존하게 하는 사명을 받은 사람들입니다. 그러므로 치프리아노 성인은 그리스도의 통치가 절정에 이르게 될 순간이 바로 '파루시아Parusía', 즉 그분의 두 번째 오심, 곧 '재림'의 때라고 말합니다. 재림의 때는 그리스도께서 영광과 권세로 이 세상에 완전하게 현존하시는 순간이 될 것입니다. 마라나타Maranathá.[48] 오소서, 주 예수님. 어서 오소서. 그리스도께서는 이미 우리를 통해 오고 계십니다. 우리가 성체성사를 거행할 때마다 그리스도께서 오십니다. 우리가 성사를 집전할 때마다 그리스도께서 오십니다. 우리가 하느님의 말씀을 전하거나 사랑을 실천할 때마다 그리스도께서 오십니다. 그러나 우리가 그분을 거스르며 사랑, 순결, 정결, 가난, 정의를 실천하지 않을 때는 그리스도께서 그곳에 계시지 않습니다. 죄가 저질러지는 순간, 우리는 그리스도의 몸에서 떨어져 나가기 때문입니다. 그리스도께서는 여러분 각자를 통해 그리스도의 나라가 확장되기를 원하십니다. 직무의 관점에서 말하자면 여러분은 그리스도 자체입니다.

---

48 아람어로 "주님, 오소서."라는 뜻입니다. 성경(1코린 16,22)에 등장하는 표현으로 예수님의 재림을 간절히 기다리는 신앙고백이자 기도입니다. -역주

'아버지의 나라가 오시며'라는 기도는 우리의 부활, 즉 우리가 그리스도와 얼굴을 마주하고 그분을 직접 뵙게 될 부활의 날을 의미합니다. 이에 대해 치프리아노 성인은 이렇게 말씀하십니다. "그것은 또한 우리의 부활을 의미합니다. 우리는 그리스도와 함께 부활할 것이며, 부활의 그날에 우리는 그리스도와 함께 다스릴 것입니다." 이처럼 우리는 각자 개별적으로 부활하는 것입니다. 가톨릭교회는 동양의 영성들이 주장하는 것처럼, 어떤 흐름 속에 개인의 자아가 합일되어 사라진다고 말하지 않습니다.[49] 안타깝게도 이러한 이론들이 최근 스페인에서 널리 퍼지고 있습니다. 하느님께서 창조하신 존재로서 우리는 각자 고유하면서도 개별적으로 부활할 것입니다. 우리의 부활은 영원한 존재로서 영원히 살아가는 것을 의미합니다. 하느님께서 원하시면 우리는 유일한 존재로서 천국에서 영원히 살 것이며, 하느님께서 원치 않으시면 우리는 개별적 존재로서 단죄를 받는 지옥에서 영원히 살 것입니다. 오소서, 주 예수님!

---

[49] "교회는 각 사람의 영혼이 - 부모들이 '만든' 것이 아니라 - 하느님께서 직접 창조하셨고, 불멸한다고 가르친다." (「가톨릭 교회 교리서」 366항) 이는 영혼이 우주적 흐름에 녹아들어 사라지는 것이 아님을 명확히 합니다. "죽음으로 육체와 분리되어도 영혼은 없어지지 않으며, 부활 때 육체와 다시 결합될 것이다." (「가톨릭 교회 교리서」 366항) 이는 '죽은 이들의 부활'에 대해 설명하며, 마지막 날에 모든 사람들이 자기 자신의 몸으로 부활할 것이라고 가르칩니다. 이는 개인의 고유한 존재가 영원히 지속됨을 의미합니다. - 역주

성령의 힘에 의한 덕행을 통해 현존하는 하느님 나라

성경에 나오는 '오소서, 주 예수님.'이라는 표현으로 다시 돌아가 보겠습니다. 이 구절을 어떤 방식으로 묵상해야 할까요? 저는 다음과 같은 방법으로 묵상해 보시라고 제안합니다. 먼저 하느님 나라는 어떻게 현존하는 걸까요? 혹은 하느님 나라는 어떤 식으로 드러나는 걸까요? 왕은 자신의 영토 전반에 그 영향력을 행사할 수 있을 때, 그리고 왕의 법이 모든 영토에서 지켜질 때 비로소 진정으로 통치한다고 말할 수 있습니다. 그렇다면 그리스도께서 통치하신다는 것은 어디에서 드러나겠습니까? 그리스도의 통치는 우리 안에 성령의 덕과 힘이 있을 때 비로소 드러납니다. 그래서 저는 여러분께 덕에 대해, 특히 그중 가장 으뜸인 사랑에 대해 말씀드리고자 합니다.

우리는 그리스도의 나라가 사랑의 나라라고 말합니다. 하지만 오늘날 '사랑'이라는 단어는 근본적으로 왜곡되었으며, 사랑과 전혀 관계가 없는 것들이 사랑으로 불리고 있습니다. 그래서 참된 사랑이 무엇인지 제대로 이해할 수 있도록 몇 가지 기본 개념부터 먼저 정리해 보고자 합니다. 사랑이란 그리스도께서 우리 안에 현존하신다는 사실에 기반을 둡니다. 그리스도는 자신을 내어 주신 하느님의 사랑이시며, 그 사랑은 헌신적이고, 십자가에서 이루어진 사랑입니다. 그야말로 '케노시스kenosis'50입니다. 그러므로 그리스도께서 계신 곳에서 사랑이 드러납니다. 따라서 우리의 사랑은 우리 안에 계신 하느님의 사랑입니다. 그러나 우리가 하느님의 사랑 없이 우리의 힘으로만 사랑하려 한다면 그것은 교만이 됩니다. 하느님께서 우리를 통해 사랑하시도록 우리 자신을 내어 드려야 합니다. 즉, 하느님께서 우리를 통해 구원하시고 당신의 말씀을 전하시며 속량하실 수 있도록 자신을 내어 드리는 사람만이 진정한 사랑을 실천하게 됩니다. 그것이 바로 하느님의 사랑이며, 하느님의 나라를 세우는 사랑입니다.

또한 우리는 성사와 설교를 통해, 그리고 공동체 안에서의 친교와 일치를 살아감으로써 사랑을 실천할 수 있습니다. 형제 여러분! 그렇게 살지 않으면 사랑은 불가능합니다. 우리가 교회와 일치하여 살지 않는다면 사랑은 존재하지 않습니다. 사도들은 친교와 일치 속에서 살았습니다. 예를 들어, 예루살렘 공의회가 소집되었던 순간에 이것이 분명히 드러납니다. 베드로가 말하면 모두가 그를 따랐습니다. 베드로 사도와의 일치, 즉 교황님은 물론 주교님들과의 일치 안에서 살아가는 것, 그것이 바로 우리가 걸어야 할 길입니다. 이것이야말로 그리스도께서 다스리시도록 만들기 위해 반드

---

50 그리스어로 "비움 또는 자기 비움"을 뜻합니다. 이 개념은 다음의 성경 구절에 바탕을 두고 있습니다. "그리스도께서는 하느님의 모습을 지니셨지만 하느님과 같음을 당연한 것으로 여기지 않으시고 오히려 당신 자신을 비우시어…"(필리 2,6-8 참조) - 역주

시 필요한 길입니다. 그렇지 않으면 그리스도의 다스림은 이루어지지 않습니다. 우리 스스로를 속여서는 안 됩니다. 덕에 대해 이야기하는 것은 소중한 일입니다. 덕은 그리스도로 옷을 입은 사람의 힘을 의미하기 때문입니다. 사람은 그리스도와 결합될 때 덕을 갖춘 강인한 존재가 됩니다. 그러나 인간이 그리스도와 분리되면 약한 존재가 되어 악습에 빠지기 쉽습니다. 악습이란 무엇을 의미합니까? 그것은 성령의 힘이 없다는 것을 뜻합니다.

덕의 분류

덕에 대한 이해를 돕기 위해 다음과 같은 구조를 생각해 볼 수 있습니다. 먼저 인간적인 덕이 있습니다. 그다음 하느님께서 불어넣어 주시는 초자연적 덕이 있습니다. 이 초자연적 덕은 인간적인 덕이 있을 때만 결실을 볼 수 있습니다. 때때로 우리는 "나에게 믿음이 있어."라고 말하지만, 믿음이 없는 사람처럼 행동할 때가 있습니다. "나에게 희망이 있어."라고 말하지만, 희망이 없는 사람처럼 행동할 때도 있습니다. 사랑도 마찬가지입니다. 하느님께서 주신 은총이 우리 안에 뿌리내리지 못하는 이유는 마음의 땅이 아직 경작되지 않았기 때문입니다.[51]

---

[51] 루카 복음서 '씨 뿌리는 사람의 비유'(8,4-8) 참조. - 역주

덕은 무수히 많습니다. 그리스인들은 덕에 대해 훌륭한 연구를 남겼습니다. 그들은 인간적 덕 안에서 네 가지 기본 덕목, 즉 사추덕을 구분할 수 있다고 했습니다. 이 덕목들은 다른 모든 덕목의 기준이 되기 때문에 '추덕樞德'[52]이라 불립니다. 사추덕은 예지, 정의, 용기, 절제입니다. 우리가 이 덕들에 대해 깊이 묵상하는 것은 매우 중요합니다. 인간적 덕을 얻기 위해 노력하면 우리 안에 초자연적인 덕이 뿌리를 내리기 때문입니다. 초자연적인 덕이 우리의 마음속에 뿌리내리면 비로소 그리스도의 덕이 우리 안에서 나타나게 될 것입니다. 무엇보다 애덕이 그 안에서 피어날 것입니다. 그러나 인간적 덕을 갖추지 못한다면, 향주덕과 초자연적인 덕은 우리 안에서 열매를 맺지 못할 것입니다. 이는 하느님의 능력이 부족해서가 아니라, 우리가 그 씨앗이 자라지 못하게 만들었기 때문입니다. "씨 뿌리는 사람이 씨를 뿌리러 나갔다. 그가 씨를 뿌리는데, 어떤 것은 길에 떨어져 발에 짓밟히기도 하고 하늘의 새들이 먹어 버리기도 하였다. 어떤 것은 바위에 떨어져, 싹이 자라기는 하였지만 물기가 없어 말라 버렸다."(루카 8,5-6) 그러나 또 다른 씨는 좋은 땅에 떨어졌습니다. 우리가 좋은 땅이 되기 위해서는 인간적 덕 중에서도 사추덕을 잘 경작해야 합니다. 그래야만 그리스도께서 우리 안에 현존

---

[52] 추樞는 "추축이나 중심"을 의미합니다. -역주

하심을 깨닫게 될 것입니다. 다시 강조하지만, 덕은 오직 그리스도를 통해서만 온전히 이해될 수 있습니다.

예지

이제 사추덕에 대해 하나씩 살펴보겠습니다. 먼저 예지입니다. 고전에서는 예지를 '덕의 마부(Auriga virtutum)'라고 불렀습니다. 예지는 다른 모든 덕을 이끌어 가는 덕목이기 때문입니다. 종종 예지는 소심함, 용기 부족, 혹은 지나치게 얌전한 태도와 혼동되기도 하지만 이 모든 것은 예지와 전혀 관련이 없습니다. 예지는 항상 선과 선을 달성하기 위한 적절한 수단을 찾도록 우리를 이끄는 덕입니다. 아주 간단합니다. 예지를 갖춘 사람은 끊임없이 선과 그것을 달성할 수단을 찾는 사람입니다. 이러한 차원에서 우리의 목표는 그리스도를 드러내는 것이며, 우리 자신과 형제들의 성덕을 드러내는 것이라고 말합니다. 이것이 바로 그리스도인의 참된 목표이며 하늘나라입니다. 거룩함을 현존하게 하는 것입니다. 예를 들어, 제가 성무일도를 소홀히 하기 시작한다면 저는 어리석은 사람입니다. 왜냐하면 저는 목표를 달성하는 데 근본적이고 필수적인 수단인 성무일도와 기도를 저버리는 것이므로 어리석은 사람입니다. 또한 제가 늦은 밤에 혼자 텔레비전을 켜고 영화를 본다면 저는 어리석은 사람입니다. 왜냐하면 저는 분명 특정한 유혹과 싸울 힘이 부족할 것이고, 그러한 행동은 점점 하느님께 더 가까이 다가가는 목표 달성에 도움이 되지 않기 때문입니다. 이러한 행동이 저를 하느님께 더 가까이 데려다주는 것입니까? 아니지요? 그렇다면 저는 어리석은 사람입니다.

따라서 예지는 끊임없이 목표를 찾고 그것을 달성할 수 있는 수단을 찾는 것과 관련이 있습니다. 그러므로 예지를 지닌 사람은 계속해서 스스로에게 묻습니다. '이것이 나를 거룩함에 더 가까이 데려다주는 것인가 아니면 멀어지게 하는 것인가? 이것이 내 형제들을 거룩함에 더 가까이 데려다주는 것인가 아니면 그들을 그것으로부터 멀어지게 하는 것인가?'

정의

정의는 하느님과 이웃에게 마땅히 돌아가야 할 바를 올바르게 돌려주고자 하는 확고한 의지로 이루어진 도덕적 덕입니다. 때때로 우리는 정의를 애덕과 혼동합니다. 예를 들어 본당에서 어떤 신자가 고해성사를 부탁했는데 "제가 바쁘지만 애덕을 실천하기 위해 고해성사를 해 드리겠습니다."라고 말한다면, 이는 정의와 애덕을 혼동한 것입니다. 사제로서 고해성사를 거행하는 것은 애덕이 아니라 정의의 행위입니다. 왜냐하면 사제로서 나의 시간은 신자들의 것이고, 사제직은 나에게 속한 것이 아니라 교회에 속해 있기 때문입니다. 정의는 하느님께 마땅히 돌려드려야 할 것을 돌려드리는 것입니다. 실제로 하느님에 대한 정의는 '경신덕'이라고 불립니다. 그리고 경신덕의 첫 번째 부분이 바로 흠숭이라는 것을 이미 살펴보았습니다. 흠숭은 정의의 의무입니다. 부모님을 사랑하고 존경하는 것 또한 정의의 의무이지 애덕이 아닙니다. '애덕을 실천하기 위해 병중에 계신 부모님을 돌봐 드려야지.'라고 생각할 수도 있습니다. 그러나 그것은 애덕이 아니라 정의의 행위입니다. 부모님에게 당연히 해야 할 의무이기 때문입니다. 하느님께 마땅히 드려야 할 것은 하느님께, 이웃에게 마땅히 돌아가야 할 것은 이웃에게 돌려주는 것이 바로 정의입니다.

예를 들어 내 것이 아닌 것을 내 것으로 삼으려는 행위는 정의에 어긋나는 것입니다. 이는 불의입니다. 이미 다른 사람을 위해 내어 놓은 시간을 개인적으로 사용하는 것 역시 부당한 일입니다. 사제는 이미 하느님께 모든 것을 내어 드린 존재로서, 나만을 위한 이기적인 시간이란 존재하지 않습니다. 사제는 교회 공무원이 아닙니다. 공무원이라면 하루 여덟 시간만 의무적으로 일하면 됩니다. 그 이후에는 애덕의 차원에서 봉사 정도는 할 수 있을 것입니다. 하지만 사제는 그렇지 않습니다. 사제는 전적으로 헌신해야 하는 정의의 의무를 지니고 있기 때문입니다. 그러므로 사제로서 시간을 마음대로 쓰거나 재물을 사사롭게 유용하는 것은 정의에 어긋나는 일이며 죄가 됩니다. 만일 누군가에게 고해성사를 주고 개인적으로 돈을 받거나, 미사를 800번 봉헌했다고 개인적인 대가를 받는다면 이는 정의에 어긋나는 죄입니다. 왜냐하면 미사나 봉헌금은 하루에 한 번만 가능하다는 규칙을 어긴 것이기 때문입니다.

형제 여러분! 이러한 부분들을 구체적으로 살펴봐야 합니다. 만일 우리가 정의에 어긋나는 부당한 일을 한다면 초자연적인 덕이 우리 안에 뿌리내리지 못합니다. 그 결과 그리스도의 힘이 우리 안에 머물지 못하게 될 것입니다. 그러면 그리스도께서 우리를 다스리시지 않게 되고, 결국 하느님의 사랑이 널리 퍼져 나가지 못하면서 다른 이들에게도 닿지 못하게 될 것입니다. 그러므로 이는 매우 중요한 문제입니다. 비록 아주 작고 사소해 보이는 일일지라도 가볍게 넘겨서는 안 됩니다. 삶은 작은 일들로 이루어져 있습니다. 우리의 삶은 수많은 조각으로 구성된 거대한 모자이크와 같습니다. 각각의 조각은 제자리에 있어야 합니다. 그리스도께서 다스리시려면, 우리는 모자이크의 조각처럼 각자의 자리에 있어야 합니다. 그리고 제자리에서 덕행의 빛을 내야 합니다. 정의에 대해 우리는 곧 양심 성찰을 하게 될 것입니다. 우리는 자기 자신에게 이렇게 물어야 합니다. "주님, 저는 정의롭게 살고 있습니까? 아니면 불의를 행하고 있습니까? 제 것이 아닌 것을 탐하고 있지는 않습니까?"

지금부터 할 이야기는 다소 부정적인 사례이니 양해해 주시길 바랍니다. 어느 날 저는 사순 특강을 하기 위해 한 성당에 갔습니다. 특강을 마친 후에 성당 관계자가 저를 저녁 식사에 초대했지요. 그런데 그가 열쇠를 꺼내더니 성 안토니오 상 아래에 있는 헌금함을 열며 이렇게 말했습니다. "안토니오 성인께서 저녁 식사를 대접해 주실 겁니다." 그래서 저는 이렇게 답했습니다. "당신은 대접 받을지 모르겠지만 저는 사양하겠습니다." 이게 대체 뭡니까? 신자들이 성 안토니오 상을 바라보며 봉헌예물을 내는 이유가 무엇이겠습니까? 성당 직원들의 저녁 식사 비용을 지원해 주려는 것은 아닐 것입니다. '교회와 나는 하나이므로, 교회의 것은 내 것이고 내 것도 내 것이다.'라는 생각은 옳지 않습니다. 따라서 우리는 시간, 돈, 명예의 관점에서 정의롭게 살아야 합니다. 누군가의 명예를 훼손하거나 근거 없이 다른 사람을 험담하는 것은 부당하고 불의한 행위이며 심각한 죄입니다.

유념하십시오! 모든 불의는 반드시 배상을 요구합니다. 예를 들어 고해소 안에서 어떤 도둑이 "신부님, 제가 은행을 털었고 이미 형을 다 살았습니다. 그러면 집에 있는 2천5백만 유로는 제가 가져도 되나요?"라고 묻는다면 "그 돈은 주인에게 돌려주어야 합니다."라고 대답해야 합니다. 단순히 보속으로 받은 기도를 바치는 것만으로는 충분하지 않습니다. 아이들에게도 올바르게 가르쳐야 합니다. 만일 아이가 사탕을 훔쳤는데 다 먹어 버려서 돌려줄 수 없는 상황이라면, 나중에 돈이 생겼을 때 가난한 사람에게 주거나 성당에 봉헌하라고 가르쳐야 합니다. 다만, 성 안토니오 상 아래에 있는 헌금함에는 그 돈을 넣지 않도록 따로 알려 줄 필요는 있을 것 같습니다. 그렇지 않으면 성당 관계자가 그 돈으로 몰래 저녁 식사를 하러 갈 수도 있으니까요. 또 다른 예로 평화를 생각해 볼 수 있습니다. 우리는 다른 사람의 평화를 부당하게 빼앗아서는 안 됩니다. 예를 들어 누군가가 나에게 해를 끼쳤다고 해서 그에게 "네가 한 짓을 나는 결코 잊지 않고 두고두고 기억할 거야."라고 말하는 것은 옳지 않습니다. 이는 그 사람의 평화를 빼앗는 것이며, 평화는 하느님의 선물이기에 그런 행위는 불의한 것입니다. 형제 여러분! 우리는 때때로 '나는 매우 너그럽다.'고 생각하면서 모든 것을 허용하는 것처럼 행동할 때가 있습니다. 그러다 상황이 달라져서 우리가 직접적인 피해를 입게 되면 앙심을 품기도 합니다. 그러므로 예지, 정의, 그리고 이어서 언급할 용기가 필요합니다.

용기

용기란 어려운 순간에도 선을 고수하려는 굳건한 의지와 끈기를 의미합니다. 어려움이 없을 때는 선을 따르는 것이 쉽지만, 어려움이 닥칠 때는 용기가 매우 중요합니다. 예를 들어 "하느님은 선하십니다. 하느님은 거룩하십니다."라고 말하는 것은 어렵지 않습니다. 그러나 만일 내 앞에서 누군가가 총을 든 채 "하느님을 믿는다고 고백하면 죽이겠다."고 위협한다면 어떨까요? 하느님에 대해 말하기가 절대 쉽지 않을 것입니다. 이럴 때 필요한 것이 바로 용기입니다. 또한 평소에는 진실을 말하는 것이 어렵지 않지만, 잘못을 저질렀을 때 누군가가 물으면 진실을 말하기가 어려워집니다. 용기가 없다면 우리는 더 이상 선을 추구하지 않고 자기 자신을 위해서만 행동하게 됩니다. 그 결과 인간적인 덕이 약해지고, 초자연적인 덕이 우리 안에 뿌리내리지 못하며, 그리스도께서 다스리시지 못하게 됩니다. 이것들은 서로 연결되어 있습니다. 용기는 순교자들이 하느님을 사랑하는 마음으로 기꺼이 순교를 받아들이게 했던 덕목입니다. 주님께 우리도 이렇게 기도해야 합니다. "주님, 제게도 죽을 때까지 주님을 고백하며 순교할 수 있는 용기와 주님을 절대 거스르지 않으며 죽을 수 있는 용기를 주소서." 성인들의 삶에는 놀라운 이야기들이 많습니다. 혹시 마리아 고레티 성녀에 관한 이야기를 읽어 보셨을까요? 제가 최근에 읽은 이야기 중 하나인데, 그분의 삶은 참으로 아름답습니다. 마리아 고레티 성녀는 어린 소녀였는데 살해되었습니다. 그분은 주님을 거스르지 않기 위해 순교하셨습니다. 성녀 자신의 몸, 즉 성령의 성전을 더럽히지 않기 위해 저항하셨습니다. 그분은 순결과 정결을 지키기 위해 저항하며 "주님, 차라리 죽을지언정 당신을 거스르지 않게 해 주세요."라고 기도하셨습니다. 정말로 놀라운 이야기입니다. 그분은 인상적인 글들도 남겼습니다. 성녀 마리아 고레티의 삶과 죽음은 저를 깊이 감동시켰습니다. "차라리 죽을지언정 당신을 거스르지 않게 해 주세요!"

절제

마지막으로 절제는 물질적인 것을 사용할 때 검소함과 균형을 추구하고 쾌락에 대한 욕구를 조절하는 덕입니다. 제게 흥미롭고 놀라운 점은, 예수님께서 강생하시기 500년 전부터 이미 많은 철학자들이 절제를 삶의 필수적인 덕목으로 여겼다는 사실입니다. 혹시 플라톤의 '날개 달린 전차'[53] 이야기를 기억하실지 모르겠습니다. 플라톤은 인간의 영혼을 세 부분으로 나누어 설명했습니다. 그는 욕망하는 영혼(욕망), 격정적인 영혼(기개), 이성적인 영혼(이성)이 있다고 말했습니다. 욕망하는 영혼은 겉보기에 좋은 것에 끌리고, 격정적인 영혼은 겉보기에 나쁜 것을 거부하며, 이성적인 영혼은 이 모든 것을 조화롭게 정리해 준다고 설명합니다. 왜냐하면 겉보기에 좋은 것과 나쁜 것이 항상 실제와 일치하지는 않기 때문입니다. 예를 들어 우리가 병원에 가기 싫어하는 이유가 고통을 겪을 것 같아서라면, 이는 겉보기에 나쁜 것을 피하려는 격정적인 영혼이 나를 지배하는 것입니다. 하지만 이성적인 영혼은 그것이 겉으로는 나빠 보이지만 실제로는 좋은 것임을 깨닫게 해 주고, 격정적인 영혼

---

53 플라톤은 저서 『파이드로스』에서 영혼을 '날개 달린 전차'에 비유했습니다. "영혼은 하늘을 나는 날개 달린 두 마리 말이 끄는 전차와 같다. 인간의 영혼은 마부와 백마와 흑마라는 세 힘으로 이루어져 있다. 여기서 마부는 이성을, 백마는 기개를, 흑마는 욕망을 상징한다. 플라톤은 이성이 탁월하게 구현된 상태를 '지혜'라고 부르고, 기개가 탁월한 상태를 '용기'라고 부른다. 또 욕망은 이성의 통제에 잘 따를 때 '절제'라는 올바른 상태에 이른다. 인간의 영혼은 지혜와 용기와 절제가 조화를 이룬 상태를 지향한다. 이성이 기개와 욕망을 이끌어 영혼의 탁월성을 구현하는 것이다." - 역주

을 다스려서 결국 병원에 가도록 이끕니다. 인생에는 수많은 즐거움들이 있는데, 욕망하는 영혼은 이런 즐거움을 추구합니다. 예를 들어 욕망하는 영혼이 초콜릿을 좋아할 때 이성적인 영혼은 당뇨를 앓고 있음을 상기시켜 줍니다. 욕망하는 영혼은 초콜릿을 원하지만 이성적인 영혼이 올바른 선택을 할 수 있도록 돕는 것입니다. 플라톤은 "오직 이성적인 영혼이 욕망하는 영혼과 격정적인 영혼을 이끌 때 사람은 질서 있게 된다."라고 말합니다. 다시 말해서 절제란 욕망과 기개를 다스리는 덕, 즉 끌림과 거부를 질서 있게 조율하는 덕목입니다.

어떤 사람의 외모가 마음에 들지 않아서 싫어질 때, 우리는 외모를 포함한 외적인 것에 휘둘리지 않도록 숙고하고 질서를 잡아야 합니다. 그 사람의 내면을 바라봐야 한다는 것입니다. 그러므로 절제가 중요합니다. 절제가 없다면 우리는 본능만 따르는 존재가 되고 말 것입니다. 절제는 삶에 질서를 부여하며, 인간의 영적 차원이 삶을 다스리고 이끌 수 있게 합니다. 우리 중 누구라도 예지, 정의, 용기, 절제를 실천하기 위해 노력하지 않는다면 초자연적인 덕은 우리 안에 뿌리내리지 못할 것입니다. 그러므로 우리는 사추덕을 갖추기 위해 수행하면서 자기 자신과 끊임없이 싸워야 합니다.

요즘은 고행에 대해 이야기하는 것을 꺼립니다. 오히려 '카리

브해식 도덕[54]', 즉 이기적인 사랑이나 개인적 평온, 안락함과 편안함을 무엇보다 중요하게 여기는 경향이 있습니다. "불편한 것이 있다면 마치 악마를 대하듯 그것을 거부하라."는 식입니다. 예를 들어 사제가 성무일도를 바치는 것을 귀찮아한다면 이는 모든 덕목에 반하는 것입니다. 예지에 어긋나는 이유는 기도하지 않으면 내가 부름 받은 선을 향해 나아가지 않게 되기 때문입니다. 용기에 어긋나는 이유는 게으름에 끌려다니게 되기 때문입니다. 정의에 어긋나는 이유는 성무일도가 서품된 성직자로서 개인 자격이 아닌 교회의 이름으로 기도하는 의무이기 때문입니다. 모든 신자들은 기도에 대한 권리를 가지고 있는데, 사제가 기도하지 않는 것은 신자들에게 마땅히 돌아갈 선을 박탈하는 것입니다. 마지막으로 절제에 어긋나는 이유는 사제가 편안함에 대한 욕구를 절제하지 않았기 때문입니다. 따라서 이 덕목들을 얻기 위해 수련하고 자기 자신과 싸우는 것이 얼마나 중요한지 깨달을 수 있습니다. 오늘 기도 중에 예지, 정의, 용기, 절제라는 이 네 가지 덕목에 대해 양심 성찰을 해 보시기를 권합니다.

내일 피정 강의에서는 이 모든 덕목의 토대 위에 있는 사랑과 형제애에 대해 이야기할 것입니다. 이 사랑은 깊이 다져진 참된 사

---

54 이 표현은 실제로 존재하는 윤리학 용어나 철학적 개념이 아닙니다. 여기서는 비유적 표현으로 사용되었습니다. 고행이나 자기 절제와 반대되는 생활 방식을 가리킵니다. 이 표현은 편안함과 안락함만을 중시하는 현대 사회의 태도를 비판적으로 묘사하려는 의도로 사용되었습니다. -역주

랑입니다. 예지, 정의, 용기, 절제라는 덕목 위에 세워지지 않은 사랑은 결코 참된 사랑이 아닙니다. 사실 많은 사람들이 정의하는 사랑은 하느님의 사랑이 아닌 자기애와 이기심에 불과합니다. 심지어 다수의 인간관계도 진정한 사랑이 아니라 이기심에서 비롯된 것입니다. 왜냐하면 그 관계는 지혜롭지도, 정의롭지도, 용기 있지도, 절제되지도 않기 때문입니다.

오늘 오후에 개인 기도를 하실 때는 지금까지 말씀드린 덕의 첫 번째 단계, 즉 인간적 덕인 사추덕에 대해 다시금 묵상해 보십시오. 첫 번째 단계의 덕은 성령의 덕목이 우리 안에 뿌리내리게 하고 그리스도께서 우리를 다스리실 수 있게 할 것입니다. 그러나 첫 번째 단계의 기초가 단단히 세워지지 않으면 다른 모든 것도 이루어질 수 없습니다. 그러므로 오늘의 개인 기도는 다음과 같은 순서로 하시길 바랍니다. 첫 번째는 덕에 대해 묵상하면서 덕이 무엇을 의미하는지 깊이 깨닫는 것입니다. 두 번째는 양심 성찰을 통해 내가 이 덕들을 어떻게 실천하고 있는지 돌아보는 것입니다. 이를 통해 오늘 하느님과 화해할 기회를 가지십시오. 우리에게 빛을 주시어 우리가 온전히 살지 못한 덕목을 보게 해 달라고 하느님께 청하십시오. 세 번째는 하느님, 성부와 성자와 성령과의 사랑으로 대화하며 덕과 힘을 청하는 것입니다.

형제 여러분! 지금까지 우리는 덕의 첫 번째 단계인 인간적 덕에 대해 묵상했습니다. 이후 참된 그리스도인의 사랑에 대해 묵상할 때, 그 순간은 참으로 아름다울 것입니다. 그리스도께서 다스리시도록 한다는 것은 얼마나 기쁜 일입니까! 우리가 사도들처럼 되어 그리스도의 사랑으로 세상을 불태우고, 그리스도께서 다스리시게 하는 것이 우리의 목표입니다. 그러나 물 없는 호스로 불을 끌 수 있겠습니까? 아니면 연료 없이 자동차를 운행할 수 있겠습니까? 이처럼 우리에게는 덕의 힘과 활력, 그리고 용기가 필요합니다. 형제 여러분! 우리는 모두 매우 연약합니다. 이 말을 하고 있는 저부터 연약하기 짝이 없습니다. 우리는 나약하고 여기저기 허점투성이입니다. 이는 우리가 이미 잘 알고 있는 사실입니다. 하지만 하느님께서는 우리에게 싸움과 투쟁을 요구하십니다. '나는 영적인 전투에서 잘 싸우고 있습니까?' 이 질문에 답하기 어려울지라도 절대 낙담하지 마십시오. 두루뭉술하고 일반적인 부분에서는 큰 문제가 없지만, 구체적인 부분으로 들어가 보면 악의 유혹을 방어하는 것에 어려움을 겪고 있습니다. 예를 들어 앞서 언급한 '곰 인형'이나 '성 안토니오 헌금함'과 같은 구체적인 문제에서 흔들릴 수 있습니다. 그러니 이제 우리 함께 양탄자를 들어 올려[55] 주님께 이렇게 말씀드립시다. "주님, 저의 문제와 결점을 이제 깨끗이 씻어 주십시오. 앞으로 제가 예지, 정의, 용기, 절제를 실천하며 영적인 전투에서 잘

---

[55] 집 안의 양탄자 아래 먼지나 쓰레기를 감추는 것처럼, 우리도 종종 살면서 해결되지 않은 문제나 결점들을 감추어 둡니다. 여기서 양탄자를 들어 올리자는 표현은 감춰진 문제들을 피하지 말고 정면으로 마주하여 해결하자는 뜻입니다. 따라서 이 문장은 '감춰진 문제를 드러내 하느님께 맡기고 깨끗하게 정리하자.'라는 의미입니다. - 역주

싸워 나가게 해 주십시오."

영광이 성부와 성자와 성령께
처음과 같이 이제와 항상 영원히. 아멘.

10장
아버지의 나라가 오시며

성부와 성자와 성령의 이름으로. 아멘.

주님, 당신의 은총이 저희 모든 일의 시작을 영감으로 채우시고
지속시켜 주시며 동행해 주소서.
그리하여 저희의 일이 모든 것의 근원이신 주님 안에서 시작하고
언제나 모든 것의 목표이신 주님께로 향하게 하소서.

영광이 성부와 성자와 성령께
처음과 같이 이제와 항상 영원히. 아멘.

이제 피정 네 번째 날에 들어섰습니다. 여기서 제가 '나아간다'
가 아니라 '들어선다'라고 표현한 이유는 머물러 있어야 하기 때문

입니다. 기억하시겠지만, 전에 말씀드린 바와 같이 그리스도인의 삶에서 가장 중요한 특징 중 하나는 바로 인내입니다. 그러나 우리는 흔히 무언가를 흥미롭게 시작하지만 끝까지 인내하지 못하는 경우가 많습니다. 씨 뿌리는 사람의 비유를 기억하시나요? 주님께서는 이 비유를 통해 우리에게 경고하십니다. 많은 사람들이 씨앗을 받지만 뿌리를 내리지 못해 결국 시들어 버립니다. 우리도 그럴 수 있습니다. 피정을 기대와 흥미로 시작했지만, 셋째 날쯤 되면 지쳐서 포기하고 싶은 마음이 들기 시작합니다. 그렇게 포기한다면 참으로 안타까운 일입니다. 주님께서는 피정의 모든 날에 걸쳐 당신의 은총을 우리에게 쏟아 주고자 하시는데, 우리가 중도에 포기할 수는 없습니다. 분명 힘들고 피곤할 수 있습니다. 충분히 이해합니다. 그러나 용기를 내십시오. 성령께서 우리와 함께하시기에 우리는 좀 더 강해져야 합니다. 때로는 우리가 너무 나약하여 피곤함과 게으름이라는 바람이 조금만 불어도 쉽게 쓰러지곤 합니다. 지금이야말로 우리 안의 나약함을 이겨내고 굳건히 서 있어야 할 순간입니다.

용기는 성인들이 지닌 고유한 덕목입니다. 주님께서는 우리가 매일 더 닮아 가야 하는 가장 위대한 모범이십니다. 그리스도께서는 하느님과 함께 살아가는 사람의 용기를 지니셨고, 우리 역시 그리스도와 일치하고 성령의 충만함으로 살아간다면 그러한 용기를 얻을 수 있습니다. 형제 여러분! 오늘도 앞선 날들과 같은 권고를 드립니다. 오늘은 마음을 늦추고 나태해져도 되는 날이 아닙니다. 오늘은 다시 인내하며 주님께 집중해야 할 날입니다. 이제부터 '아버지의 나라가 오시며'라는 구절을 묵상해 보겠습니다. 어제 우리는 '하느님의 나라'가 곧 '그리스도'이심을 깨달았습니다. 그러나 그리스도의 현존은 주님께서 주시는 덕목들이 우리의 삶을 통해 드러날 때 보다 분명해집니다. 특히 주님에게서 흘러나오는 용기와 같은 덕목을 통해 그리스도의 현존이 드러납니다.

두 가지 위험 : 허무주의와 영지주의

하느님 나라에 대해 이야기할 때 두 가지 큰 위험이 있습니다. 첫째는 허무주의, 즉 하느님 나라의 본질을 비워 버리는 것입니다. 하느님 나라에 대해 허무주의적으로 말하게 되면 그 본래의 의미를 잃어버릴 수 있다는 뜻입니다. 어제 우리는 사추덕에 대해 이야기했는데, 이 덕목들에 뿌리내리지 않은 사랑은 진정한 사랑이 아닙니다. 다시 말해 예지, 정의, 용기, 절제가 없으면 진정한 사랑도 존재하지 않습니다. 이러한 덕목들 없이 사랑한다고 믿는 것은 스스로를 속이는 자기기만입니다. 따라서 하느님 나라, 즉 사랑의 나라가 품은 본질을 비워 버리고 단순히 감정적인 것으로 만들어 버리면 우리는 감정주의에 빠지게 됩니다. 결국 사랑의 의미가 일시적인 감정이나 기분, 단순한 취향으로 바뀌는 것입니다. 이러한 감정주의에 빠질 위험이 매우 큽니다. "나는 이 사람을 사랑해. 왜냐하면 내가 그렇게 느끼니까."라는 말처럼 다소 즉흥적이고 미성숙한 태도가 되고 맙니다. 그러나 성숙한 사람은 단순히 감정이나 기분에 따라 행동하지 않고, 이성에 따라 깊이 생각하고 판단하여 행동합니다.

두 번째 위험은 영지주의입니다. 영지주의란 그리스도를 중심에서 몰아내려는 것입니다. 즉, 겉으로는 그리스도교의 언어를 사용하면서도 실제로는 아주 교묘하게 그리스도를 배제해 버리는 것을 의미합니다. 우리도 그럴 때가 있습니다. 종종 묵상한답시고 좋은 내용이나 도덕적인 가르침은 이야기하면서, 정작 그리스도에 대해서는 전혀 언급하지 않을 때가 있습니다. 이러한 상황은 "그냥 착하게만 살면 돼."라고 말할 때 일어납니다. 사실 거룩해져야 한다고 말해야 마땅합니다. 거룩함이란 그리스도와 하나가 되는 것을 의미하기 때문입니다. 그래서 어떤 사람이 "착하게만 살면 되지. 성사는 필요 없어."라고 말한다면 영지주의자가 되는 겁니다. 성사는 우리를 그리스도와 일치시키며 성령의 힘을 가지고 있습니다. 그런데 그리스도를 언급하지 않으면서 인간적인 사랑에 대해서만 이야기하는 것은 영지주의적인 발상입니다. 사랑이 다스리는 나라는 무엇을 의미합니까? 사랑의 왕국은 그리스도께서 항상 우리와 함께 계시고, 우리가 은총 안에서 그분과 하나 되어 살아가는 나라를 의미합니다.

우리 안에 사랑을 청하기 : 정의, 자유, 완전한 충만함

우리는 '아버지의 나라가 오시며'라는 주님의 기도의 구절을 통해 무엇을 청하고 있을까요? 바로 하느님께서 당신의 사랑을 우리 안에, 그리고 우리 사이에 현존시켜 주시기를 청하는 것입니다. 다시 말해 하늘나라의 삶을 미리 맛볼 수 있도록 은총을 구하는 청원입니다. 하지만 한 가지 주의해야 할 점이 있습니다. 우리가 청하는 이 사랑은 단순한 감정이 아니라 바로 그리스도 자체라는 사실입니다. 따라서 우리가 '아버지의 나라가 오시며'라고 기도할 때 한편으로는 그리스도께서 우리 가운데 현존하시기를 청하고, 다른 한편으로는 그 사랑을 실천하며 살아가기를 청하는 것입니다. 여기서 말하는 사랑은 단순한 감정이 아닌, 모든 덕목을 아우르는 사랑입니다. 왜냐하면 사랑은 모든 덕목의 정점에 서 있기 때문입니다. 이와 관련해 토마스 아퀴나스 성인은 '주님의 기도에 대한 해석'에서 우리가 청하는 하느님 나라의 첫 번째 특징을 "최고의 정의가 실현되는 나라"라고 설명합니다. 즉, 하느님 나라는 모든 것이 올바르고 공정하게 이루어지는 완전한 정의의 통치가 구현되는 곳을 의미합니다. 이에 대해 토마스 아퀴나스 성인은 이사야서의 말씀을 인용하십니다. "너의 백성은 모두 의인들로서 영원히 이 땅을 차지하리라."(60,21) 여기서 '의인들'이란 "성인들"을 가리키는 전형적인 표현입니다. '의로움'이란 곧 "거룩함"을 뜻하므로, 하느님 나라의 통치는 정의로 다스리는 나라임을 의미합니다. 어제 우리는 정의에 대해 이야기하면서, 각자에게 마땅히 주어야 할 것을 주는 것이 정의라고 했습니다. 이 개념은 바로 종교적인 덕목에 뿌리를 두고 있습니다.

　토마스 아퀴나스 성인에 따르면, 하느님 나라의 두 번째 특징은 가장 완전한 자유입니다. 하지만 여기서 주의해야 할 점이 있습니다. 종종 우리는 자유를 방종과 혼동한다는 것입니다. 그렇다면 자유란 무엇일까요? 바오로 사도는 로마 신자들에게 보낸 서간에서 이렇게 말씀하십니다. "피조물도 멸망의 종살이에서 해방되어, 하느님의 자녀들이 누리는 영광의 자유를 얻을 것입니다."(8,21) 이는 죄의 종살이에서 벗어나는 것을 뜻합니다. 자유란 곧 죄가 없는 상태입니다. 따라서 우리가 흔히 자유라고 생각하는 '내 마음대로 할 수 있는 것'은 진정한 자유가 아닙니다. 그것은 오히려 종살이가 될 수도 있습니다. 죄 안에서 사는 것은 곧 종살이하는 것이며, 진정한 자유는 하느님 안에서 사는 것입니다. 이를 통해 하느님 나라는 곧 자유의 나라임을 알 수 있습니다. 하지만 여기서 자유는 우리가 마음대로 행동하기 위한 자유가 아니라, 하느님의 뜻에 따라 사는 자유입니다. 이것이야말로 진정한 자유입니다. 바오로 사도는 갈라티아 신자들에게 보낸 서간에서 이렇게 말씀하십니다. "그리스도께서는 우리를 자유롭게 하시려고 해방시켜 주셨습니다."(갈라 5,1) 이는 우리가 진정한 자유를 누리게 하려고 그리스도께서 우리를 죄에서 해방시켜 주셨다는 뜻입니다. 즉, 죄로부터의 참된 자유는 하느님께서 통치하시는 곳에서 이루어집니다.

토마스 아퀴나스 성인이 말하는 하느님 나라의 세 번째 특징은 완전한 충만함입니다. 시편은 이렇게 말합니다. "그분께서 네 한 평생을 복으로 채워 주신다."(103,5 참조) 우리는 수많은 욕구를 가지고 있습니다. 때로는 내적인 불만이나 어려움에서 비롯된 욕구일 수도 있습니다. 그렇다면 이 모든 욕구들을 누가 다 채워 줄 수 있을까요? 돈, 쾌락, 명예, 권력 등 우리 자신의 뜻을 이루는 것으로 충만해질 수 있을까요? 아닙니다! 오직 하느님만이 우리를 완전히 만족시켜 줄 수 있는 분입니다. 따라서 토마스 아퀴나스 성인이 열거한 하느님 나라의 세 가지 특징, 즉 정의와 가장 완전한 자유와 완전한 충만함을 얻는 것이야말로 사랑을 이루는 핵심 요소들입니다. 여기에서 진정한 사랑이 나오며, 그 외의 것은 진정한 사랑이 아닙니다. 그러므로 그리스도께서 통치하시는 나라에서 살고자 하는 사람, 곧 하느님께 '아버지의 나라가 오시며'라고 기도하는 사람은 이렇게 청하고 있는 것입니다. "주님, 제가 정의 안에서 살아가게 하소서. 주님, 제가 오직 당신의 뜻을 실천하는 완전한 자유 안에서 살아가게 하소서. 주님, 제가 만든 우상이나 재물로 저를 채우지 않게 하소서. 오직 당신께서 저의 삶을 채워 주소서."

이 모든 것이 우리가 '아버지의 나라가 오시며'라고 기도하면서 주님께 청하는 것들입니다. "저는 당신의 사랑 안에서 살고 싶습니다. 당신의 사랑이 다스리기를 원하며 그 사랑을 저에게 맡겨진 다른 사람들, 곧 하느님께서 제게 맡기신 모든 이들에게 전하고 싶습니다. 저는 그들이 정의 안에서 살아가길 바랍니다. 하느님께 마땅히 드려야 할 것을 드리고, 다른 이들에게도 그들의 정당한 몫을 돌려주며, 하느님의 뜻에 따라 자유롭게 살아가길 바랍니다. 그리고 그들이 다른 무엇이 아니라 오직 하느님으로 충만해지길 원합니다." 이 얼마나 놀랍고도 감동적인 기도입니까! 이러한 지향의 기도야말로 진정한 사랑입니다. 이것이야말로 사랑의 진정한 의미입니다. 결국 지금까지 설명한 모든 내용은 그리스도교적 사랑과 자비를 이해하기 위한 탄탄한 기초를 제공합니다.

하느님 나라가 우리 가운데 있다는 것은 이미 그 나라가 실현되고 있음을 의미합니다. 예컨대 거룩한 성인이 우리와 함께 살아갈 때 하느님 나라는 그곳에 존재합니다. 이는 하느님의 덕이 그곳에 있기 때문입니다. 또한 우리 중에 누군가가 게으름과 싸워 이겨서 하느님 사랑을 위해 병자를 방문할 때, 하느님 나라는 그곳에 존재합니다. 왜냐하면 그리스도께서 그곳에 활동하고 계시며 그리스도의 위로가 함께하기 때문입니다. 그 순간 우리는 정의를 실천하고 있는 것입니다. 병자에게 마땅히 돌아가야 할 교회의 선물을 전달하고 있기 때문입니다. 그 선물은 하느님께서 사제직을 통해 실현되기를 바라셨던, 교회에 맡기신 사명입니다. 우리가 자유롭게 하느님의 뜻을 실천함으로써 병자들에게 그분의 은총을 전한다면, 결국 병자들과 우리의 마음은 하느님의 풍성한 은총으로 충만하게 채워질 것입니다. 이렇게 하느님 나라는 실현되어 갑니다. 그러나 죄로 인해 자유가 없는 곳, 하느님이 아닌 우상이나 욕망으로 자신을 채우려는 곳에는 하느님께서 계시지 않습니다. 정의가 실현되지 않는 곳에도 하느님께서는 거하시지 않습니다. 하느님께서 안 계신 곳에는 어둠이 자리하며, 그 어둠이 머무는 곳에 바로 지옥이 존재합니다.

지옥에 대하여

요한 바오로 2세 교황님은 지옥에 관한 교리 교육에서 이렇게 말씀하신 적이 있습니다. "많은 이들이 지옥은 존재하지 않는다고 말합니다." 이어서 교황님은 지옥에 대해 아름답고 깊이 있는 교리를 설명하시면서, 천국이 이 땅에서 이미 시작될 수 있는 것처럼 지옥 또한 이 땅에서 시작될 수 있다고 말씀하셨습니다. 미움이 있는 곳에 지옥이 있습니다. 전쟁과 분쟁이 있는 곳에도 지옥이 있습니다. 형제 여러분! 우리도 이미 지옥을 경험한 적이 있습니다. 비록 아주 잠시일지라도, 우리는 지옥의 고통을 체험한 적이 있습니다. 그리고 같은 방식으로, 우리가 사랑을 경험했을 때 천국을 맛본 것입니다. 그래서 우리가 주님께 '아버지의 나라가 오시며'라고 기도할 때, 동시에 이렇게 청하고 있는 것입니다. "주님, 저를 영원한 단죄에서 구원하소서." 영원한 단죄가 존재할까요? 물론 존재합니다. 왜냐하면 우리는 자유로운 존재이기 때문입니다. 우리가 하느님의 사랑을 거부할 수도 있기 때문입니다. 비록 말로는 표현하지 않더라도 행동으로 주님께 이렇게 말할 수 있습니다. "주님, 저는 당신의 나라를 원하지 않습니다." 상상해 보십시오. 우리가 "하늘에 계신 우리 아버지, 저는 당신의 나라를 원하지 않습니다."라고 기도한다면 얼마나 끔찍하겠습니까? 말로는 그렇게 표현하지 않을 거라고 했습니다. 그러나 우리의 행동은 어떻습니까? 어쩌면 이렇게 말하고 있을지도 모릅니다. "주님, 저는 하느님 나라를 원하지 않습니다. 저는 저만의 어둠의 왕국을 세우고 싶습니다. 왜냐하면 제가 만족해야 하니까요. 당신은 물론 다른 이들에게 마땅히 돌아가야 할 것도 돌려주고 싶지 않습니다. 당신 뜻이 아닌 오직 내 뜻대로만 살고 싶기 때문입니다." 이런 것이 내 왕국이며 그것이 곧 어둠입니다. 바로 이것이 지옥입니다. 하느님과 멀어진 삶을 살 때 우리는 이미 이 땅에서부터 지옥의 쓴맛을 경험하게 됩니다.

형제 여러분! 우리가 내면의 불안감에 휩싸이거나 무엇을 해야 할지 몰라 혼란스러울 때, 그것은 바로 '지옥의 연기'를 경험하고 있는 것입니다. 정말 그렇습니다. 하느님과 함께하지 않으면서 어떻게 평안을 누릴 수 있겠습니까? 하느님과의 친교 안에 있지 않고 그분의 은총 안에서 살지 않을 뿐만 아니라 그러기 위해 악과 싸우지 않는다면 어떻게 영혼의 평화를 얻을 수 있겠습니까? 어둠과 지옥에 머무는 사람이 어떻게 잘 지낼 수 있겠습니까? 지옥은 존재합니까? 물론 존재합니다. 우리는 이미 지옥의 쓴맛을 알고 있습니다. 그것을 경험한 적도 있지요. 다만 이 세상에서 경험하는 지옥은 일시적일 뿐입니다. 그러나 죽음 이후에는 우리가 체험했던 지옥이 영원히 지속될 것입니다.

'아버지의 나라가 오시며'라고 기도할 때 우리는 이렇게 고백하는 것입니다. "저는 이 땅에서부터 천국을 맛보고 싶습니다." 천국에서 누군가가 다른 사람의 지갑을 훔치거나, 대천사 미카엘을 모욕하는 장면을 상상할 수 있겠습니까? 적절한 비유가 아닐지도 모르지만, 당연히 천국에서는 그런 일이 있을 수 없습니다. 천국은 그런 곳이 아닙니다. 천국은 하느님의 뜻 안에서 완전한 조화를 이루는 곳입니다. 그래서 우리는 하느님께 이렇게 청합니다. "주님, 저는 하느님 아버지의 나라가 이 땅에 임하기를 원합니다. 왜냐하면 저는 지옥에서 살고 싶지 않기 때문입니다." 다소 거칠게 느껴질 수 있는 기도이지만 사실입니다. 이는 환자에게 병명을 알리지 않는 것과 비슷합니다. 저는 그런 상황을 보면 정말 안타깝습니다. 환자는 자신의 병에 대해 알 권리가 있다고 믿기 때문입니다. 그래서 저는 항상 가족들에게 이렇게 말합니다. "어느 날 제가 중병에 걸리면 솔직하고 분명하게 알려 주세요."

얼마 전, 한 수녀님의 어머니를 병문안하기 위해 병원에 갔습니다. 엘리베이터를 타고 올라가는데 어떤 분이 저를 보며 물었습니다. "혹시 신부님인가요?" 그래서 제가 대답했지요. "네, 맞습니다.

눈썰미가 좋으시네요!" 그러자 그분이 한 환자를 방문해 달라고 요청했습니다. 저는 기꺼이 수락했지요. 그분은 병실 앞에서 갑자기 이렇게 부탁했습니다. "신부님, 환자 앞에서 아무 말도 하지 말아 주세요." 그렇게 우리는 병실로 들어갔고 그분이 환자에게 이렇게 설명했습니다. "베드로, 의사가 더는 방법이 없다고 하네. 이제 마지막을 준비하는 게 좋겠다고 하더군. 그래서 신부님을 모시고 왔어." 그 순간 환자는 충격을 받은 듯 얼어붙었고, 저도 당황해서 어쩔 줄 몰라 했지요. 그런데 갑자기 그분이 웃으며 이렇게 말하는 겁니다. "농담이야! 내가 이겼으니까 2대 1이다. 신부님, 놀라셨죠? 저희는 사실 누가 더 많이 농담하는지 겨루는 중이었습니다." 알고 보니 그들은 서로 장난치고 있던 것이었습니다.

어쨌든 사실은 명확하게 말해야 합니다. 우리에게 일어날 수 있는 최악의 병, 즉 지옥에 사는 것이 무엇인지 분명하게 알려 주는 편이 더 좋지 않겠습니까? 미움, 원한, 타락, 불의, 태만 때문에 지옥에서 살고 있는 것이라고 분명히 말하는 것이 좋습니다.

제 친구 중에 정신과 의사가 한 명 있습니다. 그 친구는 많은 사람들을 저에게 보내면서 그들에게 이렇게 말하곤 했습니다. "제가 약을 처방해 드릴 수는 있지만 환자분에게 정말 필요한 것은 고해성사입니다." 그리고 고해성사는 그들에게 즉각적이고 놀라운 효과를 가져다주었습니다. 그 친구는 제게 이렇게 말했습니다. "병에 걸렸다고 생각하는 사람 중에는 사실 잘못된 삶의 방식을 고집하거나 죄 속에서 살아가고 있기 때문에 아픈 경우가 많아. 계속 그렇게 살다 보니 당연히 삶이 지옥처럼 느껴질 수밖에 없었겠지." 죄 속에서 살아가면서 어떻게 평안을 누릴 수 있겠습니까? 요즘은 불면증에 시달리는 사람들도 꽤 있습니다. 약을 복용하면 일시적으로 증상이 완화되지만 근본적인 문제를 해결하지는 못합니다. 그런데 고해성사를 통하면 근본적으로 문제를 해결할 수 있습니다. 무엇보다 고해성사를 통해 깊이 회개하고 삶의 방식을 바꾸어야 합니다. 사실 삶의 방식을 바꾸는 것도 진심으로 회개하는 것도 쉽지는 않습니다. 하지만 가장 효과적인 방법입니다.

영적인 자선 활동들

이제 우리가 직면할 또 다른 위험은 단순히 나에게 매력적인 일만 하려는 것입니다. 이번 묵상을 위해 저는 「가톨릭 교회 교리서」 2447항[56]을 읽어 보실 것을 제안합니다. 이 항목은 자선 활동에 대해 다룹니다. 이는 우리가 사랑을 실천하며 살아가고 있는지 돌아보기에 좋은 기회가 될 것입니다. 자선 활동이란 그리스도를

---

[56] 자선 활동은 육체적으로나 영신적으로 궁핍한 이웃을 돕는 사랑의 행위이다. 용서해 주고 참을성 있게 견디어 내는 행위와 마찬가지로, 가르치고, 충고하며, 위로하고, 격려해 주는 행위는 영적인 자선 활동이다. 육체적인 자선 활동은 특히 굶주린 이들에게 먹을 것을 주고, 집을 잃은 사람을 묵게 해 주고, 헐벗은 이들에게 입을 것을 주며, 병자와 감옥에 갇힌 이들을 찾아보고, 죽은 이들을 장사 지내는 것이다. 이러한 행위들 가운데 가난한 이들에게 베푸는 자선은 형제애의 주요한 증거 중의 하나이다. 그리고 이는 또한 정의를 실천하는 일이며, 하느님께서 기뻐하시는 일이기도 하다. -역주

통해 우리가 실천하는 구체적인 사랑의 행동입니다. 왜냐하면 사랑은 우리의 것이 아니라 하느님의 것이기 때문입니다. 이러한 활동은 구체적이어야 하며, 육체적인 자선 활동과 영적인 자선 활동으로 나눌 수 있습니다. 우선 영적인 자선 활동을 살펴보겠습니다. 우리가 모두 잘 알고 있는 활동들입니다.

첫 번째는 교육입니다. 이 부분은 사목적으로 접근해야 합니다. 우리는 스스로에게 다음과 같이 질문해 봐야 합니다. "우리는 모르는 사람들을 사랑과 자비로 가르치고 진리를 말하며 그리스도를 선포하고 있는가?" 또한 사제들 사이에서는 이렇게 질문을 던져야 합니다. "우리는 서로에게 사랑과 애정으로 진실을 말하고 있는가?" 두 번째는 충고와 그 충고를 받아들이는 것입니다. 이 모든 것은 신앙에 근거해야 합니다. 신앙에서 진정으로 우러나온 충고는 희생을 요구합니다. 왜냐하면 충고하는 사람도 언젠가는 자신이 한 충고에 따라 심판받을 것이기 때문입니다. 세 번째는 위로입니다. 이는 단순히 힘내라고 말하는 것이 아닙니다. 그런 위로는 큰 효과가 없습니다. 어떻게 해야 진정한 위로를 줄 수 있을까요? 하느님으로부터 위로받는 사람만이 진정한 위로를 줄 수 있습니다. 따라서 위로는 하느님의 평화를 전하는 것을 의미합니다. 이것이야말로 진정한 사랑을 실천하는 것입니다. 네 번째는 격려입니다. 이는 단순히 힘을 주는 것이 아니라 하느님의 힘을 전하는 것입니다. 우리는 무엇을 통해 격려를 받을 수 있을까요? 형제 여러분! 격려는 근본적으로 성사와 하느님의 말씀을 통해 이루어져야 합니다. 그 외의 것은 진정한 격려가 될 수 없습니다. 슬퍼하는 친구에게 격려의 의미로 술을 권한다면, 그것은 격려가 아니라 오히려 해가 되는 행동일 것입니다. 선의만으로는 충분하지 않습니다. 진리 안에서 행동해야 합니다. 다섯 번째는 용서입니다. 용서는 주님의 기도에서 '저희에게 잘못한 이를 저희가 용서하오니 저희 죄를 용서하시고'라고 청할 때 중요한 주제입니다. 이 주제는 나중에 더 깊이 다루겠습니다. 다른 사람의 부족함을 인내하는 것도 필요합니다. 부족하지 않은 사람이 있을까요? 우리 모두는 부족하고 나름대로 결함을 지니고 있습니다. 혹시 자신은 완벽해서 모든 사람에게 호감을 산다고 생각하는 사람이 있을까요?

한번은 장례 미사에서 강론하던 중에 이렇게 말했습니다. "그리스도께서 우리를 위해 돌아가셨습니다." 그러자 한 번도 성당에 와 본 적이 없는 몇몇 사람들이 저를 향해 "에이, 설마요!"라고 하더군요. 일방적이던 강론이 대화식으로 변한 적이 있습니다. 비슷한 일이 세례성사에서도 있었습니다. 제가 묻고 대부모들이 답할 때였습니다. "전능하신 하느님 아버지를 믿습니까?" "네." "예수 그리스도를 믿습니까?" "네." "거룩하고 보편된 가톨릭교회를 믿습니까?" 그러자 어떤 대부모가 "아니요!"라고 대답했습니다. 저는 곧바로 "'아니요'라니요? 너무 심하잖아요!" 하고 응수했지요. 다행히도 그 대부모와 친분이 있던 터라, 저는 인내심을 가지고 다시 이렇게 물었습니다. "그렇다면 저를 믿을 수 있습니까?" 그들은 "네."라고 대답했습니다. 그래서 제가 말했습니다. "그렇다면 제가 교회의 일부이니, 저를 통해서라도 가톨릭교회를 믿을 수 있는 겁니다." 이처럼 우리는 인내가 필요합니다. 때로는 이런 상황을 스포츠 정신으로 받아들인다면, 오히려 재미있게 넘길 수 있습니다. 우리는 종종 삶의 모든 것에 대해 불평불만을 늘어놓습니다. 그러나 그다지 중요하지 않은 것들에 대해서는 가볍게 넘길 줄도 알아야 합니다.

육체적인 자선 활동들

이제 육체적인 자선 활동에 대해 살펴보겠습니다. '굶주린 이들에게 먹을 것을 주는 것'은 우리가 가진 재화를 나누는 것입니다. 하지만 이미 말씀드렸듯이, 이는 단순한 자선 활동이 아니라 정의의 실천임을 기억해야 합니다. 예를 들어 교회에 필요한 일을 위해 도움을 요청하거나, 성당의 유지와 보수를 위해 헌금을 요청하는 것은 정당한 일입니다. 그러나 이를 교회의 필요가 아닌 개인적인 이익으로 생각해서는 절대로 안 됩니다. 본당 신부가 자신을 교구와 동일시하며 기부금을 사적으로 유용하는 것은 절대 용납될 수 없는 행위입니다. 이 점을 주의하십시오. '굶주린 이들에게 먹을 것을 주는 것'은 무엇보다도 정의의 실천입니다. 그 다음에야 비로소 자선 행위로서의 의미를 지닙니다. '부동산 중개업자'와 같은 사람도 있습니다. 제가 아는 한 신부님은 운전 교습 강사로 일하면서 사람들에게 인생을 살아가는 법을 도와준다고 말합니다. 저는 묻고 싶습니다. "운전 교습 강사나 벽돌공이 되기 위해 사제품을 받았습니까?" 이것은 불합리합니다. 우리는 종종 자신의 능력과 소명을 잊어버릴 때가 있습니다. 사제는 성사를 집전하고, 하느님의 말씀을 전하며, 병자를 방문해 하느님에게서 오는 위로를 전하고 격려할 수 있는 힘을 지닌 사람입니다. 이것이 바로 우리의 사명입니다. 따라서 '부동산 중개업자'처럼 행동하지 말고, 특히 형제 사제들에게 환대와 사랑을 실천하는 사람이 되어야 합니다.

'헐벗은 이들에게 입을 것을 주는 것'은 단순히 인간의 존엄을 지켜 주라는 요청에 그치지 않습니다. 이것은 물질적인 문제를 어떻게 바라보고 다뤄야 할지에 대한 깊은 뜻을 담고 있습니다. 저는 이렇게 생각합니다. 우리 중에 어려움을 겪고 있는 사제가 있다면, 반드시 다른 사제가 그를 도와야 합니다. 이 점에 대해 저 자신도 깊이 성찰해 보았습니다. 제가 최근에 겪었던 일을 소개하겠습니다. 콜롬비아로 떠나기 직전 로마에 머물렀을 때 제 친구였던 한 사제가 세상을 떠났습니다. 그의 시신 앞에 서서 저는 잠시 생각에 잠겼습니다. '누가 그의 곁에 있었을까? 누가 그에게 병자성사를 베풀었을까? 누가 그에게 고해성사를 주었을까? 누가 그와 함께 기도하며 마지막 순간을 나누었을까?' 물론 저는 그의 친구들 중 한 명일 뿐입니다. 그래도 궁금했습니다. 그래서 저는 그가 일했던 본당의 보좌 신부를 찾아가 물었습니다. "제 친구 헤수스 신부가 임종하던 순간, 그의 곁에 있었던 사람이 누구입니까?" 보좌 신부는 한 사제의 이름을 말해 주었습니다. 그 사제는 무려 사흘 동안 병상 곁을 떠나지 않고 함께 있었다고 했습니다. 그 사제는 눈에 잘 띄지 않는 평범한 신부였지만 병상에 누운 동료를 위해 마지막까지 곁을 지켜 주었습니다. 이것이야말로 참된 덕을 가진 사람의 행동입니다. 한 사제가 다른 사제를 돕는 것입니다.

우리는 때때로 교회의 수장들에게 누군가를 돌봐 달라고 요구하며 목소리를 높입니다. 하지만 여기서 정말 중요한 질문은 이것입니다. "그런데 당신은 어디에서 누구를 돕고 있습니까?" 여기 모인 우리는 모두 거룩하게 살고 죽을 수 있도록 서로를 도와야 합니다. 이것이 우리의 중대한 의무이기 때문입니다. 특히 '병자와 교도소에 수감된 이들을 찾아보고, 죽은 이들의 장례를 지내는 것' 같은 육체적인 자선 활동은 사제에게 매우 기본적이고도 중요한 책임이며, 결코 소홀히 해서는 안 될 매우 중대한 사명입니다(「가톨릭 교회 교리서」, 2447항 참조). 그러므로 우리의 일정은 항상 이러한 의무를 수행할 수 있는 여지를 남겨 놓아야 합니다.

형제 여러분! 이것이 바로 하느님 나라, 곧 사랑의 나라를 이 땅에 실현하는 구체적인 방법입니다. 병든 사제 곁에는 다른 사제가 함께 있어야 합니다. 또한 어려움과 시련을 겪고 있는 사제 곁에도 다른 사제가 함께 있어야 합니다. 그리하여 하느님에 대해 이야기하고 믿음과 사랑으로 위로할 수 있어야 합니다. 가난한 이들에게 자선을 베푸는 것은 형제적 사랑을 실천하는 중요한 증거이자 하느님께 마땅히 드려야 할 정의의 실천이기도 합니다. 사제들 역시 반드시 자선을 베풀어야 합니다. 사제들은 기부를 요청하는 데 익숙하지만, 그것에 그치지 않고 주체적이고 적극적으로 자선을 실천해야 합니다. "우리는 생활에 필요한 최소한의 것만 가지고 있다."고 사제들이 말하는 것은, 지금과 같은 상황에서는 매우 부끄러운 일이 될 수 있습니다. 왜냐하면 실제로 우리는 부족한 것 없이 살아가고 있기 때문입니다.

저는 한동안 콩고에서 지냈는데 그곳에서 보았던 장면들을 결코 잊을 수가 없습니다. 저주받았다는 이유로 부족들로부터 완전히 버려진 아이들, 나무 아래에서 죽어 가고 있던 네 살배기 아이들의 모습이었습니다. 이러한 비극은 도시에서도 볼 수 있습니다. 마드리드 역시 마찬가지입니다. 참으로 많은 사람들이 극심한 어려움 속에서 살아가고 있습니다. 형제 여러분! 솔직히 말해 우리에게는 부족함이 없습니다. 우리는 지금도 풍족하게 살고 있으며 앞으로도 그러할 것입니다. 우리는 필요한 모든 것을 가지고 있습니다. 심지어 나이가 들어서도 우리는 돌봄을 받을 것입니다. 그렇기 때문에 우리는 더욱더 관대해져야 합니다. 어려움에 처한 형제 사제가 있다면 그와 함께하며 그를 도와야 합니다.

'아버지의 나라가 오시며.' 아버지의 나라는 사랑의 나라입니다. 여러분에게 제안합니다. 마태오 복음서 25장 34절에서 46절까지의 말씀을 묵상해 보십시오. 이 구절은 최후의 심판에 대해 다루고 있습니다. 하느님께서 사랑 안에서 우리를 심판하시는 장면이 다음과 같이 묘사됩니다. "내 아버지께 복을 받은 이들아, 와서 세상 창조 때부터 너희를 위하여 준비된 나라를 차지하여라. 너희는 내가 굶주렸을 때에 먹을 것을 주었고, 내가 목말랐을 때에 마실 것을 주었으며…." 이 말씀을 묵상하며 내가 하느님 앞에 서서 최후의 심판을 받는 순간을 상상해 보십시오. 그리고 그 순간 주님께서 나에게 질문하실 내용을 떠올려 보십시오. "너는 하늘나라를 실현하는 나의 도구로서 살았느냐?" 그리고 허무주의나 영지주의에 빠지지 않으려면 무엇보다 이렇게 자문해 봐야 합니다. "나는 정의로웠는가? 강인했는가? 절제했는가? 자선을 실천했는가? 그리스도를 드러냈는가? 아니면 나 자신을 드러냈는가?" 더불어 성경을 묵상하면서 양심 성찰도 해 보시기를 권합니다. 그리고 스스로에게 물어보십시오. "하느님께서 나를 통해 당신의 나라를 실현하시도록 나 자신을 온전히 주님께 내어 드리며 살고 있는가?"

영광이 성부와 성자와 성령께
처음과 같이 이제와 항상 영원히. 아멘.

11장
아버지의 뜻이 하늘에서와 같이 땅에서도 이루어지소서

은총이 가득하신 마리아님, 기뻐하소서!
주님께서 함께 계시니 여인 중에 복되시며
태중의 아들 예수님 또한 복되시나이다.
천주의 성모 마리아님,
이제와 저희 죽을 때에 저희 죄인을 위하여 빌어 주소서. 아멘.

영광이 성부와 성자와 성령께
처음과 같이 이제와 항상 영원히. 아멘.

'아버지의 뜻이 하늘에서와 같이 땅에서도 이루어지소서.'라는 청원에 대해 묵상하겠습니다. 토마스 아퀴나스 성인은 (또한 베네딕토 16세 교황님은 저서 「나자렛 예수」에서 아름답게 설명하셨습니다. 교황님의 주님의 기도 해설을 주의 깊게 읽어 보십시오.) 이 청원에 대해 다음과 같이 설명합니다. 우리가 하느님께 청해야 할 가장 중요한 것, 즉 '아버지의 이름이 거룩히 빛나시며 아버지의 나라가 오시기'를 이미 청했다면, 이는 곧 하느님의 이름이 모든 사람에게 알려지고 사랑받게 되며 하느님 사랑의 힘이 이 세상에 실현되기를 구하는 것입니다. 우리는 종종 하느님께 이런저런 것들을 청하곤 합니다. 그러나 무엇보다도 먼저 하느님의 통치가 임하시기를 청해야 합니다. 왜냐하면 그것이야말로 가장 큰 은총이며 최고의 은혜이기 때문입니다. 일반적으로 우리가 무언가를 청할 때, 먼저 자신을 위한 청원을 해야 한다고 생각할 수 있습니다. 그러나 다른 사람을 위해 청하는 경우도 있습니다. 흥미로운 점은, 다른 이를 위한 청원이 결국 나 자신에게도 유익이 된다는 것입니다. 예를 들어 우리가 부모님을 위한 은총을 청할 때, 그것은 사실 나에게도 가장 큰 축복이 됩니다. 왜냐하면 우리가 그들을 사랑하기 때문입니다. 따라서 하느님께서 다스리시고 그분의 이름이 거룩히 빛나시기를 청하는 것은 가장 크고도 완전한 청원입니다. 이것보다 더 나은 청원은 없습니다. 그럼에도 불구하고 나를 위한 청원이 먼저 나옵니다. 우리가 하느님께 드리는 첫 번째 청원은 나를 위한 청원입니다. 그러나 그 청원의 내용은 '제 안에서 당신의 뜻이 이루어지소서.'라는 간구입니다. 그렇다면 여기서 말하는 '당신의 뜻'은 무엇일까요? 바로 하느님의 뜻입니다. 그리고 그 뜻은 어떤 방향으로 이루어져야 할까요? 바로 하느님께서 원하시는 방향이어야 합니다. 형제 여러분! 이 얼마나 놀라운 일입니까! 우리가 하느님께 청하는 것은 결국 우리를 위한 것이지만, 그것은 구체적으로 특정한 무엇이 아닙니다. 오히려 하느님께서 계획하신 바가 이루어지기를 청하는 것입니다. 그것이 무엇이든 말입니다!

어쩌면 우리는 하느님께 질병을 청하고 있을지도 모릅니다. "어떻게 그런 일이 가능합니까?"라고 질문할 수 있겠지만, 그렇습니다. 그것이 하느님의 뜻이라면 우리는 그 뜻이 이루어지기를 청하고 있기 때문입니다. 또한 우리는 큰 굴욕을 청하고 있을지도 모릅니다. 왜냐하면 그것이 하느님의 뜻이라면 우리는 그 뜻이 이루어지기를 청하고 있기 때문입니다. '아버지의 뜻이 하늘에서와 같이 땅에서도 이루어지소서.'라는 청원은 하느님의 뜻이 언제나 나에게 최선임을 신뢰하는 마음에서 드리는 기도입니다. 우리는 이 청원의 중요성과 아름다움을 깨달아야 합니다. 다시 말해, 우리는 이렇게 고백하고 있는 셈입니다. "저의 하느님, 제가 당신께 청하는 것은 무엇입니까? 제가 원하는 것이 아니라, 당신의 뜻이 이루어지기를 바랍니다. 당신께서 원하시는 것을 이루어 주소서!"

그리스도는 아버지께 순명하신 모범

토마스 아퀴나스 성인은 십자가의 죽음에 이르기까지 순명하신 그리스도의 모습을 묵상하는 것이 순명을 살아가는 사람에게 매우 큰 유익을 가져다준다고 말합니다. 예수님은 순명하셨고, 그 순명은 죽음에까지 이르렀습니다. 예수님은 아버지의 뜻을 완전히 이루셨습니다. 따라서 우리가 가장 먼저 해야 할 일은 우리 자신을 예수님께 비추어 보는 것입니다. 그리스도야말로 우리의 모범이며 본보기입니다. 예수님의 순명은 그분의 모든 행동과 삶 속에서 분명히 드러납니다. 이를 살펴보기 위해 수난 사건에 이르기 전의 몇몇 장면을 되짚어 보겠습니다. 먼저 악마가 예수님을 유혹했을 때를 떠올려 봅시다. "사람은 빵만으로 살지 않고 하느님의 입에서 나오는 모든 말씀으로 산다."(마태 4,4) 이는 예수님께서 이렇게 말씀하시는 것과 같습니다. "내 양식은 하느님의 말씀이다. 나는 다른 것을 양식으로 삼지 않는다." 이처럼 예수님의 순명은 그분의 모든 행동과 삶을 통해 드러납니다. 또한 예수님께서는 이렇게 말씀하십니다. "내가 스스로 말하지 않고, 나를 보내신 아버지께서 무엇을 말하고 무엇을 이야기할 것인지 친히 나에게 명령하셨기 때문이다."(요한 12,49) 그리고 올리브 동산에서 기도하실 때는 이렇게 말씀하십니다. "아빠! 아버지! 아버지께서는 무엇이든 하실 수 있으시니, 이 잔을 저에게서 거두어 주십시오. 그러나 제가 원하는 것을 하지 마시고 아버지께서 원하시는 것을 하십시오."(마르 14,36)

예수님께서 처음으로 당신의 수난과 죽음을 예고하신 뒤, 베드로 사도가 그러한 일이 일어나지 않도록 막으려 할 때 그분은 이렇게 말씀하셨습니다. "사탄아, 내게서 물러가라. 너는 나에게 걸림돌이다. 너는 하느님의 일을 생각하지 않고 사람의 일만 생각하는구나!"(마태 16,23) 이는 끝까지 아버지의 뜻에 순명하신 예수님의 모습을 분명히 보여 줍니다. 베네딕토 16세 교황님은 이 장면을 광야에서의 유혹과 비교하며, 베드로 사도가 이때 유혹자가 되었다고 설명하셨습니다. 베드로 사도가 악의를 가지고 있었던 것은 아닙니다. 그러나 우리가 아무리 선한 의도를 가지고 시작한 일이라 하더라도 그것이 항상 올바른 것은 아닙니다. 때로는 실수할 수도 있습니다. 그렇다면 그 순간 베드로 사도는 무엇을 하고 있었던 걸까요? 사실 베드로 사도는 잘못된 사랑으로 인해 예수님이 아버지의 뜻을 이루지 못하도록 요청하고 있었던 것입니다. 그래서 예수님께서는 "사탄아, 내게서 물러가라!" 하고 말씀하신 것입니다. 형제 여러분! 다른 사람이 아버지의 뜻을 이루지 못하도록 우리가 방해할 때, 우리도 사탄의 역할을 하며 사탄의 도구가 되는 것입니다.

사제로서 우리는 엄청난 책임을 지니고 있습니다. 우리는 끊임없이 하느님에 대해 말하며, 사람들을 하느님께로 이끌어야 하기 때문입니다. 그러나 만일 우리의 삶 속에서 아버지의 뜻이 이루어지는 것을 방해한다면, 예를 들어 우리가 본보기가 되지 못하거나, 사제직에 대한 열정이 부족하거나, 진정한 하느님의 말씀을 전하지 않거나, 교회와 친교를 이루지 못한다면 우리는 사람들을 하느님께로 이끄는 사명에서 벗어나게 되는 것입니다. 그렇게 되면 우리는 하느님의 뜻을 보고 사랑하고 실천하도록 사람들을 이끄는 도구가 될 수 없습니다. 그때 우리는 예수님께서 베드로 사도에게 하셨던 그 말씀, 즉 "사탄아, 내게서 물러가라!"라는 엄중한 꾸짖음을 들을 수밖에 없습니다. 예수님은 교회의 기둥이자 성인인 베드로 사도에게 이렇게 말씀하셨습니다. 형제 여러분, 예수님이 베드로 사도조차 이토록 엄중하게 꾸짖으셨는데 우리는 얼마나 더 강하게 꾸짖으시겠습니까? 예수님이 얼마나 자주 우리를 향해 엄하게 꾸짖으실 수밖에 없겠습니까?

그리스도께서는 순명하셨습니다. "아버지께서 나에게 마시라고 주신 잔을 내가 마셔야 하지 않겠느냐?"라고 하시며, 예수님은 결국 아버지의 뜻에 순명하셨습니다. 마침내 십자가 위에서 예수님은 "목마르다."(요한 19,28)라고 하시면서 성경 말씀이 이루어지게 하셨습니다. 예수님은 하느님의 계획을 완전히 성취하신 분입니다. "당신의 뜻이 이루어지소서."라는 기도는 바오로 사도에게도 깊은 감명을 주었습니다. 그래서 바오로 사도는 그리스도의 순명, 곧 십자가의 죽음에 이르기까지 순명하신 그리스도에 대해 자주 언급하셨습니다. 오늘날 '순명'이라는 단어는 과소평가되고 있습니다. 우리를 속박하거나 우리의 자유를 빼앗고 있다는 오해를 받고 우리의 언어에서 지워지고 있습니다. 그러나 이것은 잘못되었습니다. 형제 여러분! 전혀 그렇지 않습니다. 순명은 우리를 자유롭게 합니다. 우리는 순명을 통해서만 참된 자유와 사랑의 나라에 들어갈 수 있습니다. 하느님께 순명하는 것, 곧 교회를 통해 순명하는 것이야말로 참된 자유로 가는 길입니다. 예수님은 십자가의 죽음에 이르기까지 순명하셨습니다. 우리도 종종 하느님께 이렇게 말씀드리고 싶을 때가 있습니다. "하느님, 제발 이것을 제게서 거두어 주십시오. 저는 이해할 수도 없고 원하지도 않습니다. 이것이 제 길이라고 믿지도 않습니다." 하지만 그럴 때마다 우리는 이렇게 고백해야 합니다. "제 뜻이 아니라, 교회를 통해 보여 주신 아버지의 뜻이 이루어지기를 바랍니다."

사제품을 받기 전날, 저는 고해성사를 하러 갔습니다. 그때 제 영적 지도 신부님이 매우 진지하게 물으셨습니다. 그 질문이 너무 진지해서 저는 혹시 실제로 그런 일이 생길 수도 있겠다고 생각했습니다. "만일 지금 주교님께서 너는 사제품을 받을 수 없다고 말씀하신다면, 넌 그걸 어떻게 받아들일 거니?" 영적 지도 신부님은 서품식 전날 모든 준비가 끝난 상황에서 이 질문을 하셨습니다. 그리고 다시 물으셨습니다. "그 상황을 받아들이겠니? 아니면 모든 것을 포기하겠니?" 저는 성령의 도움을 청하며 이렇게 대답했습니다. "주교님을 통해 주어진 하느님의 뜻을 받아들이겠습니다." 그 말을 들으신 뒤에 영적 지도 신부님은 이렇게 말씀하셨습니다. "이제 너는 사제가 될 수 있겠구나. 만일 반대로 대답했더라면 너는 아직 사제품을 받을 준비가 되지 않았다고 말했을 거야. 왜냐하면 너는 단지 사제가 되려고 온 게 아니라 하느님의 뜻을 이루기 위해 온 거니까.

그 뜻이 무엇이든 우리는 교회를 통해 보여 주시는 주님의 뜻에 온전히 순종해야 하니까." 그러므로 우리가 인생에서 어떤 결정에 순명할 때, 단순히 그 결정을 받아들이는 것이 아니라 그 결정을 통해 드러나는 하느님의 뜻을 받아들이는 것입니다. 이것을 기억하십시오. 매우 중요합니다. 그렇지 않으면 결국 우리의 삶에서 그리스도가 중심이 되지 않을 수도 있기 때문입니다.

우리는 사제이기 이전에 하느님의 자녀이며, 하느님의 뜻을 이루도록 부름 받은 그리스도인입니다. 하느님의 뜻을 이루는 것이 바로 우리의 음식입니다. 그렇습니다. 그것이 바로 우리의 참된 음식입니다! 하느님의 뜻을 이루는 것이 성부의 영원한 말씀이신 그리스도의 음식이라면, 그것은 곧 우리의 음식이기도 합니다. 우리는 그리스도 안에서만 자신을 이해할 수 있기 때문입니다. 예수님께서는 이렇게 말씀하셨습니다. "저는 아버지의 뜻을 이루기 위해 왔습니다." '아버지의 뜻이 하늘에서와 같이 땅에서도 이루어지소서.'라는 기도를 통해 우리는 주님께 이렇게 고백해야 합니다. "주님, 저에게 봉인된 봉투 하나를 보내 주십시오. 겉에는 아무것도 쓰여 있지 않지만, 안에는 주님께서 제 삶을 위해 계획하신 뜻이 적혀 있는 봉투 말입니다. 다만 저는 그 봉투 겉에 '피앗Fiat!', 즉 '주님의 뜻이 이루어지소서.'라고 서명하겠나이다. 제 삶에서 오직 주님의 뜻이 이루어지기를 바랍니다." 이것이 우리가 하느님께 드리는 청원이자 예수님이 우리에게 가르쳐 주신 기도입니다. 하느님의 뜻을 이루는 방법에는 두 가지가 있습니다. 하나는 다음과 같이 완전한 순명으로 받아들이는 것입니다. "주님께서 저에게 이것을 요구하시고 저것도 요구하십니다. 잘 알겠습니다. 주님의 뜻을 온전히 받아들이겠습니다. 주님의 뜻이 이루어지소서." 다른 하나는 망설이며 이렇게 말하는 것입니다. "첫 번째와 두 번째 요구는 알겠습니다. 하지만 세 번째 요구는 지금 당장은 안 됩니다. 나중에 하겠습니다. 우선 두 가지만 받아들이겠습니다."

종종 우리는 하느님의 뜻이 무엇인지 완전히 알게 된 후에야 "예."라고 답하려고 합니다. 그러나 성모님은 주저하지 않고 "예."라고 말씀하셨습니다. 성모님의 "예."는 진실하고 완전했으며, 그것은 성모님께 나타난 대천사 가브리엘의 메시지만큼이나 실제적이었습니다. 이 사건은 상징이나 비유가 아니라 실제 일어난 사건입니다. 그러나 일부 성경 해석학[57]에서는 이 사건을 단순히 문학적 장르로 보려고 합니다. 그들은 이렇게 주장합니다. "이 이야기는 상징적이고 비유적으로 이해해야 합니다. 실제로 가브리엘 대천사가 나타난 것이 아니라, 어느 날 마리아가 기도 중에 주님께 그렇게 말씀드려야겠다고 생각했을 뿐입니다. 실제로 그녀가 하느님의 어머니였던 것은 아닙니다.…" 아닙니다! 절대로 그렇지 않습니다. 이것은 올

---

[57] 성경의 자유로운 해석을 따르는 접근 또는 문학적 장르로서 성경을 이해하려는 특정 자유주의적 신학에서는 성경의 사건들을 상징적이거나 비유적으로만 이해하며, 실제로 일어난 역사적 진리로 받아들이기를 거부합니다. -역주

바른 해석이 아닙니다. 이러한 잘못된 이해를 풍자하는 농담이 있습니다. 마리아께서 기도 중에 있을 때 가브리엘 대천사가 나타나 이렇게 말했다는군요. "두려워하지 마라, 마리아야. 나는 '문학적 장르'이다!" 말씀이 사람이 되신 강생은 실제로 일어난 사건이며, 가브리엘 대천사가 전한 주님 탄생 예고도 실체적인 사건입니다. 주님의 천사가 마리아께 아뢰었습니다. "이제 네가 잉태하여 아들을 낳을 터이니 그 이름을 예수라 하여라."(루카 1,31) 그러자 마리아께서는 이렇게 묻습니다. "저는 남자를 알지 못하는데, 어떻게 그런 일이 있을 수 있겠습니까?"(루카 1,34) 이는 곧 "이해가 잘 안 됩니다!"라는 뜻입니다. 이제 성모님의 입장에서 잠시 생각해 보십시오. 물론 우리가 완전히 이해할 수는 없겠지만요. 갑작스레 자신이 하느님의 어머니가 될 것이라는 엄청난 소식을 들었을 때 마리아께서는 어떻게 반응하셨을까요? 마리아께서는 단순히 이렇게 대답하셨습니다. "주님의 뜻대로 저에게 이루어지소서." '이루어지소서.'라는 말은 무엇을 의미할까요? 바로 "주님께서 계획하신 모든 일이 이루어지도록 하소서."라는 뜻입니다.

　　어떤 이들은 이렇게 말합니다. "내가 사제품을 받기 전에, 내가 어디로 파견될지 또는 내 삶이 어떻게 될지 미리 알았더라면 결코 사제품을 받지 않았을 것입니다." 이런 태도는 마치 주어진 봉투를 열어 보고 그 안에 쓰여 있는 내용을 확인한 후에 "예."라고 대답하겠다는 것과 같습니다. 하지만 이런 태도는 올바른 순명이 아닙니다. 아무런 가치도 없는 순명일 뿐입니다. 우리는 이렇게 말해야 합니다. "당신의 뜻이 이루어지소서." 반면, 이렇게 말해서는 안 됩니다. "주님, 당신의 뜻이 무엇인지 먼저 알려 주십시오. 그 뜻이 제 마음에 들면 '당신의 뜻이 이루어지소서.'라고 말하겠습니다." 이런 태도는 순명이라 할 수 없습니다. 아무리 그리스어 원문으로 성경을 읽고 꼼꼼히 해석해 봐도 이런 내용은 어디에도 나오지 않습니다. 성경은 분명히 이렇게 말합니다. "당신의 뜻이 이루어지소서." 이는 주님의 뜻이 무엇이든 간에 하늘에서와 같이 땅에서도, 다시 말해서 나는 물론 내 삶의 모든 영역에서 이루어지기를 바라는 기도입니다. 이것이 바로 그리스도께서 보여 주신 삶의 방식입니다. 예수님은 오직 아버지의 뜻을 이루는 것만이 당신 삶의 중심이었습니다.

때로 우리는 아버지의 뜻과 순명이 구체적이고 현실적인 방식으로, 그리고 매우 명확한 사람들을 통해 드러난다는 사실을 잊곤 합니다. 그러면 베드로 사도와 같은 상황에 처할 수 있습니다. 베드로 사도는 이렇게 말한 적이 있습니다. "아버지의 뜻을 따르는 것에는 동의합니다. 하지만 말코스[58]가 당신께 손을 대는 것은 절대 용납할 수 없습니다. 그건 도저히 참을 수 없습니다! 그의 귀를 잘라

---

[58] 예수님이 체포되실 때 등장혜는 인물로, 대사제의 종이었습니다. "그때에 시몬 베드로가 가지고 있던 칼을 뽑아, 대사제의 종을 내리쳐 오른쪽 귀를 잘라 버린다. 그 종의 이름은 말코스였다."(요한 18,10) - 역주

버리겠습니다!" 그러나 예수님은 베드로 사도에게 이렇게 말씀하십니다. "사탄아, 내게서 물러가라!" 다시 말해 아버지의 뜻이 말코스를 통해, 바로 그 구체적인 사건을 통해 이루어진다는 사실을 베드로는 받아들이지 못했던 것입니다.

형제 여러분! 우리는 구체적인 것에는 충격을 받고 당황하면서도, 일반적이고 추상적인 것에는 매료되곤 합니다. 우리는 마치 이미 거룩한 성인이라도 된 것처럼 이렇게 말합니다. "주님의 뜻이 이루어지소서. 제 영혼과 삶과 마음을 온전히 주님께 봉헌하나이다. 다만 제 곰 인형은 빼고요." "주님의 영원하시고 오묘하신 섭리에 순명하며, 당신의 숭고하신 뜻을 끌어안겠나이다." 하지만 정작 누군가가 구체적인 임무를 맡기면 "아, 그건 못하겠는데요."라며 거부합니다. 일반적으로는 순명하겠다고 말하면서도, 정작 구체적인 사명이 주어지면 거부감을 드러내고 불편해하며 순명하지 않으려는 태도를 보이는 것입니다. 우리는 주님의 기도를 바치며 '아버지의 뜻이 하늘에서와 같이 땅에서도 이루어지소서.'라고 청합니다. 그런데 의사가 당신에게 질병이 있다고 말하면 그것을 거부합니까? 우리가 그렇게 자주 '아버지의 뜻이 하늘에서와 같이 땅에서도 이루어지소서.'라고 기도했으면서도 말입니다! 형제 여러분! 혹시 우리가 주님의 기도를 바칠 때마다 거짓말을 하고 있는 것은 아닌가요? 우리가 주님의 기도를 통해 무엇을 청하고 있는지 정말 알고는 있는 걸까요? 저는 우리가 알고 있다고 믿습니다. 그러니 이제는 그리스도처럼 온 마음을 다해 진심으로 기도해야 합니다.

아버지의 뜻이 이루어지소서… 십자가와 함께

이제 저는 주님의 기도 첫 부분에 해당하는 '아버지의 뜻이 이루어지소서.'라는 구절을 통해, 죽음에 이르기까지 순명하셨던 십자가의 그리스도를 깊이 묵상해 보자고 제안합니다. 보다 좋은 묵상을 위해 그리스도의 수난 이야기를 처음부터 끝까지 천천히 읽어 보는 것도 방법이 되겠습니다. 단순히 읽는 데 그치지 말고, 읽고 또 읽으면서 그리스도께서 걸어가신 순명의 여정을 마음 깊이 되새겨 보십시오. 예수님이 스스로 원하셔서 하신 일인지, 아니면 아버지의 뜻을 이루기 위해 하신 일인지 깊이 묵상해 보시기를 바랍니다.

형제 여러분! 하느님의 뜻과 주님께서 우리에게 약속하신 삶은 진정한 행복과 기쁨, 그리고 형언할 수 없는 환희로 가득 찬 천상의 삶입니다. 그러나 주님께서는 우리 인생의 여정에서 십자가가 없을 것이라고 결코 말씀하신 적이 없습니다. 오히려 주님께서는 십자가가 기쁨의 원천이요, 빛의 근원이자 구원의 이유가 될 것이라고 말씀하셨습니다. 그런데 우리는 십자가를 보면 마치 악마라도 본 것처럼 도망치려 합니다. 하지만 십자가는 악마가 아니라 바로 그리스도 자신입니다. 우리는 십자가를 피하려 하며, 자신의 삶이나 자기가 처한 상황에 대해 너무 쉽게 이런 식으로 판단해 버립니다. "이것은 내가 해야 할 일도 아니고, 여기는 내가 있을 자리도 아니야. 왜냐하면 이건 십자가이고, 이 자리는 십자가가 있는 곳이니까." 이렇게 말하며 우리는 십자가를 피하려고 합니다. 형제 여러분! 십자가를 피하면 안 됩니다! 십자가는 우리의 사제직과 사명에 본질적으로 포함된 것입니다. 우리는 이 십자가와 하나가 되어야 합니다. 그런데 십자가를 거부하는 사제는 주님께 이런 식으로 말합니다. "이런 본당은 싫습니다. 이 본당은 제게 맞지 않습니다. 저는 이런 본당에서 일하려고 사제가 된 것이 아닙니다. 제가 원하는 곳은 높은 첨탑을 자랑하는 멋진 성당이 있는 아름다운 본당입니다. 이런 상가 건물에 있는 본당은 저와 어울리지 않습니다."

우리는 하느님께 이렇게 고백해야 합니다. "주님의 뜻이 이루어지소서!" 그러나 이 고백은 반드시 '십자가와 함께'여야 합니다. 다시 말씀드리지만 반드시 '십자가와 함께'라야 합니다. 왜냐하면 십자가는 살다 보면 반드시 찾아오기 때문입니다. 그러니 차라리 그것을 미리 받아들이는 편이 더 낫습니다. 겉으로만 그럴싸하게 말하면서 실제로 십자가를 거부해서는 안 됩니다. 진심을 담아 주님께 이렇게 기도드려야 합니다. "주님, 제가 어디로 파견되든 그곳에서 십자가를 껴안을 힘을 주소서." 하지만 우리가 굳이 십자가를 찾아 나설 필요는 없습니다. 십자가는 삶 속에서 반드시 찾아오기 때문입니다. 십자가의 고통을 더 많이 받으려고 일부러 인도의 고행자들이 사용하는 가시 침대를 사거나, 망치로 스스로를 때릴 필요는 없다는 말입니다. 그럴 필요가 전혀 없습니다! 십자가는 어김없이 찾아오기 때문입니다. 다만 우리에게 오는 그 십자가를 미소로 환영하면 됩니다. 예수님께서도 그렇게 십자가를 껴안으셨습니다. 게다가 우리의 십자가는 더 이상 우리 자신의 것이 아닙니다. 그것은 바로 그리스도의 십자가입니다. 그리스도께서는 우리를 부르시어 당신의 고난에 동참하게 하시고, 그리스도의 환난에서 모자란 부분을 채우기를 바라십니다. 그리스도는 우리가 당신과 함께하며 하느님 아버지께 온전히 순명하기를 요청하십니다. 우리가 십자가를 질 때, 때로는 혼자인 것처럼 느껴지기도 합니다. 그리스도의 십자가에 우리가 참여하고 있다는 사실을 자각하지 못할 때도 많습니다. 그러나 그리스도께서는 우리의 십자가를 당신의 것으로 받아들이셨으며, 그 십자가를 통해 우리에게 당신의 부활의 기쁨을 나누어 주십니다. "그리스도와 함께 죽은 이는 그리스도와 함께 부활할 것입니다."

죽음이란 미래의 어느 날 단순하게 끝나는 사건이 아닙니다. 죽음은 매일 벌어집니다. 매일 반복해서 자신을 내려놓고 그리스도의 십자가에 올라가는 것을 의미하기 때문입니다. 실제로 인생의 마지막 순간, 그 죽음의 순간에 우리는 어쩌면 생각보다 단순하고 담담할 수 있습니다. 물론 저도 아직 죽어 본 적은 없습니다. 그러나 죽음은 환상이 아닙니다. 언젠가 반드시 찾아올 현실입니다. 누구도 죽음을 피할 수는 없습니다. 그래서 주님께서는 이렇게 말씀하십니다. "그리스도와 함께 죽는 사람은 누구든지 그리스도와 함께 부활할 것이다." 그렇다면 그리스도와 함께 죽는 사람은 누구입니까? 그리스도의 십자가 안에서 죽음을 껴안고 그리스도와 함께 못 박힌 사람들입니다. 바로 이것이 우리의 순명이요 하느님의 뜻입니다. 하느님께서 말씀하신 죽음, 곧 십자가 안에서의 죽음입니다.

  요한 복음서 17장에서 시작되는 그리스도의 수난을 묵상해 보십시오. 요한 복음서 17장은 마지막 순간까지 제자들을 사랑하신 예수님이 하느님 아버지께 바치신 대사제의 기도를 다룹니다. 예수님은 하느님 아버지께 기도를 바치신 뒤 체포되시고, 유다인들의 종교 지도자들과 권력자들 앞에서 심문을 받으십니다. 마지막으로 본시오 빌라도의 재판을 받으시고 사형을 선고받으신 후 십자가에 못 박히셨습니다. 십자가 아래에는 성모 마리아가 계셨습니다. 성모님은 아버지의 뜻에 온전히 일치하면서 그 십자가와 하나가 되셨습니다. 이처럼 성모님의 "예."는 주님 탄생 예고 때 단 한 번으로 끝나버린 "예."가 아닙니다. 그것은 매일 반복되며 이루어진 "예."입니다. 이는 우리가 사제 서품식 때 주교님께 드렸던 "예."와도 같습니다. 성모님의 "예."처럼 우리의 "예."도 매일 새롭게 갱신되어야 하며 평생 지속되어야 합니다. 그리고 그 "예."는 결국 십자가까지 이어져야 합니다. 성모님의 "예."는 강생의 순간부터 지금까지 이어져 왔습니다. 그러므로 우리 사제들은 하느님의 뜻이라는 맥락 안에서 십자가를 바라보아야 합니다.

그래서 여러분께 권합니다. 시간을 내어 차분히 그리스도께서 순명하시는 모습을 깊이 묵상해 보십시오. 아버지의 뜻을 온전히 따르시는 예수님을 바라보며 우리도 진심으로 이렇게 고백할 수 있도록 노력합시다. "Fiat voluntas tua." 즉 "주님의 뜻이 이루어지소서." 이 기도를 마음을 다해 바쳐야 합니다. 봉투를 열어 보기 전, 아무것도 쓰여 있지 않은 봉투 겉면에 'Fiat voluntas tua.'라고 서명해야 합니다. 또한 성모님에게 우리를 위해서 빌어 달라고 청합시다. 우리가 그리스도 안에서 하느님 아버지께 온전히 순명하며 살아갈 수 있도록 도와달라고 성모님에게 간청합시다.

> 은총이 가득하신 마리아님, 기뻐하소서!
> 주님께서 함께 계시니 여인 중에 복되시며
> 태중의 아들 예수님 또한 복되시나이다.
> 천주의 성모 마리아님,
> 이제와 저희 죽을 때에 저희 죄인을 위하여 빌어 주소서. 아멘.

12장
주님의 뜻

성부와 성자와 성령의 이름으로. 아멘.

주님, 당신의 은총이 저희 모든 일의 시작을 영감으로 채우시고
지속시켜 주시며 동행해 주소서.
그리하여 저희의 일이 모든 것의 근원이신 주님 안에서 시작하고
언제나 모든 것의 목표이신 주님께로 향하게 하소서.

영광이 성부와 성자와 성령께
처음과 같이 이제와 항상 영원히. 아멘.

사실 피정은 끝내고 싶지 않다는 마음이 들 때까지 계속 이어져야 합니다. 만일 누군가가 피정을 빨리 끝내고 싶다고 느낀다면,

그것은 더 많은 기도와 노력을 기울여야 한다는 신호일 것입니다. '아버지의 뜻이 하늘에서와 같이 땅에서도 이루어지소서.'라는 간구는 우리에게 주어진 '깨어나라'는 부르심과 같습니다. 이제 이 청원 기도에 대한 결론을 맺어 보겠습니다. 이 간구는 다른 모든 청원들을 포함합니다. 왜냐하면 이 간구 이후에 우리가 청하는 모든 것은 결국 하느님의 뜻과 연결되기 때문입니다. 그렇다면 하느님의 뜻이란 무엇일까요? 하느님의 뜻을 아는 것이 어렵다고 생각할 수도 있습니다. 하지만 제 생각에는 절대 그렇지 않습니다. 하느님의 뜻은 알기 어려운 것이 아닙니다. 사실 하느님께서는 당신의 뜻을 너무도 명확히 우리에게 드러내 주셨습니다. 어쩌면 지나칠 정도로 쉽게 말입니다. 오히려 우리가 그것을 복잡하게 만들어 버리는 경우가 많습니다.

하느님께서 우리에게 바라시는 것이 무엇인지 아는 것은 생각보다 훨씬 더 쉽습니다. 저를 믿어 보십시오. 하느님께서는 너무도 분명히 우리에게 말씀하십니다. 이것을 가끔이라도 떠올리는 것은 매우 유익합니다. 하느님의 뜻은 너무 명확하게 드러나 있어서 우리는 그분의 뜻을 알고 이해할 수 있습니다! 이와 관련하여 여러분에게 한 구절을 읽어 드리고 싶습니다. 이 구절은 우리와 어떤 식으로든 관련이 있습니다. 왜냐하면 우리는 모두 이 구절에서 묘사된 사건을 삶에서 반복하는 존재들이기 때문입니다. 이는 주님의 삶에서 실제로 일어난 사건입니다. 어떤 권력가가 예수님께 물었습니다. "선하신 스승님, 제가 무엇을 해야 영원한 생명을 받을 수 있습니까?"(루카 18,18) 이는 사실 우리 모두가 예수님께 묻고 싶은 질문이기도 합니다.

갑자기 다른 이야기를 해서 죄송합니다만, 한번은 이런 일이 있었습니다. 신학교에 강당을 지어야 하는데 돈이 한 푼도 없던 상황이었습니다. 저는 보좌 주교님을 찾아가 강당 건축을 위한 허가를 요청하며 이유를 상세히 설명해 드렸습니다. 주교님은 제 이야기를 듣고 이렇게 말씀하셨습니다. "강당 건축은 허가하겠습니다! 대신 건축 허가는 받았으니 돈은 직접 구해야 합니다. 모든 걸 다 요청하면 곤란하잖아요." 그 후 우리는 건축비를 마련하기 위해 후원자들을 찾아서 직접 연락하기로 했습니다. 그리고 눈물로 호소하면서 약간의 도움이라도 청해 보기로 했지요. 그러던 중 제가 알고 지내던 한 신사를 점심에 초대해서 강당 건립 부지를 보여 주고 건축 프로젝트에 관해 설명해 주었습니다. 그분은 설명을 듣더니 이렇게 묻더군요. "제가 초대받은 이유를 이제야 알겠군요. 제가 기부하길 원하시는 거죠? 얼마나 필요하신가요?" 강당을 짓는 데는 약 3천만 페세타가 필요했지만, 너무 큰 금액을 요청할 수는 없어서 저는 조심스럽게 다시 물어보았습니다. "혹시 10만 페세타나 20만 페세타 정도 기부해 주실 수 있을까요?" 그런데 그분의 대답이 놀라웠습니다. "저를 이곳까지 불러 놓고 그런 푼돈을 요청하시면 곤란하지 않겠습니까?" 그러고는 흔쾌히 200만 페세타를 기부해 주셨습니다. 더 놀라운 것은, 그 다음 주에 200만 페세타[59]를 더 기부하겠다고 연락이 왔다는 겁니다. 저는 그분에게 농담 삼아 이렇게 말했습니다. "또 기부하신다고요? 그러면 제가 매주 한 번씩 점심 식사를 대접하고 싶습니다. 어떠신지요?"

사실 이 일화의 결론은, 사소한 것을 청할 바에는 차라리 청하지 않는 편이 낫다는 것입니다. 우리는 하느님께 단순히 우유 한 병만 달라고 청하지는 않습니다. 차라리 낙농업 전체의 풍요를 청하는 편이 더 낫겠지요. 부자 청년은 영원한 생명을 얻고 영원히 행복해지는 방법을 알고 싶어 주님께 왔습니다. 이는 정말 훌륭한 태도입니다. 그는 가장 위대한 것을 청하고 있기 때문입니다. 이에 예수님은 이렇게 대답하십니다. "네가 생명에 들어가려면 계명들을 지켜라."(마태 19,17) 보십시오. 하느님께서 우리에게 원하시는 것이 얼마나 간단합니까! 그저 계명들을 지키기만 하면 되는 것입니다. 그래서 여러분께 권합니다. 한 달 동안 「가톨릭 교회 교리서」에서 십계명을 읽어 보십시오. 계명당 삼 일에 걸쳐 읽으십시오. 십계명은 하느님께서 인간의 마음속에 새겨 주신 생명의 말씀으로, 영원한 생명에 이르는 길을 가르쳐 줍니다.

첫 번째 계명을 예로 들어 보겠습니다. "한 분이신 하느님을

---

59 스페인 페세타는 2002년 1월 1일 유로로 대체되었으며, 고정 환율은 1유로당 166.386페세타입니다. 200만 페세타는 고정 환율 기준으로 약 12,020유로에 해당하며, 이는 현재 환율로 약 1,899만 원이 넘는 금액입니다. - 역주

흠숭하여라." 이는 온 마음을 다하여 하느님을 사랑하라는 것입니다. 이를 실천하기 위해서 우리는 하느님을 전적으로 사랑하고 기도하며 경배하고 희생을 바치면 됩니다. 또한 이 계명에는 미신에 빠지지 말고, 우상을 숭배하지 말며, 점술을 행하지 말고, 마술을 멀리하라는 가르침도 포함됩니다. 이 모든 것은 첫 번째 계명을 거스르는 죄들이기 때문입니다. 또한 「가톨릭 교회 교리서」는 '불경'과 '영지주의'가 무엇인지도 분명히 설명합니다. "그게 뭔데요?" "구체적으로 어떻게 해야 하는데요?"라고만 물어서는 안 됩니다. 「가톨릭 교회 교리서」의 가르침을 읽고 이해하며 삶 속에서 실천해야 하는 것입니다. 마치 교통경찰이 당신을 멈춰 세우고 큰 벌금을 부과한다고 생각해 보십시오. 당신이 이유를 물으면 경찰은 아주 간단히 이렇게만 대답할 것입니다. "교통 법규를 위반하셨습니다." 다른 계명들도 한번 살펴보겠습니다. 예를 들어 인간의 존엄성에 관한 계명들도 매우 명확하게 이해할 수 있습니다. 이 계명들은 건강을 존중하고, 개인의 온전함을 보호하며, 신체적 온전함을 위협하는 모든 행동을 금지하라고 가르칩니다. 또한 전쟁과 같이 평화를 위협하는 어떤 행동도 하지 말아야 한다고 요구합니다. 이처럼 하느님의 뜻은 정말 명확합니다. 그러니 우리가 해야 할 일은 예수님이 부자 청년에게 말씀하신 것처럼 계명을 실천하는 것입니다. 오늘은 계명들을 차근차근 살펴보기에 참으로 좋은 날입니다. 계명들이 담고 있는 진정한 의미를 깊이 되새기며, 그 내용에 대해 성찰하기에 참으로 좋은 날입니다. 예를 들어 하느님을 흠숭하고 기도한다는 것이 무엇을 의미하는지, 주일을 거룩히 지키라는 계명이 어떤 뜻을 담고 있는지, '하느님의 이름을 함부로 부르지 마라.'는 계명이 실제로 무엇을 요구하는지 생각해 보십시오. 하느님의 이름을 함부로 부르는 일은 여러 가지 방식으로 일어날 수 있습니다. 예를 들어 성령의 은총이나 영적인 준비 없이 입바른 설교를 한다거나, 충분한 준비 없이 성사를 집전하는 것도 하느님의 이름을 함부로 부르는 행위에 포함될 수 있습니다.

'주일을 거룩히 지내라.'는 세 번째 계명은 단순히 하루에 미사를 세 번 드리는 것을 의미하지 않습니다. 주일 미사에 성심성의껏 참례하고, 주일을 온전히 주님께 바치는 데에 그 의미가 있습니다. 이어지는 계명인 '부모에게 효도하여라.'는 살아 계신 부모님을 잘 섬기고, 이미 돌아가셨다면 부모님을 위해서 기도하라는 뜻입니다. '사람을 죽이지 마라.'라는 계명도 있습니다. 이는 다른 사람의 생명과 존엄성을 해치는 어떠한 행동도 하지 말라는 명령입니다. 다른 이의 생명을 위협하거나 손상하는 행위에 동조하거나 협력하지 말라는 것입니다. 이처럼 하느님께서는 우리에게 분명한 지침을 주셨습니다. 하느님께서 우리에게 요구하시는 것은 이렇게 이해하기 쉬운 것입니다. 어쩌면 부자 청년이 계명을 지키라는 예수님의 말씀을 듣고 이렇게 물었을 수도 있습니다. "어떤 계명을 말씀하시는 것입니까?" 아마도 예수님은 이렇게 대답하셨을 겁니다. "네가 알고 있는 바로 그 계명들이다." 그러고 나서 차례로 말씀해 주셨겠지요. "사람을 죽이지 마라. 간음하지 마라. 도둑질을 하지 마라. 거짓 증언을 하지 마라. 남의 아내를 탐내지 마라. 남의 재물을 탐내지 마라." 얼마나 간단합니까? 이해하는 데 복잡한 것이 하나도 없습니다!

가난, 정결, 순명

부자 청년은 우리가 종종 하는 방식 그대로 행동했습니다. 우리는 양심 성찰을 피상적으로 대충대충 하며, 자신을 너무 너그럽게 평가하곤 합니다. 그러면서 십계명을 모두 잘 지켰다고 스스로 확신합니다. 부자 청년도 마찬가지였습니다. 그는 예수님께 이렇게 말했습니다. "그런 것들은 제가 다 지켜 왔습니다." 마치 이렇게 말하는 듯합니다. "어때요? 예상 못하셨던 답이죠? 깜짝 놀라셨죠"? 그런데 부자 청년에게는 무엇이 부족했던 걸까요? 예수님은 놀라우신 지혜로 그에게 같은 내용을 다른 방식으로 말씀하셨습니다. "네가 완전한 사람이 되려거든, 가서 너의 재산을 팔아 가난한 이들에게 주어라. 그러면 네가 하늘에서 보물을 차지하게 될 것이다. 그리고 와서 나를 따라라."(마태 19,21) 이 말씀의 의미가 무엇인지 아십니까? 바로 복음적 권고인 가난, 정결, 순명을 뜻하신 것입니다. 예수님은 그에게 이렇게 말씀하신 셈입니다. "네가 완전한 삶을 원한다면 모든 것을 팔아서 가난하게 살아라. 그리고 와서 나를 따르며 내가 너에게 이르는 대로 순명하여라. 모든 것을 버리고 나만을 위해 살아라. 오직 나를 사랑하며 나의 뜻에 따라 살아라." 하지만 부자 청년은 어떻게 했습니까? 예수님의 말씀을 듣고 슬퍼하며 떠나갔습니다. 왜냐하면 그는 많은 재물을 가지고 있었기 때문입니다. 그가 포기하기 어려웠던 것은 재물만이 아닙니다. 그는 자신의 의지와 항상 마음대로 하고 싶은 고집스러운 마음, 쾌락, 충동적인 취향, 변덕스러운 욕망까지도 결코 포기할 수 없었던 것입니다.

형제 여러분! 하느님의 계명은 우리에게 어떠한 삶을 요구합니까? 하느님의 계명은 우리가 오직 하느님의 뜻을 양식으로 삼아 가난하게 살도록 요구합니다. 또한 하느님의 계명은 우리가 하느님께서 원하시는 뜻에 온전히 순명하며 살도록 요구합니다. 더 나아가서 하느님의 계명은 우리가 하느님을 완전하고 온전히 사랑하며 살도록 요구합니다. 즉, 가난과 정결과 순명의 삶으로 우리를 초대하는 것입니다. 계명은 열 가지로 이루어져 있습니다. 여러분의 표정을 보니, 바로 다음 달부터 한 달 동안 십계명을 읽고 묵상할 계획인 것 같네요. 정말 훌륭하고 뜻깊은 일입니다! 이왕이면 양심 성찰도 함께 하십시오. 양심 성찰은 최후의 심판에서 우리가 당황하지 않기 위해 꼭 필요한 일입니다. 미리 자신을 돌아보고 부족한 점들을 바로잡아 가야 합니다. 그렇게 해야 부자 청년처럼 자신이 지금까지 계명을 모두 완벽하게 지켜 왔다는 착각에 빠지지 않을 수 있습니다.

이제 하느님께서 우리에게 무엇을 원하시는지 잠시 생각해 봅시다. 하느님의 뜻은 우리가 가난하게, 순명하며, 정결하게 사는 것입니다. 이는 주님께서 분명히 우리에게 요구하시는 바입니다. 아주 확실합니다! 하지만 일부 사람들은 이것을 왜곡해서 해석하려고 합니다. 이를테면 '대화하는 순명', '재정적으로 지원받는 가난', '공유하는 정결' 같은 식으로 말이죠. 아닙니다. 절대 그렇지 않습니다. 이런 말들은 농담으로는 통할지 몰라도, 우리의 영원한 생명을 위해서는 옳지 않은 해석입니다. 왜냐하면 이것들은 우리의 구원과 직결된 문제이기 때문입니다. 그러므로 우리가 던져야 할 질문은 분명합니다. "주님, 제가 어떻게 하면 당신의 뜻을 이룰 수 있겠습니까?"

'아버지의 뜻이 하늘에서와 같이 땅에서도 이루어지소서.' 이 청원을 베네딕토 16세 교황님은 다음과 같이 해석하셨습니다. "하늘에서 이미 이루어진 당신의 뜻이 이 땅에서도 이루어지게 하소서." 그렇다면 우리는 하늘에서 어떻게 살게 될까요? 하늘에서는 가난하게 살게 될 것입니다. 왜냐하면 오직 하나, 하느님만을 필요로 하게 될 것이기 때문입니다. 또한 하늘에서는 순명 안에서 살게 될 것입니다. 하느님의 뜻 안에서 완전한 안식을 누리게 될 것이기 때문입니다. 그리고 하늘에서는 정결하게 살게 될 것입니다. 오직 하느님의 사랑 속에서만 살아가게 될 것이기 때문입니다.

가난

 오늘 이 시간에 복음적 권고를 다시 한 번 깊이 묵상해 보는 것도 좋을 것 같습니다. 성경 안으로 들어가 우리 역시 부자 청년처럼 주님께 이렇게 말씀드릴 수 있습니다. "주님, 제겐 이 복음적 권고를 따르고 싶은 열망이 있습니다." 그러면 주님께서는 이렇게 대답하실 것입니다. "계명들을 지켜라." 그리고 주님께서는 계명을 아마도 이렇게 요약해 주실 것입니다. "가난하게, 순명하며, 정결하게 살아라." 이 세 가지 복음적 권고는 참으로 놀랍고 아름답습니다. 「가톨릭 교회 교리서」 2053항에서 이렇게 가르치고 있습니다. "예수 그리스도를 따르는 것은 계명들을 지키는 것을 포함한다. 율법은 폐지된 것이 아니다. 오히려 사람은 율법을 완성하신 그 스승의 인격에서 율법을 재발견하라는 권고를 받는다. 공관 복음서에서, 부자 청년에게 제자로서 순명하고 계명을 지킴으로써 당신을 따르라고 하시는 예수님의 요청은, 가난과 정결에 대한 요청과 붙어 있다. 복음적 권고는 계명들과 뗄 수 없는 것이다." 그렇습니다. 복음적 권고와 계명은 결코 분리될 수 없습니다. 사실 계명은 하느님께서 창조 때부터 우리의 영혼에 새겨 놓으신 것입니다. 다시 말해 계명은 외부의 무언가가 우리의 본성에 강요한 규칙이 아니라는 뜻입니다. 14세기 영국의 철학자인 오컴William of Ockham이 말했듯이, 십계명은 하느님께서 이미 우리의 마음속에 새겨 놓으신 것을 상기시켜 주는 것입니다. 그리고 우리가 "저의 하느님, 당신의 뜻이 이루어지소서."라고 기도할 때, 주님의 뜻은 우리가 정결하게, 가난하게, 겸손하게 살아가는 것입니다.

그러므로 형제 여러분, 오늘 하느님 앞에서 양심 성찰을 해 보십시오. 피정은 하느님 앞에서 자신을 돌아보는 시간입니다. 이 또한 훌륭한 기도입니다. 나는 진정으로 가난하게 살고 있습니까? 가난이란 단순히 소유한 것이 적거나 없는 상태를 의미하지 않습니다. 그것은 물질적인 것에 집착하지 않고 자유롭게 살아가는 것을 의미합니다. 진정한 가난이란 물질적인 소유에 대한 무질서한 욕망을 내려놓는 것이며, 더 많은 돈을 벌고자 하는 과도한 욕구를 버리는 것과 깊은 관련이 있습니다. 우리의 사제직은 단순히 생계를 위한 수단이 되어서는 안 됩니다. 만일 사제직이 생계 수단으로 전락한다면, 그것은 우리가 사제직을 죽이는 것과 다름없습니다. 사제직에 대해 굳이 정의를 내리자면, '무상으로 주어진 선물'이라고 할 수 있습니다. 사제직은 하느님의 은총에서 흘러나오는 무상의 은총이기 때문입니다.

정결

정결이란 무엇일까요? 신학적으로 깊이 탐구해 보면 정결의 의미가 얼마나 아름다운지 모릅니다. 그러나 구체적으로 정의하자면 의외로 단순하고 간단합니다. 정결은 모든 그리스도인, 모든 인간이 실천해야 할 덕목입니다. 다만 사제는 독신 생활을 통해 이를 더 특별하고 독특한 방식으로 실천해야 합니다. 정결은 무언가를 단순히 포기하는 것이 아닙니다. 오히려 하느님께서 내 마음을 가득 채워 주시고, 내가 하느님 안에서 살아가며 하느님을 위해 존재한다는 것을 기쁘게 확인하는 것입니다. 또한 정결은 미래에 다가올 천상의 행복을 미리 보여 주는 표징으로, 하느님만을 위해 살아가는 복된 상태를 예고합니다. 구체적으로 말하자면 사제는 순결을 지켜야 합니다. 사제는 여성은 물론 남성과도 가정을 이루지 않고 독신으로 살아가면서 정결을 실천해야 하는 사람입니다.

정결이 '아버지의 뜻이 이루어지소서.'라는 청원과 무슨 관련이 있을까요? 정결은 분명히 하느님의 뜻과 관련이 있습니다. 먼저 자기 자신을 성찰해 보십시오. 우리는 자신의 감정과 정서를 어떻게 관리하고 있습니까? 우리의 시선과 몸짓, 그리고 다른 사람들(남성이든 여성이든)과의 관계를 어떻게 돌보고 있습니까? 모든 관계에서 조심스럽고 적당한 거리를 유지하고 있습니까? 왜 이렇게 해야 하느냐고요? 그것은 우리가 연약한 존재들이기 때문입니다. 여기 계신 그 누구도 '종이-돌cartón-piedra'[60]처럼 무감각한 사람이 아니기 때

---

60 스페인어 표현으로 "석고처럼 보이는 장식용 두꺼운 종이"를 의미합니다. 여기서는 비유적으로 사용되었습니다. - 역주

문입니다.

그렇다면 우리가 해야 할 일은 무엇일까요? 끊임없이 자신과 싸우면서 자주 고해성사를 봐야 합니다. 특히 누군가가 주님을 모독하는 죄를 짓는 불행을 겪었다면 더욱 그렇습니다. 그러나 중요한 것은 그 불행을 단순히 실패나 좌절로만 여기지 않는 것입니다. 오히려 그 불행을 주님께서 나를 참된 행복으로 이끄시는 섭리의 일부로 받아들여야 합니다. 또한 그 불행을 하느님께 나 자신을 더욱 온전히 바치게 되는 여정으로 삼아야 합니다. 이 모든 것이 결국 '하느님 아버지의 뜻이 이루어지소서.'라는 우리의 기도에 부합하는 삶의 일부임을 확신하며, 주님께로 더욱 힘차게 나아가야 합니다.

순명

순명은 매우 구체적입니다. 교회가 우리에게 구체적인 지침들을 제시하면 우리는 따라야 하기 때문입니다. 교회의 가르침에 순명하는 길이 곧 생명의 길이니까요. 사실 사제들 역시 종종 신자들에게 순명을 요구하곤 합니다. 예를 들어 어떤 프로그램에 참여하려면 교리 교육을 받아야 한다고 말하거나, 신자들의 영적 성장을 위해 양성 교육을 마련해서 어떤 지침을 따르도록 하는 경우가 그렇습니다. 가령 "제 아이가 유아 세례를 받게 하려고 왔습니다."라고 말하는 신자에게 사제는 이렇게 대답할 수 있습니다. "그럼요,

물론이지요. 하지만 유아 세례를 받기 위해서는 부모가 정해진 교리 교육을 이수하셔야 합니다." 교회는 어머니와 같습니다. 교회에서 제시하는 모든 지침은 우리를 살리기 위한 것이지, 결코 죽게 하려는 것이 아닙니다. 교회의 가르침은 물론 교황님과 주교님들에 대한 순명은 하느님의 뜻을 만나는 일반적인 방법입니다. 그리고 하느님의 뜻 안에서 살아가는 삶이 얼마나 기쁘고 평화로운지 모릅니다! 정말이지 기쁘고 평화롭습니다! 그러나 우리가 늘 유념해야 할 점은 추상적인 개념에 머무르지 말고 구체적인 것을 찾아야 한다는 것입니다. 구체적일수록 더 잘 이해할 수 있고, 이를 통해 우리의 순명이 진정한 의미를 찾을 수 있기 때문입니다.

두 가지 일화를 나누고 싶습니다. 하나는 조금 무거운 이야기이고, 다른 하나는 다소 코믹한 이야기입니다. 어느 날 한 자매님이 저를 찾아와 상담을 요청했습니다. 그 자매님은 더욱 나은 '영적 어린이의 영성'을 살기 위해 도움을 받고 싶다고 말했습니다. "그럼요, 물론이지요. 그런데 구체적으로 '영적 어린이의 영성'이란 것이 무엇인지 설명해 주시겠습니까?"라고 제가 물었습니다. 그러자 그분은 삶에서 단순함이 부족하다며, 주님께 더 큰 신뢰를 두는 법을 배우고 싶다고 답했습니다. 그렇게 대화를 시작하면서 실마리를 풀어나가다 보니, 마침내 그분이 처한 상황의 본질에 도달했습니다. 사실 그분은 두 번째 낙태를 한 상태였습니다. 그분은 단지 영적 어린이의 작은 길을 살지 못한 것뿐만이 아니라, 다른 많은 부분에서도 문제를 안고 있었습니다. 때로 우리는 남의 시선을 의식하느라 자신의 문제와 상황을 지나치게 미화하려는 경향이 있습니다. 심지어 가장 고통스럽고 심각한 문제조차도 겉으로는 보기 좋게 포장해 버리는 경우가 있습니다. 결국 문제의 본질을 숨기고 자기 자신마저 속이는 결과를 낳기도 합니다.

또 다른 일화는 제가 본당 사무실에 있을 때의 일입니다. 당시 저는 사제품을 받은 지 얼마 되지 않은 새내기였고, 본당에서 카리타스Caritas 단체의 책임을 맡아 사회적 취약 계층을 돕고 있었습니다. 어느 날 다소 남루한 차림의 한 남성이 찾아와 이렇게 말했습니다. "신부님, 아무도 저를 안아 주려고 하지 않습니다." 너무나 간단하고 비용이 전혀 들지 않는 부탁이라, 저는 바로 이렇게 말했습니다. "지금 당장 그 문제를 해결해 드리겠습니다." 그리고 자리에서 일어나 그분을 따뜻하게 꼭 안아 드렸습니다. 그때까지 저는 그분이 왜 그런 요청을 했는지 전혀 몰랐습니다. 그분은 자리에 앉더니 잠시 후 걱정스런 표정으로 제게 이렇게 말했습니다. "신부님, 한 가지 고백할 게 있습니다." 저의 포옹에 그분이 감동하여 회개하고 고해성사를 청하는 줄 알고, 저는 이렇게 대답했습니다. "그럼요, 물론이지요. 뭐든 고백하셔도 됩니다." 그런데 그분은 이렇게 털어놓았습니다. "신부님, 사실 제가 노숙 생활을 오래 해서 온몸에 벼룩이 가득합니다만…." 그 순간 저는 온몸에 가려움을 느끼기 시작했습니다. 심지어 성무일도를 비롯하여 기도할 때조차 가려운 느낌이

들었습니다. 포옹은 정말 아름다운 행위이지만… 벼룩은 그렇지 않더군요. 그분의 마음을 상하게 하지 않으려면 어떻게 해야 할까 고민하다가, 겉옷을 벗어 그분께 드렸습니다. 그분은 단호하게 거절했습니다. 그래서 저는 공중목욕탕에 가서 몸을 씻고 소독도 하시라고 약간의 돈을 드렸습니다. 저는 그날 바로 미사를 집전해야 했는데 본당 주임 신부님에게 어떻게 말씀드려야 할지 몰랐습니다. 결국 이런 메모를 남겼습니다. "친애하는 페드로 루이스 주임 신부님, 자세한 사연은 나중에 말씀드리겠습니다. 아무래도 제가 오늘 미사를 집전하지 못할 것 같습니다." 그 후 집에 돌아가서 각종 세제로 목욕을 했습니다. 제 몸에서 벼룩이 사라졌다는 확신이 들기까지는 꽤 시간이 걸렸습니다. 어디를 가든 벼룩이 있는 것 같은 기분이었으니까요. 이 이야기를 왜 소개하는 걸까요? 누군가가 안아 달라고 할 때 흔쾌히 들어주는 것이 보통은 문제가 되지 않습니다. 하지만 벼룩이 있는 사람이라면 상황은 완전히 달라집니다. 순명도 마찬가지입니다. 순명해야 한다는 말을 들으면 우리는 흔쾌히 "네, 문제없습니다."라고 대답할 수 있습니다. 하지만 순명이 구체적인 행동으로 요구될 때, 때로는 그것이 우리를 '가렵게' 만들 수 있다는 것입니다.

형제 여러분! 이제부터는 '아버지의 뜻이 이루어지소서.'라는 기도문을 더 진지하게 받아들여야 합니다. 오늘 오후, 주님 앞에서 스스로를 성찰하며 이런 질문들을 던져 보십시오. 나는 가난을 어떻게 살아가고 있는가? 나는 정결을 어떻게 살아가고 있는가? 나는 순명을 어떻게 살아가고 있는가? 이 모든 것을 구체적으로 성찰해 보십시오. 즉 '벼룩의 차원'까지 성찰해 보십시오. 다시 말해서 우리를 불편하게 만드는 바로 그 차원까지 성찰해 보십시오. 가난, 정결, 순명이 우리를 불편하게 만들 때, 비로소 그것들은 진정한 가치를 지니게 됩니다. 그렇지 않다면 우리는 부자 청년과 다를 바가 없습니다. 성경 속 부자 청년의 이야기를 읽고 깊이 묵상해 보십시오. 주님께서 얼마나 다정하고 사랑으로 가득한 대화로 그를 이끄셨는지 생각해 보십시오. 그러나 부자 청년이 '벼룩'을 발견했을 때, 그는 어떻게 했습니까? 그는 슬퍼하며 주님을 떠나갔습니다. 이 모든 것을 묵상하며 양심 성찰도 하고, 가난과 정결과 순명을 실천하기로 결심하면서, 십계명을 다시 읽고 묵상하기를 결단한다면 이 얼마나 놀랍고도 멋진 일입니까! 기도의 마지막 순간에는 반드시 주님과 대화를 나누십시오. 그 대화는 이렇게 시작해야 할 것입니다. "아버지의 뜻이 이루어지소서." 그러나 진심을 담아 고백하십시오. 그 고백은 반드시 '벼룩과 함께'여야 합니다.

> 은총이 가득하신 마리아님, 기뻐하소서!
> 주님께서 함께 계시니 여인 중에 복되시며
> 태중의 아들 예수님 또한 복되시나이다.
> 천주의 성모 마리아님,

이제와 저희 죽을 때에 저희 죄인을 위하여 빌어 주소서. 아멘.

영광이 성부와 성자와 성령께
처음과 같이 이제와 항상 영원히. 아멘.

13장
오늘 저희에게 일용할 양식을 주시고

성부와 성자와 성령의 이름으로. 아멘.

주님, 당신의 은총이 저희 모든 일의 시작을 영감으로 채우시고
지속시켜 주시며 동행해 주소서.
그리하여 저희의 일이 모든 것의 근원이신 주님 안에서 시작하고
언제나 모든 것의 목표이신 주님께로 향하게 하소서.

영광이 성부와 성자와 성령께
처음과 같이 이제와 항상 영원히. 아멘.

먼저 간단한 공지 사항을 말씀드리겠습니다. 이미 알고 계시겠지만 이 피정은 내일까지 계속됩니다. 그런데 이것은 아주 흥미로운

사실입니다. 왜냐고요? 우리는 여전히 피정 중이라서 아직은 느슨해질 때가 아니기 때문입니다. 끝날 때까지 끝난 게 아닙니다. 어쩌면 지금이야말로 가장 중요한 순간일지도 모릅니다. 축구 경기에서 마지막 몇 분이 가장 짜릿한 순간인 것처럼 말입니다. 내일이 되면 틀림없이 피정이 끝날 것입니다. 물론 내일이 오기 전에 누군가 세상을 떠날 수도 있겠죠. 죽음에 대해 직접적으로 이야기할 기회가 없었으니 이렇게 간접적으로나마 한말씀 드렸습니다. 혹시라도 오늘 밤 누군가가 세상을 떠난다면 그걸 또 제 탓으로 돌리지는 말아 주십시오.

제가 잊지 못하는 축구 경기가 하나 있습니다. 레알 마드리드 경기였던 것 같기도 하고, 스페인 국가대표 팀 경기였던 것 같기도 한데요. 경기가 너무 지루해서 종료 10분 전부터 관중들이 하나둘 자리를 떠나기 시작했습니다. 그런데 경기 종료 1분 전에 놀라운 상황이 벌어졌습니다. 한 팀이 극적으로 골을 넣었고, 상대 팀도 반격해서 곧바로 동점 골을 넣었습니다. 그리고 추가 시간에 스페인 팀이 결정적인 한 골을 더 넣으면서 경기가 마무리되었습니다. 마지막 1분 30초 동안 무려 세 골이 터진 겁니다! 이 이야기를 왜 꺼냈냐고요? 끝날 때까지 끝난 게 아니라는 겁니다. 종료 호루라기가 울릴 때까지 최선을 다해야 합니다. 형제 여러분! 아마도 벌써 '경기장'을 떠날 생각을 하는 분이 계실지도 모르겠습니다. 제가 어떻게 아느냐고요? 저는 여러분의 집중력을 감지할 수 있는 '촉'을 지니고 있습니다. 그러니 도망갈 생각은 접어 두시고, 지금 이 순간 다시 마음을 차분히 가라앉혀 피정에만 온전히 집중해 주시길 바랍니다. 마치 오늘이 내게 주어진 마지막 날인 것처럼 매일을 살아가야 합니다. 왜냐하면 오늘도 성령께서 우리 각자에게 말씀하시고자 하는 바가 분명히 있기 때문입니다.

이제 주님의 기도 중에서 '오늘 저희에게 일용할 양식을 주시고'라는 청원 부분에 대해 묵상해 보겠습니다. 이 청원은 우리가 앞서 읽었던 베네딕토 16세 교황님의 해석에서도 언급된 바 있듯이, 매우 풍부한 내용을 담고 있습니다. 먼저 주목해야 할 점은 이 기도에서 사용된 복수형, 곧 '저희'라는 표현입니다. '나의 양식'이 아니라 '저희의 양식'이라고 말합니다. 이는 우리가 그리스도의 몸에 철저히 속해 있다는 사실을 상기시켜 줍니다. 우리 중 누구도 혼자만을 위해 사는 것이 아니라 신비체 전체, 곧 교회의 선익을 위해 산다는 것을 의미합니다. 따라서 이 양식은 '나의 양식'이 아니라 '저희의 양식'입니다. 또 다른 관점에서 '저희'라는 표현을 이해하자면, 우리는 그리스도와 분리되어 기도하는 존재가 아니라는 것입니다. 바로 이 점에서 '오늘 저희에게 일용할 양식을 주시고'라는 청원이 비롯됩니다. 왜냐하면 우리의 기도를 바치시는 분은 바로 그리스도이시기 때문입니다.

그리스도를 통하여 그리스도와 함께 그리스도 안에서 기도합시다

주님의 기도는 철저히 그리스도론적인 기도입니다. 사실 우리의 모든 기도는 그리스도론적이어야 합니다. 그렇다면 어떤 의미에서 그리스도론적일까요? 아주 간단합니다. 우리가 그리스도 안에서, 참으로 그리스도 안에서 기도한다는 뜻입니다. 이것이 단순히 비유적인 표현일까요? 아닙니다. 결코 비유적인 표현이 아닙니다. 이는 실제로 그리스도께서 부활하셨다는 것을 의미합니다. 즉 베들레헴에서 태어나시고 십자가에서 돌아가신 바로 그분, 예수 그리스도께서 영광스러운 몸으로 부활하셨다는 뜻입니다. 단순히 그분의 영혼이나 사상이 부활한 것이 아닙니다. 부활하신 분은 바로 예수 그리스도 자체입니다! 교회의 머리이신 그리스도께서는 지금 하느님 아버지의 오른편에 앉아 계십니다. 그리고 언젠가 두 번째 오심, 즉 그리스도의 재림 때 우리는 그분을 영광과 위엄 속에서 다시 직접 뵙게 될 것입니다. 또한 우리는 죽음 이후에 그분을 얼굴과 얼굴을 맞대고 뵙게 될 것입니다. 그리스도 바로 그분과 말입니다! 우리가 복음서에서 읽었던 라자로를 다시 살리신 분, 빵과 물고기를 많게 하시어 오천 명을 먹이신 분, 물을 포도주로 바꾸신 분, 바로 그 예수 그리스도와 만나게 될 것입니다!

이미지와 사랑에 빠지지 않도록 조심합시다. 오늘날 모든 것이 너무나 가상적이니까요. 요즘 젊은이들뿐만 아니라 나이 든 사람들까지도 하루 종일 인터넷에 접속해 서로 대화하고 있습니다. 심지어 자동으로 응답하는 프로그램도 있습니다. 모든 것이 가상입니다. 그래서 어떤 사람들은 자신이 대화하는 상대가 사람인지 기계인지조차 신경 쓰지 않기 시작합니다. 이러한 '비인격화'라는 병은 우리가 기도할 때도 생길 수 있습니다. 이는 그리스도를 인격적인 존재로 대하지 않고, 마치 비인격적인 대상으로 여기며 기도하는 것을 의미합니다. 다시 말해 살아 계신 그리스도와 소통하는 인격적인 묵상 기도가 아니라, 인격적인 소통이 필요 없는 비인격적인 명상을 하는 것입니다. 또한 사제로서 강론 중에 그리스도를 전하는 대신 그분을 단순히 비인격적인 사상이나 관념으로 이야기하고 있지는 않은지 성찰해야 합니다.

　　사제란 누구입니까? 사제는 단지 그리스도의 정신을 사람들에게 전달하는 사람입니까? 아니면 그분의 가르침이나 새로운 삶의 방식을 전하는 사람입니까? 아닙니다. 절대 아닙니다! 그것은 단지 도덕주의일 뿐입니다. 그것은 이미 스토아학파나 에피쿠로스학파가 해 왔던 주장입니다. 사제는 그리스도의 증거자입니다. 부활하시고 지금도 살아 계신, 구체적이고 인격적인 존재이신 예수 그리스도를 증언하는 사람이 바로 사제입니다. 부활하신 그리스도를 믿는 사람이 신앙인입니다. 그리스도의 부활을 믿지 않는다면 그 사람은 신앙이 없는 것입니다. 그래서 저는 우리가 종종 되뇌는 '하늘에 계신 우리 아버지, 오늘 저희에게 일용할 양식을 주시고'라는 이 기도가 부활하신 그리스도와 하나 되어, 그리스도 안에서 우리가 바치는 기도라고 말씀드리는 것입니다. 또한 미사 중에 성반과 성작을 들어 올리며 '그리스도를 통하여, 그리스도와 함께, 그리스도 안에서'라고 기도할 때, 사제는 하느님 아버지께 이렇게 말씀드리는 것입니다. "하느님, 모든 영광과 찬미와 찬양을 당신께 올립니다. 저희가 어떻게 해야 하느님 아버지께 제대로 영광과 찬양을 드릴 수 있을까요? 오직 그리스도를 통하여, 그리스도와 함께, 그리스도 안에서만 하느님께 영광과 찬미를 제대로 드릴 수 있나이다."

그리스도와 분리되는 순간, 우리는 아무것도 아닙니다. 그리스도와의 일치를 거부하는 이, 곧 교회와의 일치를 거부하는 이는 그 순간 모든 가치를 상실합니다. 사제가 그리스도와 일치하지 않는다면 그의 사목적이고 성사적인 모든 행위는 아무런 의미가 없습니다. 왜냐하면 사제는 자기 자신의 이름으로 행동하지 않기 때문입니다. 사제직은 그리스도의 인격 안에서 이루어지기 때문입니다. 우리의 기도 또한 마찬가지입니다. 우리는 그리스도의 신비체의 이름으로 기도합니다. 그리스도께서 머리가 되시고, 우리는 그분의 몸으로서 함께 기도하는 사람들입니다. 그렇다면 우리는 하느님께 무엇을 청해야 할까요? 교황님은 이 질문의 의미에 대해 설명하셨습니다. 우리가 '오늘 저희에게 일용할 양식을 주시고'라고 기도할 때, 이 양식은 물질적인 빵을 뜻하는 것일까요? 아니면 영적인 빵을 뜻하는 것일까요? 다시 말해 우리의 물질적 필요를 의미하는 것일까요? 아니면 성체성사를 의미하는 것일까요?

형제 여러분! 우리는 이원론자가 아닙니다. 그러므로 우리의 청원에서 영적인 것과 물질적인 것을 분리할 수 없습니다. 치프리아노 성인이 아름답게 설명하셨듯이, 그리스도께서는 물질적인 것에 대해 말씀하실 때마다 초자연적이고 영적인 차원도 함께 언급하셨습니다. 예를 들어 '오병이어의 기적'은 단순히 먹을 것을 나누어 준 이야기일까요? 아니면 성체성사의 의미를 담고 있을까요? '최후의 만찬'은 단순히 한 끼 식사였을까요? 아니면 성체성사의 의미를 담고 있을까요? 물론 '오병이어의 기적'도 '최후의 만찬'도 성체성사의 의미를 포함하고 있습니다! 이는 다음에 벌어질 사건, 곧 그리스도께서 십자가 위에서 돌아가실 사건을 미리 보여 주는 예고였습니다.

본질적인 양식

그렇다면 이 청원을 통해 우리는 무엇을 청하는 걸까요? 우리가 필요한 양식을 청하고 있습니다. 교황님께서 언급하신 단어가 있는데, 이는 성경에서 많은 논쟁을 불러일으킨 단어 중 하나입니다. 바로 '에피우시오스(ἐπιούσιος, epiousios)'입니다. 그리스어인 이 단어는 두 부분으로 이루어져 있습니다. 즉 '에피(ἐπι, epi)'와 '우시아(οὐσία, ousía)'입니다.[61] '우시아'는 "본질"을 의미하며, 라틴어로 번역하면 '에센시아 esséntia'입니다. 따라서 이 단어의 기본 의미는 "본질적인 것

---

61 '에피'는 "위에, 초월적인"이라는 뜻의 접두사이고, '우시오스'는 '우시아'에서 파생된 형용사 형태입니다. - 역주

또는 핵심적인 것"입니다. 이 단어가 가리키는 바는 다음과 같습니다. "우리에게 본질적인 양식을 주십시오. 우리에게 꼭 필요한 양식을 주십시오. 우리에게 정말 필요한 것을 주십시오."라는 뜻입니다. '에피우시오스'에는 "초본질적super-essential"이라는 뉘앙스가 담겨 있습니다. 그래서 우리가 하느님께 청하는 것은 다음과 같은 뜻을 가집니다. "절대적으로 필요한 것을 주십시오. 아무것도 아닌 부차적인 것이 아니라, 오직 제게 필요한 것만을 주십시오."

이제 여기에서 두 가지 차원을 이해할 수 있습니다. 첫 번째는 물질적인 차원입니다. 이에 대해서는 토마스 아퀴나스 성인의 해석을 통해 살펴보겠습니다. 두 번째는 영적인 차원입니다. 이는 성체성사를 의미합니다. 우리는 하느님께 성체성사를 청합니다. 즉, 하느님 자신을 청하는 것입니다. 누가 빵이 되셨습니까? 빵의 형상을 통해 우리에게 영적 양식을 주시는 분은 누구입니까? 바로 그리스도 자신이십니다. 그리스도께서 이렇게 말씀하셨기 때문입니다. "나는 하늘에서 내려온 살아 있는 빵이다. 누구든지 이 빵을 먹으면 영원히 살 것이다."(요한 6,51) 이제 우리는 주님의 기도에서 우리가 청하는 것이 무엇인지 이해할 수 있습니다. "주님, 저에게 필요한 것을 주십시오!" 우리는 흔히 물질적으로 필요한 것을 청합니다. 왜냐하면 우리는 물질적인 존재이기 때문입니다. 하지만 우리는 영적으로 필요한 것도 청해야 합니다. 그리고 이제 우리는 영적으로 무엇이 필요한지 알고 있습니다. 그러므로 우리는 이렇게 고백해야 합니다.

"제게는 그리스도의 몸이 필요합니다. 저에게는 그리스도 당신만이 필요합니다."

물질적 양식과 피해야 할 다섯 가지 죄

우선 물질적인 것에 대해 묵상해 보겠습니다. 물질적인 재화를 올바르게 사용하는 방법을 이해하기 위한 가장 중요한 모범은 바로 그리스도이십니다. 우리는 그리스도를 바라보지 않을 수 없습니다. 그분은 우리의 모델이시며 우리는 그분과 일치하기를 원합니다. 우리는 피타고라스, 에피쿠로스, 세네카와 같은 인물들과 일치하기를 원하지 않습니다. 우리가 일치하고자 하는 분은 오직 그리스도뿐입니다. 그리스도를 다른 인물들과 혼동해서는 안 됩니다. 그들은 단지 인간일 뿐이지만, 그리스도만이 참된 존재이자 참된 하느님이십니다. 그리스도께서는 하느님인 동시에 사람이십니다. 그리스도께서는 강생하시어 사람이 되신 하느님입니다. 이 놀라운 진리를 우리는 다른 영적·도덕적·사회적·유희적·운동적·복지적 흐름과는 구별해야 합니다. 우리는 단순히 문화적·사회적·종교적 중개자가 아니기 때문입니다. 이런 시대적인 흐름은 우리의 본질(ousía우시아), 곧 우리의 참된 실체가 아닙니다. 우리의 본질과 실체는 오직 제2의 그리스도가 되는 것입니다. 그러므로 우리는 그리스도의 인격 안에서 행동해야 합니다. 그러기 위해서는 그리스도를 바라봐야 합니다. 따라서 복음적 가난이 무엇인지, 매일 우리에게 필요한 것이 무엇인지를 이해하려면 그리스도를 바라봐야 합니다. 이를 위해 우리는 복음 말씀을 통해 그리스도를 알아 가야 합니다. 토마스 아퀴나스 성인은 이에 대해 '오늘 저희에게 일용할 양식을 주시고'라는 청원 속에서 우리가 하느님께 다섯 가지 죄로부터 자유롭게 해 달라고 청하고 있다고 해석합니다. 이는 올바른 양심 성찰을 위해 아주 유용한 가르침입니다. 먼저 우리는 하느님께 이렇게 청해야 합니다. "제가 정말 필요한 것만을 원하게 해 주시고, 저 자신을 속여 불필요한 것들을 찾고 바라지 않도록 도와주십시오." 우리의 마음에는 실제로 필요하지 않은 것들에 대한 집착이 자리 잡고 있습니다. 그래서 그것을 포기하지 못하고 결국 그것들을 찾아 헤매곤 합니다.

토마스 아퀴나스 성인에 따르면 우리가 피해야 할 다섯 가지 죄가 바로 그런 것들입니다. 첫 번째 죄는 무질서한 욕구입니다. 자신의 상태와 조건을 넘어서는 것을 바라는 불필요하고 과도하며 혼란스러운 욕망입니다. 이는 다른 사람의 것을 탐내거나 내 소유가 아닌 것을 바란다는 뜻입니다. 이에 대해 토마스 아퀴나스 성인은 두 가지 예를 듭니다. 백작이 되고 싶어 하는 군인과 주교가 되고 싶어 하는 사제가 그 경우입니다. 즉, 내가 아닌 다른 사람이 되고 싶어 하거나 내 것도 아니고 구원에 필요하지도 않은 것을 소유하려는 과도한 욕망입니다. 과연 성인이 되기 위해 백작이나 주교의 지위가 도움이 될까요? 아닙니다. 성인이 되기 위해 필요한 것은 오직 하느님의 뜻을 따르는 것뿐입니다. 그 이상도 이하도 아닙니다. 그렇다면 왜 우리는 성인이 되는 데 본질적이지 않은 것을 갈망하는 것일까요? 이는 우리가 종종 구원에 전혀 필요하지 않은 것들을 욕망하고 있다는 사실을 깨닫게 해 줍니다.

두 번째 죄는 남의 것을 탐하는 탐욕입니다. 타인의 피해를 대가로 세속적인 재화를 소유하거나 그것을 바라는 탐욕입니다. 토마스 아퀴나스 성인은 이 죄에 관해 설명하면서 기본적으로 도둑질에 대해 언급합니다. 이는 이미 논의한 바 있지만, 핵심은 내 소유가 아닌 것을 가지려는 욕망입니다. 남의 것을 탐하는 이런 탐욕은 우리가 성덕에 도달하는 데 본질적이고 필수적인 것이 절대 아닙니다. 이 욕망은 그저 내가 더 편안하고 안락하게 살기 위한 것일 뿐입니다. 또한 이 욕망은 거룩해지고 싶은 우리의 열망을 사라지게 합니다. 그런데 도대체 왜 우리는 이런 욕망에 사로잡혀 사는 걸까요?

세 번째 죄는 과도한 집착으로 인한 불만족입니다. 이는 자신이 가진 것에 절대 만족하지 못하는 태도를 말합니다. 그런데 여러분도 저와 마찬가지로 아주 소박하게 살면서도 행복해하는 사람들을 만나 본 적이 있을 것입니다. 그들은 가진 것이 거의 없어도 행복하게 살아갑니다. 제가 매일 신학교로 출근하는 길에 항상 한 신호등을 지나는데, 거기에서 한 남자분이 물건을 팔고 있습니다. 이제는 그분과 친한 사이가 되었습니다. 가끔 그분에게서 무언가를 사는데, 때로는 그분에게 성화나 기도문을 드리기도 했습니다. 그렇게 우리 두 사람은 물질적인 것과 영적인 것을 서로 주고받고 있습니다. 보통 제가 이른 아침, 대략 오전 8시 30분쯤 미사를 집전한 후에 그 길을 지나가다 보면 그분을 볼 수 있습니다. 그런데 오전 11시가 지나서 그 길을 지나가면 그분을 볼 수 없습니다. 한번은 제가 멈춰 서서 그 이유를 물어보았더니 그분은 이렇게 대답했습니다. "세 끼 식사비와 잠을 잘 수 있는 방값 정도만 벌면 바로 '장사'를 그만둡니다. 그렇지 않으면 돈을 더 많이 벌고 싶다는 욕심이 생겨 하루 종일 장사를 하게 될지도 몰라서요." 이 말에는 놀라운 지혜가 담겨 있습니다. 자신이 가진 것에 만족할 줄 아는 사람들이 있지요. 우리도 주어진 직책이나 발령받은 본당, 받고 있는 급여에 감사하고 만족해야 합니다. 토마스 아퀴나스 성인은 계속해서 만족하지 못하는 것 역시 죄라고 말씀하십니다. 만족하지 못하는 것은 바로 과도한 집착이요, 항상 다른 것을 더 바라며 끊임없이 더 많은 것을 요구하는 욕망이기 때문입니다.

네 번째 죄는 무절제한 폭식이나 하루에 필요 이상으로 소비하는 것입니다. 그래서 토마스 아퀴나스 성인은 우리가 하느님께 이렇게 청해야 한다고 말씀하십니다. "오늘 저희에게 일용할 양식을 주십시오." 이 청원을 통해 오늘 우리에게 필요한 것만을 하느님께 청하고 있는 것입니다.

다섯 번째 죄는 감사하지 않는 태도입니다. 이는 단순히 지금 내게 없는 것, 혹은 다른 것들을 바라는 데서 끝나는 것이 아닙니다. 더 중요한 문제는 이미 내 손안에 있는 것, 하느님께서 내게 주신 것들에 대해 감사하지 않는 태도입니다.

본질적인 것에 대한 감사 : 두 가지 증언

루이스 모야Luis Moya라는 스페인 신부님은 대학 전담 사목자셨고 사제가 되기 전에는 의사셨습니다. 그런데 서른 초반의 젊은 나이에 갑작스럽게 큰 교통사고를 당하는 바람에 사제가 된 지 불과 4년 만에 전신 마비가 되었습니다. 현재는 머리만 움직일 수 있는 정도입니다. 의사였던 신부님은 자신의 상태가 어느 정도인지 정확히 알고 계셨습니다. 사고가 매우 심각했기에 오랫동안 병원에서 생사를 오가는 고비를 겪어야 했습니다. 그러나 결국 회복되었고, 지금은 턱으로 조종하는 맞춤형 휠체어를 타고 생활하십니다. 그런데 신부님의 생각은 매우 긍정적이었습니다. "나는 행운아입니다. 하느님께서는 저에게 머리를 남겨주셨기 때문입니다." 신부님을 위해 휠체어를 타고 들어갈 수 있도록 특별히 설계된 고해소가 만들어졌고, 그곳에서 신부님은 지금도 많은 사람들에게 고해성사를 주고 계십니다. 신부님이 사용하는 휠체어를 맞춤 제작한 미국 회사에서도 신부님의 사연은 큰 주목을 받았습니다. 사고 이후에도 신부님은 여전히 침착하고 밝으며 유머 감각마저 잃지 않았습니다. 미국의 휠체어 제작사도 신부님의 이러한 삶의 태도에 깊이 감동해 휠체어를 무료로 선물했다고 합니다.

    루이스 신부님은 한 신문사와 인터뷰를 했는데, "나는 동전 몇 푼을 잃었을 뿐인 백만장자입니다"가 그 기사의 헤드라인이었습니다. 인터뷰에서 신부님은 이렇게 말씀하셨습니다. "많은 사람들이 저에게 끔찍한 비극이 닥쳤다고 생각합니다. 하지만 사람들이 알게 된다면 깜짝 놀라게 될 사실이 있습니다. 참혹한 교통사고에도 불구하고 하느님의 자녀라는 제 신분은 결코 빼앗기지도, 사라지지도 않았다는 사실입니다. 사제로서의 제 소명 또한 마찬가지입니다. 무엇보다도 저에 대한 하느님의 위대한 사랑은 조금도 사그라들거나 줄어들지 않았습니다. 이 모든 것을 제외한 나머지는 단지 부스러기에 불과합니다." 이 얼마나 놀라운 고백입니까! 어쩌면 사람들은 루이스 신부님이 순간적인 감정에 휩싸여 이런 말씀을 하셨다고 생각할지도 모릅니다. 하지만 절대 그렇지 않습니다. 신부님은 인터뷰에서 말씀하셨던 방식대로 지금도 살고 계십니다.

    콜롬비아에서 영화 '바다 속으로(Mar adentro)'[62]가 개봉되었는지는 모르겠습니다만, 이 영화는 조력자살을 지지하기 위해 제작된 작품으로, 사실상 끔찍한 범죄를 미화하고 있습니다. 이 영화에서 주인공이 자살하지 않도록 설득하려는 한 사제가 등장하는데

---

[62] 2004년에 개봉한 스페인 영화. 한국에서는 '씨 인사이드'라는 제목으로 상영되었습니다. 다이빙을 하다 전신 마비가 된 남자의 실화를 바탕으로 하고 있습니다. -역주

이 역시 왜곡된 부분이 있습니다. 루이스 모야 신부님은 영화 속 주인공처럼 전신 마비로 살아가는 사람들에게 복음을 전하고 교리를 가르칩니다. 신부님은 그리스도의 몸과 일치하여 사는 삶이 얼마나 놀랍고도 위대하며 초자연적인 일인지 말뿐만이 아니라 삶으로 직접 보여 주고 있습니다. 신부님은 계속해서 많은 사람들과 소통하였고, 심지어 영화의 실제 주인공과도 접촉하였습니다. 하지만 그 주인공은 결국 자살로 생을 마감했습니다.

형제 여러분! 믿음을 가진 사람은 자신이 가진 것들의 참된 가치를 볼 수 있습니다. 방 안에 돈을 가득 쌓아 둔 백만장자가 잃어버린 동전 몇 개 때문에 절망하고 있다면, 우리는 그를 어리석다고 생각할 것입니다. 그러므로 루이스 신부님의 삶은 우리에게 이렇게 말하는 것과 같습니다. 우리가 각자의 소명, 사명, 직무 안에서, 그리고 하느님의 자녀로서 얼마나 많은 것을 가졌는지 생각해 보라는 것입니다. 그런데 우리가 이런저런 일 때문에 한탄만 한다면, 그것은 믿음이 부족한 것입니다. 믿음의 결핍에서 비롯된 불평불만일 뿐입니다. 이런 태도에 대해 토마스 아퀴나스 성인은 감사하지 않는 태도라고 말씀하셨습니다. 우리가 가진 위대하고도 소중한 것들에 대해 하느님께 진심으로 감사드려야 합니다. 왜냐하면 우리가 하느님의 자녀라는 이 놀라운 사실을 그 누구도 우리에게서 빼앗아 갈 수 없기 때문입니다.

또 다른 분을 소개하고 싶습니다. 인생의 대부분을 알바니아의 한 강제수용소에서 보내신 룰리Luli 신부님입니다. 신부님은 1980년대가 되어서야 석방되었습니다. 신부님이 수감 기간에 겪으신 일들은 끔찍하기 짝이 없습니다. 신부님은 밖으로 나올 수 없도록 덮개로 막힌 욕조 안에 갇힌 채로 수개월을 지내야 했습니다. 어떨 때는 팔이 막대에 묶인 상태에서 발끝만 바닥에 닿은 채로 매달려 있기도 했습니다. 한 달 동안 1미터 남짓한 작은 방에 갇혀 지내신 적도 있습니다. 당시 강제수용소에서 겪은 신부님의 증언들은 정말 끔찍하고 충격적이었습니다. 그럼에도 불구하고 신부님은 자주 이렇게 말씀하셨습니다. "이 세상에서 우리가 겪고 있는 고통은 언젠가 하느님께서 우리에게 주실 영광과 비교하면 정말 아무것도 아닙니다." "고통이 이토록 크다면, 우리가 천상에서 만나게 될 영광은 얼마나 더 위대하고 크겠습니까!" 한번은 신부님을 고문하던 교도관에게 이렇게 말씀하셨다고 합니다. "당신은 내 모든 것을 빼앗아 갈 수 있습니다. 심지어 내 목숨까지도 말입니다. 하지만 당신이 절대 빼앗을 수 없는 것이 하나 있습니다. 그것은 하느님 안에서 내가 당신을 향해 가지고 있는 사랑입니다." 이 이야기는 듣는 이에게 감동과 전율을 느끼게 합니다. 룰리 신부님이 석방되신 뒤, 알바니아 정권이 무너지기 시작하던 어느 날의 일입니다. 이미 나이가 많이 드신 신부님은 거리에서 산책 중이었습니다. 그런데 과거에 신부님을 고문했던 교도관과 마주치게 되었습니다. 교도관은 신부님을 보자마자 그 자리에서 말을 잃고 온몸이 굳어 버렸습니다. 그러자 신부님은 교도관에게 다가가 그를 꼭 껴안아 주었다고 합니다.

제가 왜 이 두 개의 이야기를 들려드렸을까요? 이 이야기들은 우리가 부름 받고 추구해야 할 성덕의 증언이기 때문입니다. 이 증언들은 우리가 가진 것이 얼마나 소중한지, 그리고 우리가 결핍되었다고 느끼는 것들이 사실 얼마나 사소한 것인지도 깨닫게 해 줍니다. 그래서 흥미로운 점은 우리가 하느님께 '오늘 저희에게 일용할 양식을 주시고'라고 기도할 때, 단순히 하느님께 필요한 은총을 청하는 것에 그치지 않는다는 것입니다. 이 기도를 통해 우리는 오늘 하루, 우리에게 진정 필요한 것이 무엇인지 깨닫게 해 달라고 하느님께 청하는 것입니다. 또한 불필요한 것을 꼭 필요한 것처럼 착각하지 않도록 도와주시고, 오늘 하루를 살아가는 데 필요한 것만으로 만족할 수 있게 해 달라고 청하는 기도입니다. 즉 물질적으로는 꼭 필요한 것만으로, 영적으로는 성체성사만으로 충분히 만족할 수 있는 삶을 청하는 것입니다. 이는 참으로 아름답고 고귀한 삶의 방식입니다.

감사할 줄 몰라서 생기는 불쾌함과 연옥

"주님, 저는 오직 본질적인 것만을 바라나이다. 그 외의 것은 원하지 않습니다. 정말이지 그 외의 것은 저에게 필요 없나이다." 이 기도는 다음의 성경 말씀에서 비롯한 교훈입니다. "군중 가운데에서 어떤 사람이 예수님께, '스승님, 제 형더러 저에게 유산을 나누어 주라고 일러 주십시오.' 하고 말하였다."(루카 12,13) 여기서 흥미로운 점은 탐욕이 결국 대립과 갈등, 그리고 분열을 일으킨다는 것입니다. 형제 여러분! 탐욕스러운 사람은 결국 그 탐욕 때문에 자신을 망치고 화를 입게 됩니다. 우리가 탐욕과 이기심에 사로잡혀 오직 자신의 이익만을 추구하고 재물을 쌓으려고 한다면, 본질적인 것을 놓치고 결국 본질에서 벗어난 삶을 살게 됩니다. 그리고 이러한 삶에서 가장 명확히 드러나는 것이 무엇인지 아십니까? 그것은 바로 사랑의 결핍입니다. "스승님, 제 형제에게 유산을 저와 나누라고 말씀해 주십시오."라는 말처럼 말입니다. 그러나 그리스도인의 삶에서 절대적으로 필요하고 자연스럽게 드러나는 것은 바로 사랑입니다. 혹시 여러분도 비슷한 경험을 하신 적이 있는지 모르겠습니다만, 저는 양심 성찰을 할 때 이런 질문을 떠올리곤 합니다. '내가 왜 기분이 나쁠까? 왜 이렇게 화가 나는 걸까?' 그 이유는 내가 하느님의 사랑에서 멀어졌기 때문입니다. 내가 하느님에게서 멀리 떨어져 있기 때문입니다. 기분이 나쁨, 곧 불쾌함은 우리가 하느님에게서 멀어질 때 찾아옵니다. 우리가 더 이상 하느님을 우리의 진정한 보물로 여기지 않을 때 불쾌함이 생깁니다. 이처럼 우리가 하느님에게서 멀어진 탓에 생긴 불쾌함인데, 도대체 다른 사람들에게 무슨 잘못이 있겠습니까?

사제는 그리스도의 살아 있는 모습을 보여 주는 사람입니다.

당연히 사제는 성사의 직무를 수행하는 사람입니다. 그러므로 성사를 집전하고, 성사를 통해 하느님의 은총을 전달하는 것은 사제의 가장 본질적인 역할입니다. 이것이야말로 사제의 삶의 본질입니다. 그뿐만 아니라 사제는 자신의 모든 모습, 곧 말과 행동을 통해 그리스도를 반영합니다. 이는 무엇을 의미할까요? 사제는 옷차림에서 품위를, 말에서는 품격을 드러내며, 사랑과 밝은 유머를 보여 주어야 한다는 뜻입니다. 신자들이 고해소에 들어갈 때 떨며 두려워하는 일이 있어서는 안 됩니다. 만일 이런 일이 벌어진다면 어떻겠습니까? 예를 들어 신자가 "성사 본 지 오래되어서 기억이 잘 나지 않습니다."라고 말했는데, 사제가 화난 목소리로 "정확히 언제 성사를 보셨습니까? 고해성사 준비를 똑바로 하세요."라고 말한다면 어떻겠습니까? 또는 "신부님, 언제 한번 찾아가 제 문제를 상담할 수 있을까요?"라고 묻는 신자에게 "당신만 문제가 있는 줄 아세요? 여기 다들 문제투성이에요. 다들 와서 청하고 또 청하고 그러네요."라고 대답한다면 어떻겠습니까? 사제가 이런 식으로 행동한다면 어떤 일이 생길까요? 사제는 인간적으로 매력적인 품성을 지녀야 합니다. 사제의 삶에는 사랑에 빠진 사람의 기쁨이 드러나야 합니다. 토마스 아퀴나스 성인은 이렇게 말씀하셨습니다. "사랑에 빠진 사람의 특징은 기쁨 속에서 사는 것입니다. 왜냐하면 기쁨은 사랑의 열매이기 때문입니다." 또한 사제는 분위기를 깨거나 사람들을 불편하게 만드는 존재가 되어서는 안 됩니다. 더군다나 하루 종일 불평만 늘어놓는 사람이 되어서는 더더욱 안 됩니다. 불평을 늘어놓고 사람들을 불편하게 만드는 것은 '에피우시오스', 즉 본질적인 것이 아닙니다. 이는 결국 자기 자신의 이기적인 욕망과 죄로부터 비롯한 것입니다. 어쩌면 기분이 안 좋아서 그렇게 될 수도 있습니다. 그럴 때는 사람들에게 이렇게 말해야 합니다. "용서해 주십시오. 오늘은 제가 안 좋은 하루를 보냈습니다. 진심으로 죄송합니다." 이런 상황에서 해결책은 무엇일까요? 바로 회개입니다. 회개! 우리가 사용하는 말투는 우리의 내적 상태를 보여 주는 온도계와 같습니다. 그렇기 때문에 사제는 언제나 사랑이 담긴 말투를 써야 합니다.

연옥이 어떤 곳일지 알려 드릴까요? 연옥에 대한 아주 참신하고 독특한 설명이 있습니다! 연옥에서는 우리 곁에 악마가 붙어 있어서, 우리가 다른 사람들에게 화를 내며 소리쳤던 바로 그 말투로 우리를 향해 소리칠 것입니다. "정말 역겨워!"라는 소리를 계속 들어야 하는 연옥의 상황을 한번 상상해 보십시오. 또한 연옥은 우리가 다른 사람들에게 짓궂은 표정을 지었던 모든 순간을 악마가 똑같은 표정으로 우리에게 되돌려주는 곳입니다. 아마 30분만 지나도 우리는 이렇게 외치게 될 것입니다. "주님, 제발 저를 여기서 좀 꺼내 주십시오!" 그러므로 연옥에 머무는 시간은 짧을수록 좋습니다. 연옥은 실제로 존재하며, 그 시간은 길어질 수도 있습니다. 그러므로 돌아가신 분들을 위해 기도해야 합니다. 때로는 사제가 장례 미사 강론을 하면서 돌아가신 분을 너무 쉽게 성인품에 올리는 경우가 있습니다. 사제의 역할은 고인을 성인으로 바로 선포하는 것이 아니라 그분이 저지른 죄의 용서를 위해 기도하고, 하느님께서 그분을 영원한 영광으로 이끌어 주시길 간청하는 것입니다. 또한 연옥에서는 시간이 더 길게 느껴질 수도 있습니다. 아인슈타인의 상대성 이론에 따르면 시간은 상대적입니다. 지상에서의 1초가 연옥에서는 1년처럼 느껴질 수 있습니다. 한번 상상해 보십시오. 오늘 아침에 내가 받은 토스트가 마음에 들지 않아 투덜거렸는데, 그로 인해 1년 동안 내 곁에 악마가 붙어서 똑같이 짜증 섞인 표정을 짓고 있다면 얼마나 끔찍하겠습니까? 형제 여러분! 우리는 연옥을 피해야 합니다. 그리고 일상에서 늘 밝은 유머와 긍정적인 태도를 잃지 않도록 노력해야 합니다. 이것을 꼭 기억하십시오.

　　이제 계속해서 루카 복음서 12장의 내용을 살펴보겠습니다. 유산을 나누어 달라고 요청한 형제에게 예수님은 이렇게 말씀하십니다. "사람아, 누가 나를 너희의 재판관이나 중재인으로 세웠단 말이냐? … 너희는 주의하여라. 모든 탐욕을 경계하여라. 아무리 부유하더라도 사람의 생명은 그의 재산에 달려 있지 않다."(14-15절 참조) 예수님은 우리에게도 이렇게 묻고 계십니다. "왜 너에게 영원한 생명을 보장하지 못하는, 본질적이지 않은 것들을 탐내느냐? 왜 영원한 생명에 중요하지도 않고 필요하지도 않은 것들에 욕심을 내느냐?" 탐욕이 있으면 반드시 불화가 따라옵니다. 이어서 예수님은 어리석은 부자의 비유를 들어서 이렇게 말씀하십니다. "어떤 부유한 사람이 땅에서 많은 소출을 거두었다. 그래서 그는 속으로 '내가 수확한 것을 모아 둘 데가 없으니 어떻게 하나?' 하고 생각하였다. 그러다가 말하였다. '이렇게 해야지. 곳간들을 헐어 내고 더 큰 것들을 지어, 거기에다 내 모든 곡식과 재물을 모아 두어야겠다. 그리고 나 자신에게 말해야지. 자, 네가 여러 해 동안 쓸 많은 재산을 쌓아 두었으니, 쉬면서 먹고 마시며 즐겨라.' 그러나 하느님께서 그에게 말씀하셨다. '어리석은 자야, 오늘 밤에 네 목숨을 되찾아 갈 것이다. 그러면 네가 마련해 둔 것은 누구 차지가 되겠느냐?'"(루카 12,16-20)

"어리석은 자야!"라는 이 말씀은 저에게 정말 큰 충격을 줍니다. 여러분, 상상해 보십시오. 우리가 침묵 속에서 기도하고 있는데, 갑자기 하느님께서 나타나셔서 우리에게 "어리석은 자야!"라고 말씀하신다면 얼마나 놀라겠습니까? 정말 깜짝 놀라 넘어질 만큼 충격적이지 않겠습니까? 하지만 "어리석은 자야!"라는 호칭은 우리가 본질적이지 않은 재화를 탐낼 때 하느님께서 우리를 부르시는 호칭입니다. 그리고 하느님께서는 결국 이렇게 말씀하실 것입니다. "어리석은 자야! 오늘 밤 네 영혼을 거두어 가겠다. 네가 쌓아 둔 그 모든 것이 이제 무슨 소용이 있겠느냐? 그 모든 것들 중에 단 하나라도 네가 가져갈 수 있겠느냐?"

계속해서 이어지는 예수님의 말씀은 다음과 같습니다. "예수님께서 제자들에게 이르셨다. '그러므로 내가 너희에게 말한다. 목숨을 부지하려고 무엇을 먹을까, 몸을 보호하려고 무엇을 입을까

걱정하지 마라. 목숨은 음식보다 소중하고 몸은 옷보다 소중하다. 까마귀들을 살펴보아라. 그것들은 씨를 뿌리지도 않고 거두지도 않을 뿐만 아니라 골방도 곳간도 없다. 그러나 하느님께서는 그것들을 먹여 주신다. 너희가 새들보다 얼마나 더 귀하냐? 너희 가운데 누가 걱정한다고 해서 자기 수명을 조금이라도 늘릴 수 있느냐? 너희가 이처럼 지극히 작은 일도 할 수 없는데, 어찌 다른 것들을 걱정하느냐? 그리고 나리꽃들이 어떻게 자라는지 살펴보아라. 그것들은 애쓰지도 않고 길쌈도 하지 않는다. 그러나 내가 너희에게 말한다. 솔로몬도 그 온갖 영화 속에서 이 꽃 하나만큼 차려입지 못하였다. 오늘 들에 서 있다가도 내일이면 아궁이에 던져질 풀까지 하느님께서 이처럼 입히시거든, 너희야 얼마나 더 잘 입히시겠느냐? 이 믿음이 약한 자들아! 너희는 무엇을 먹을까, 무엇을 마실까 하고 찾지 마라. 염려하지 마라."(루카 12,22-29) 그러므로 우리 모두 본질적인 것에 마음을 쓰도록 합시다. 영원한 생명을 위한 본질적인 것에 말입니다!

나는 하느님의 자녀라는 사실, 그리고 하느님께서 나를 사제직이나 부제직으로 초대하셨다는 사실로 인해 내가 백만장자라고 느끼고 있습니까? 아니면 토마스 아퀴나스 성인이 말씀하셨던 다섯 가지 죄들, 즉 감사하지 않는 태도, 과도한 욕망, 남이 가진 것을 욕심내는 탐욕, 과식, 그리고 끝없는 불만족에 빠져 살고 있지는 않습니까? 시간이 허락된다면 잠시라도 기도하면서 자신의 죄를 성찰하고, 내 안에 사랑이 부족하지는 않은지 반성하며 뉘우치는 시간을 가지십시오. 이것이 바로 연옥에서의 시간을 조금이라도 줄이는 길입니다. 주님께 우리의 영혼이 기쁨과 감사로 가득 차게 해 주시기를 청합시다. 또한 하느님께서 우리에게 주신 모든 것에 진심으로 감사드리며, 우리가 가진 것을 소중히 여기고, 우리 안에서 여전히 부족하다고 외치는 탐욕을 부르는 집착을 내려놓을 수 있도록 기도합시다.

> 은총이 가득하신 마리아님, 기뻐하소서!
> 주님께서 함께 계시니 여인 중에 복되시며
> 태중의 아들 예수님 또한 복되시나이다.
> 천주의 성모 마리아님,
> 이제와 저희 죽을 때에 저희 죄인을 위하여 빌어 주소서. 아멘.

> 영광이 성부와 성자와 성령께
> 처음과 같이 이제와 항상 영원히. 아멘.

14장
주님의 기도에 담긴 성체성사의 의미

성부와 성자와 성령의 이름으로. 아멘.

하늘에 계신 우리 아버지
아버지의 이름이 거룩히 빛나시며, 아버지의 나라가 오시며
아버지의 뜻이 하늘에서와 같이 땅에서도 이루어지소서!
오늘 저희에게 일용할 양식을 주시고
저희에게 잘못한 이를 저희가 용서하오니, 저희 죄를 용서하시고
저희를 유혹에 빠지지 않게 하시고, 악에서 구하소서. 아멘.

'오늘 저희에게 일용할 양식을 주시고'라는 기도의 첫 번째 의미는 '에피우시오스'라는 단어를 통해 이해할 수 있습니다. 흔히 이 단어를 "일용할"이라고 번역하는데, 이는 다소 오해의 소지가 있습

니다. 실제로 이 단어는 "살아가는 데 없어서는 안 되는 것", 즉 반드시 매일 필요한 본질적인 것을 의미합니다. 이처럼 우리가 주님께 청하는 것은 때때로 우리가 이해하는 것과 다를 수 있습니다. 우리가 '오늘 저희에게 일용할 양식을 주시고'라고 기도할 때, 사실 우리는 주님께 이렇게 말씀드리는 것입니다. "주님, 저는 필요한 것만으로 살고 싶습니다. 제게 필요한 것만 허락하시고, 당신께서 주시는 것과 제가 가진 것에 대해 만족할 수 있는 마음을 주십시오. 당신께서 주시는 모든 것이 저를 거룩하게 하고 당신을 섬기는 힘이 되도록 은총을 허락해 주십시오." 한편, 주님의 기도에서 사용된 '에피우시오스'라는 단어의 두 번째 의미는 모든 주석가들이 말하듯 성체성사의 빵입니다.

형제 여러분! 우리는 이제 사제의 삶에서 가장 중심 부분에 도달했습니다. 바로 성체성사입니다! 그리스도인의 삶은 성체성사에서 시작합니다. 제2차 바티칸 공의회는 성체성사가 "그리스도교 생활 전체의 원천이요 뿌리이며 정점"(「전례 헌장」, 47항 참조)이라는 사실을 우리에게 상기시켜 주었습니다. 이는 모든 은총과 축복이 성체성사로부터 흘러나오고, 하느님 아버지께 기쁨이 되도록 우리의 삶 전체를 성체성사로 가져가야 한다는 것입니다. 우리의 모든 것이 성체성사를 중심으로 이루어져야 합니다.

성체성사 없이 이해될 수 없는 사제직

모든 그리스도인에게 성체성사가 이토록 중요하다면, 사제에게는 얼마나 더 중요하겠습니까? 사제의 삶은 본당 사목뿐만 아니라 학문 연구에 헌신하거나 다른 여러 방식으로도 이어질 수 있습니다. 그러나 성체성사를 위해 살지 않고, 성체성사를 중심으로 살아가지 않는 사제의 삶은 결코 이해될 수 없습니다. 그러므로 형제 여러분, 우리는 성체성사에 대한 진정한 사랑과 열정을 가지고 성체성사를 중심으로 살아야 합니다. 성체성사가 바로 사제의 삶의 본질이기 때문입니다. 주님의 기도에서 '오늘 저희에게 일용할 양식을 주시고'라고 기도할 때, 우리는 '저희'라는 표현을 사용합니다. 왜일까요? 그것은 하느님께서 우리에게 성체성사를 주신다는 것이 곧 교회에도 성체성사를 주신다는 뜻이기 때문입니다. 사제가 주님의 기도를 바치는 방식은 이렇게 표현될 수 있습니다. "하느님, 제가 성체성사의 직무를 수행할 수 있도록 도와주십시오. 제가 성체성사를 통해 살고, 다른 이들도 성체성사를 통해 살 수 있게 하소서." 근본적으로 우리는 성체성사의 직무를 수행하기 위해 사제품을 받습니다. 그 외의 모든 것, 예를 들어 강론이나 병자 방문, 교리 교육과 성무일도 등도 성체성사 없이는 이해될 수 없습니다. 제가 말하고 싶은 것은 다른 모든 것은 필요 없다는 것이 아닙니다. 오히려 이 모든 것을 성체성사를 중심으로 이해해야 한다는 뜻입니다.

산 다마소 신학교의 신학생들이 시험을 볼 때 있었던 일입니다. 당시 저는 학장은 아니었고, 시험은 평신도인 교수님이 주관했습니다. 교부학을 가르치는 이 교수님은 매우 진지한 성격이면서도 따뜻하고 친절한 분이었습니다. 한 부제님이 시험을 치르기 위해 제비뽑기 통으로 다가갔습니다. 그 부제님이 뽑은 시험 발표의 주제는 '성품성사'였습니다. 부제님이 발표를 마치자 교수님은 그를 바라보며 이렇게 말했습니다. "죄송하지만 방금 말씀하신 내용을 전혀 이해하지 못했습니다. 간단히 말씀해 보세요. 왜 사제품을 받으려 하십니까? 이건 분명히 알고 계시겠죠, 그렇죠?" 부제님은 말을 더듬으며 대답하기 시작했습니다. "음… 공동체를 섬기기 위해서입니다." 그러자 교수님이 물었습니다. "그런데 신자인 저도 공동체를 섬기고 있지 않습니까?" 부제님이 "네, 네. 물론 그렇습니다. 사실 저는 그리스도를 증언하기 위해 사제품을 받으려 합니다."라고 대답하자 교수님은 다시 물었습니다. "그런데 신자인 저도 그리스도를 증언하고 있지 않습니까?" 부제님은 다시 "네, 네. 물론 그렇습니다. 음… 저는 다른 사람들을 돕기 위해 사제품을 받으려 합니다."라고 답했습니다. 결국 교수님은 이렇게 말씀하셨습니다. "미사 때문입니다! 제가 평신도로서 할 수 없는 유일한 것이 미사입니다. 반대로 부제님이 앞으로 사제가 되어 평신도들과 구별해서 할 수 있는 유일한 것이 바로 미사이기 때문입니다!"

형제 여러분! 사제가 미사를 얼마나 소중히 여기고, 정성껏 준비하며, 기도 속에서 미사를 얼마나 거룩하게 집전하는지가 곧 사제로서의 삶을 평가하는 척도가 됩니다. 이것이야말로 가장 정확한 지표입니다. 그러므로 우리가 미사를 어떻게 여기고 있는지, 어떻게 준비하고 있는지, 그리고 기도 속에서 미사를 얼마나 거룩하게 집전하고 있는지 스스로 돌아봐야 합니다. 우리는 성체성사가 기도라는 사실을 결코 잊어서는 안 됩니다. 성체성사는 그리스도께서 아버지에게 드리는 가장 위대한 기도입니다. 또한 성체성사는 사제가 자신의 존재를 온전히 그리스도께 봉헌하는 기도입니다. 사제는 성체성사 안에서 자신의 인격을 오롯이 그리스도께 내어 드리며, 그리스도의 역할을 대신하여 하느님 아버지께 봉헌하기 때문입니다. 사제가 미사를 봉헌할 때 사용하는 미사 경문을 살펴보면, 대부분의 기도문이 하느님 아버지께 드리는 기도라는 것을 알 수 있습니다. 신자들과 나누는 대화 형식의 몇 가지 응답을 제외하면 거의 모든 기도가 하느님 아버지를 향하고 있습니다. 예외적으로 성체를 영하기 전에 그리스도께 드리는 다음의 기도가 있을 뿐입니다. "주 예수 그리스도님, 일찍이 사도들에게 말씀하시기를 '너희에게 평화를 두고 가며 내 평화를 주노라.' 하셨으니 저희 죄를 헤아리지 마시고 교회의 믿음을 보시어 주님의 뜻대로 교회를 평화롭게 하시고 하나 되게 하소서." 이 외의 기도들과 본기도는 모두 하느님 아버지께 드리는 기도입니다. 미사 중에 사제는 성령과의 일치 안에서 예수 그리스도를 통하여 하느님 아버지께 기도를 드리는 것입니다.

단, 몇 가지 예외가 있을 뿐입니다. 예를 들어 지극히 거룩하신 그리스도의 성체 성혈 대축일 미사의 본기도는 예수 그리스도께 직접 바칩니다.

사실 우리가 누구를 향해 기도하고 있는지 아는 것은 매우 중요합니다. 왜냐하면 사제는 미사 안에서 그리스도의 역할을 대신하고 있기 때문입니다. 미사 중에 사제는 그리스도를 대신하여 하느님 아버지께 봉헌하는 것이기 때문입니다. 따라서 미사는 단순한 사회적 모임이나 평범한 만찬 자리가 절대 아닙니다. 물론 미사는 공동체의 만찬이라는 측면도 있습니다. 하지만 성체성사는 최후의 만찬을 기억하는 것이며, 최후의 만찬은 바로 그리스도의 파스카 신비, 곧 그리스도의 죽음과 부활을 예고하는 사건입니다. 이 모든 것이 바로 심오한 미사의 신비입니다. 형제 여러분! 미사를 우리 마음대로 해석하거나 제멋대로 상상해서는 안 됩니다. 미사의 본래 의미와 본질에 따라 충실히 거행해야 합니다. 예를 들어 복잡한 전자 기기를 구매하면 먼저 사용 설명서를 읽어야 합니다. 설명서를 읽지 않고 잘못 사용하면 제대로 작동하지 않을 것입니다. 미사도 마찬가지입니다. 미사는 우리 방식대로, 우리 마음대로, 우리 뜻대로 바꿀 수 있는 것이 절대 아닙니다. 즉 성찬 제정문과 축성문을 자기 방식대로 변경하거나, 미사 경문을 자기 멋대로 수정해서는 안 됩니다. 미사는 우리의 것이 아니기 때문입니다. 하느님께서는 우리에게 그리스도의 이름으로 거룩한 미사의 희생을 봉헌하라고 요청하십니다. 그러므로 형제 여러분, 사제가 하느님께 '오늘 저희에게 일용할 양식을 주시고'라고 기도할 때, 사제는 하느님께 이렇게 간구하는 것입니다. "주님, 제가 성체성사의 신비를 온전히 삶으로 체현할 수 있게 하시고, 성체성사를 올바르고 충실히 거행하여 성체성사를 통해 하느님의 백성을 거룩하게 할 수 있도록 허락해 주십시오."

감사, 기억, 그리고 현존

이번에는 미사의 세 가지 중요한 측면을 강조하고자 합니다. 이는 「가톨릭 교회 교리서」에 언급된 내용입니다. 저는 여러분에게 성체성사에 관한 「가톨릭 교회 교리서」의 가르침을 다시 읽고, 묵상하며, 기도 속에서 깊이 새기기를 권합니다. 성체성사 중심의 삶을 되살리는 것은 사제의 삶을 되살리는 것이며, 이는 사제로서의 삶을 근본적으로 변화시켜 줄 것입니다. 미사의 세 가지 측면은 다음과 같습니다. 첫째, 미사는 감사의 행위입니다. 우리는 성체성사라는 단어가 어원적으로 "감사하는 행위"[63]를 의미한다는 것을 잘 알고 있습니다. 그렇다면 어떤 의미에서 감사의 행위라고 할 수 있을까요? 그것은 우리의 삶 자체가 감사의 행위가 되어야 한다는

---

63 스페인어로 Eucaristía인데, 그리스어 'ευχαριστία(eucharistia)'에서 유래했으며 "감사"를 의미합니다. - 역주

뜻입니다. 이는 정의의 덕, 경신덕, 그리고 흠숭에 관해 이야기할 때 이미 살펴본 적이 있습니다.

경신덕에는 매우 중요한 측면이 있습니다. 그것은 바로 하느님께 끊임없이 감사를 드리는 것입니다. 우리의 존재에 대해 감사드리고, 믿음을 가졌음에 감사드리며, 우리가 받은 모든 은총에 대해 감사드리는 것입니다. 하느님의 은총을 앞에 두고 사람의 마음에서 가장 먼저 나와야 하는 것은 경배와 찬양과 감사입니다. 그러나 여기서 우리는 이런 질문을 던질 수 있습니다. "나는 과연 하느님께 감사드릴 자격이 있는 사람인가요? 내가 누구이기에 감히 하느님께 감사를 드릴 수 있겠습니까? 나는 그저 보잘것없는 피조물일 뿐인데요." 그러나 우리가 하느님께 감사드릴 수 있는 방법은 바로 예수 그리스도 안에서 감사드리는 것입니다. 그러므로 우리는 그리스도와 하나 되어 하느님 아버지께 "감사드립니다. 하느님 아버지!"라고 말씀드려야 합니다. 이는 그리스도의 감사와 일치하여 하느님 아버지께 드리는 감사입니다.

다시 한 번 강조하지만, 성체성사가 나의 것이 아니라는 사실을 절대로 잊어서는 안 됩니다. 성체성사는 내가 만드는 것도, 내가 주도하는 것도 아닙니다. 성체성사를 거행하시는 분은 그리스도이십니다. 오직 그리스도만이 성체성사를 거행하십니다! 이 사실을 상징적으로 드러내는 특별한 미사가 있습니다. 바로 성주간 목요일 성유 축성 미사입니다. 성유 축성 미사는 전례주년에서 매우 중요한 미사로, 사제단 전체가 하나 된 목소리로 일치하여, 그리스도의 역할을 대신하는 주교님의 주례 아래 미사가 거행됩니다. 특히 성유 축성 미사는 미사의 본질을 가장 잘 드러내는 심오한 의미를 지닙니다. 왜냐하면 성유 축성 미사는 실제로 미사가 무엇인지를 보여 주기 때문입니다. 미사는 우리의 행위가 아니라 바로 그리스도의 행위임을 드러냅니다. 미사를 거행하시는 분은 우리가 아니라 바로 그리스도이십니다! "아버지께서 나를 보내신 것처럼 나도 너희를 보낸다."(요한 20,21) 이 말씀대로 우리는 파견된 사람들입니다. 그래서 우리가 그리스도를 닮아 가고, 그리스도를 닮는다는 것의 의미를 깊이 깨닫는 것이 매우 중요합니다. 결국 감사의 행위란 우리의 모든 행동이 그리스도와 하나 되어 하느님 아버지께 감사의 마음으로 바쳐질 때 비로소 참된 가치를 지닌다는 뜻입니다.

둘째, 미사는 그리스도의 희생을 '기억'하는 것입니다. 여기서 '기억'이란 무엇을 의미할까요? '기억'이란 단순히 과거의 사건을 떠올리는 데 그치지 않고 그 사건을 재현하는 것을 의미합니다. 즉, 미사의 십자가 희생 제사를 거행하는 순간, 우리는 그리스도의 죽음과 부활의 신비 앞에 서 있는 것입니다. 미사를 거행하는 순간, 그리스도께서 하느님 아버지에게 자신을 봉헌하시는 바로 그 순간에 우리도 참여하는 것입니다. 마치 모든 시계가 멈추고 시공간의 제약이 사라져서, 과거와 현재와 미래를 초월하여 그리스도의 유일한 십자가 희생 제사와 우리가 하나가 되는 것입니다. 또한 우리는 그리스도의 파스카 신비, 즉 죽음과 부활이라는 단 한 번의 신비 안으로 들어가게 됩니다. 그리고 성체성사의 신비로부터 영원한 생명의 원천을 얻게 됩니다. 그래서 미사는 기억입니다. 또한 미사는 잔치요 희생입니다. 그리스도께서 당신의 몸으로 우리를 먹이시기에 잔치이고, 하느님 아버지에게 당신을 봉헌하시기에 희생입니다. 이것이 바로 성체성사의 신비입니다. 그러므로 지상에서 사람이 할 수 있는 가장 거룩한 일은 제대에서 거룩한 희생 제사를 봉헌하는 일입니다. 미사는 가장 거룩하고 소중하며, 그 어떤 것도 미사를 능가할 수 없습니다. 제대에서 이루어지는 거룩한 희생 제사가 미사입니다.

셋째, 미사는 '현존'입니다. '현존'이란 어떤 의미일까요? 미사 중에 그리스도께서 실제로 현존하신다는 뜻입니다. 다시 말해 단순히 어떤 개념이나 가치로서가 아니라, 하느님 아버지 오른편에 앉아 계신 바로 그 그리스도께서 성체성사를 통해 우리와 함께 계신다는 의미입니다. 그리스도를 직접 만나 뵙는 것, 바로 이것이 우리의 가장 큰 열망이 되어야 합니다. 그러므로 주님의 기도를 통해 우리는 하느님께 감사와 기억과 현존을 청하고, 매일 미사를 충실하게 거행하며 성체성사의 신비를 삶으로 살아가야 합니다. 앞서 말씀드렸듯이, 우리는 미사를 무성의하게, 형식적으로 무감각하게 반복해서는 안 됩니다. 왜냐하면 우리가 거행하는 미사는 너무도 거룩하기 때문입니다. 그리스도의 현존은 미사에서 절대적으로 중요한 차원으로, 이는 그리스도와의 개인적인 만남을 의미합니다. 이 현존으로부터 성체 조배가 비롯되며, 성체 조배는 미사의 희생을 시간 속에서 연장하는 행위입니다. 성체 조배는 미사의 희생 없이는 이해될 수 없으며, 미사의 거룩한 희생을 시간 속에서 확장하는 중요한 신앙 행위입니다.

미사의 은혜

미사를 거행함으로써 얻는 은혜는 그 어떤 것보다 크고 위대합니다. 그러므로 모든 사제들은 거룩한 미사의 희생을 반드시 거행해야 합니다. 왜냐하면 미사는 우리가 주님의 기도를 통해 청하는 양식, 곧 '오늘 저희에게 일용할 양식을 주시고'라는 기도에 대한 응답이기 때문입니다. 사제는 쉬는 날이나 휴가 중에도 반드시 미사를 거행해야 합니다. 사제는 주일에만 미사에 참례하면 되는 사람이 아닙니다. 우리는 사제라는 사실을 절대로 잊지 말아야 합니다. 사제는 성체성사를 위해 존재하는 사람입니다. 따라서 가톨릭 신부에게 '사제직의 휴가'란 있을 수 없습니다. 물론 신부에게도 복음화를 더 열정적으로 펼치기 위해 재충전의 시간이 필요할 수 있습니다. 하지만 재충전하는 시간이 성체성사를 잊어버려도 된다는 의미는 절대 아닙니다. 「가톨릭 교회 교리서」에서는 성체성사가 맺는 열매를 감동적으로 설명하고 있습니다. 이를 통해 여러분에게 큰 자극이 되기를 바라며, 그중에서 몇 가지 중요한 내용을 나누고자 합니다.

첫째, 성체성사는 우리와 그리스도의 일치를 증진해 줍니다(「가톨릭 교회 교리서」, 1391항 참조). 사실 그리스도와의 일치야말로 우리 삶의 가장 궁극적인 목표이기도 합니다. 둘째, 성체성사는 우리를 죄로부터 떼어 놓습니다(「가톨릭 교회 교리서」, 1393항 참조). 죄는 인간에게 닥칠 수 있는 가장 큰 비극입니다. 하지만 우리가 올바른 준비와 마음가짐으로 성체를 모실 때 하느님에 대한 모독에서 벗어나게 됩니다. 셋째, 성체성사는 우리를 그리스도의 신비체와 더욱 긴밀하게 결합시킵니다(「가톨릭 교회 교리서」, 1396항 참조). 이는 우리 안에 사랑이 자라난다는 것을 의미합니다. 이 사랑은 바로 그리스도에 대한 사랑에서 비롯됩니다. 사랑은 우리 자신으로부터 나오는 것이 아니라, 우리가 그리스도와 일치를 이룰 때 맺어지는 열매이기 때문입니다. 넷째, 성체성사는 가난한 이들에 대한 책임감을 동반하여 가난한 이들을 위해 투신하게 합니다(「가톨릭 교회 교리서」, 1397항 참조). 이 점은 매우 중요합니다. 왜냐하면 우리는 삶에서 이중적인 태도를 보여서는 안 되기 때문입니다. 성체성사를 거행하면서 형제들에게 증오나 원한을 품거나, 가난한 사람들을 무시하거나 경멸하면서 소외시켜서는 안 됩니다. 그리스도의 몸을 모시면서 그분의 신비체와 일치하지 않을 수는 없습니다. 따라서 성체성사를 제대로 산다면, 고통 받는 사람들과 우리의 사랑이 필요한 이들에게 더 큰 책임감을 느끼게 될 것입니다. 마지막으로 성체성사에 대해 너무도 아름답게 표현한 말이 있습니다. "성체성사는 장차 누리게 될 영광의 보증입니다." 성체성사는 천상에서 누릴 영광을 이 땅에서 미리 체험하게 해 줍니다. 천상의 영광을 미리 누리는 것이 바로 성체성사입니다(「가톨릭 교회 교리서」, 1402항 참조).

우리가 주님의 기도를 바칠 때, 특히 '오늘 저희에게 일용할 양식을 주시고'라고 기도할 때마다, 그날의 미사를 진정한 기쁨과 환희 속에서 참된 신심과 경건함으로 거행해야 한다는 사실을 잊지 말아야 합니다. 사제는 매일 미사를 집전할 때마다 자신의 행위가 얼마나 거룩하고 중요한지 그 의미와 위대함을 깊이 깨달으며 충실해야 한다는 것입니다. 성경에는 성체성사의 중요성을 강조하는 구절이 많이 나옵니다. 예수님은 "내 살을 먹고 내 피를 마시는 사람은 영원한 생명을 얻는다."(요한 6,54 참조)라고 말씀하셨습니다. 이처럼 성체성사는 영원한 생명과 밀접하게 연결되어 있습니다.

사제로서 최소한 일 년에 한 번은, 특히 피정 동안 자신이 미사를 어떻게 대하고 있는지 되돌아보고 성찰해야 합니다. 미사 통상문에서 사제가 바치는 기도문들을 다시 한 번 신중하게 살펴보며, 이를 습관적으로 외우거나 기계적으로 반복하고 있지는 않은지 반성하고 고쳐야 합니다. 또한 미사 통상문에서 사제가 소리 내지 않고 조용히 바치는 기도문들도 꼼꼼히 검토하면서 미사의 모든 행위와 기도문에 담긴 의미를 깊이 새기고, 최대한 정성스럽게 미사를 거행해야 합니다. 예를 들어 예물 준비 기도 중 사제가 손을 씻으며 드리는 기도가 있습니다. "주님, 제 허물을 말끔히 씻어 주시고 제 잘못을 깨끗이 없애 주소서."(시편 51,4 참조) 그 외에 미사의 다양한 기도문들과 성령 청원, 성찬 제정과 축성문, 그리고 영성체 예식의 의미를 다시 숙고해야 합니다. 온 마음을 담아 미사를 거행하기 위해서는 미사 통상문 속 기도문들이 무엇을 말하고 있는지 다시 살펴보고 묵상하며 기도하는 시간을 꼭 가지십시오. 이러한 노력을 통해 미사 거행을 더욱 활기차고 의미 있게 만들 수 있습니다. 미사 통상문은 사제들에게 하나의 훌륭한 기도서와 같습니다. 사제가 미사를 집전할 때 자신이 무엇을 말하는지, 누구에게 말하고 있는지를 분명히 아는 경우와 잘 모르는 경우 사이에는 명확한 차이가 있습니다. 사제가 진정한 기도를 통해 미사를 거행하고 있는지, 아니면 형식적으로 마지못해 연기하듯 거행하고 있는지도 쉽게 드러납니다. 그러므로 미사 중에 이루어지는 모든 언행 하나하나에 마음을 담아야 하며, 누구에게 바치는 기도인지 분명히 자각하면서 미사를 거행해야 합니다.

형제 여러분! 만일 이번 피정을 통해 미사의 신비를 깊이 체험하고, 우리의 삶 속에서 미사의 신비를 온전히 살아가는 열매를 맺을 수만 있다면 그것만으로도 이미 놀라운 기적이라 할 수 있을 것입니다. 이것이 바로 우리가 주님의 기도를 통해 하느님께 간청하는 내용입니다. 또한 성모 마리아께도 우리가 이러한 은총을 받을 수 있도록 전구를 청합시다. 우리가 주님의 기도를 통해 하느님께 드리는 간구처럼, 오늘도 우리에게 일용할 양식을 주시고 그 양식이 삶에서 무엇을 의미하는지 깊이 깨달으며 살아갈 수 있도록 도와달라고 함께 기도합시다.

은총이 가득하신 마리아님, 기뻐하소서!
주님께서 함께 계시니 여인 중에 복되시며
태중의 아들 예수님 또한 복되시나이다.
천주의 성모 마리아님,
이제와 저희 죽을 때에 저희 죄인을 위하여 빌어 주소서. 아멘.

영광이 성부와 성자와 성령께
처음과 같이 이제와 항상 영원히. 아멘.

15장
저희에게 잘못한 이를 저희가 용서하오니

성부와 성자와 성령의 이름으로. 아멘.

은총이 가득하신 마리아님, 기뻐하소서!
주님께서 함께 계시니 여인 중에 복되시며
태중의 아들 예수님 또한 복되시나이다.
천주의 성모 마리아님,
이제와 저희 죽을 때에 저희 죄인을 위하여 빌어 주소서. 아멘.

영광이 성부와 성자와 성령께
처음과 같이 이제와 항상 영원히. 아멘.

오늘 우리가 묵상할 주제는 주님의 기도 중 "저희에게 잘못한 이를 저희가 용서하오니 저희 죄를 용서하시고"라는 부분입니다.

양심

먼저 고대 그리스인들이 이뤄 낸 가장 중요한 발견 중 하나를 소개하며 강의를 시작하고자 합니다. 그것은 바로 '시네이데시스συν-είδησις', 즉 "양심"에 대한 발견입니다. 양심에 대한 깨우침은 참으로 놀라운 신비입니다. 고대 그리스인들은 인간이 양심을 지니고 있다는 사실에 경탄했습니다. 다시 말해 인간이 자신의 행동이나 생각을 자각할 수 있다는 사실에 감동한 것입니다. 또한 이러한 자각을 통해 내적으로 어떤 일이 옳다고 받아들이거나, 악한 것에 대해 거부감을 느낄 수 있다는 점을 발견했습니다. 그리스인들에게 '시네이데시스', 곧 "양심"은 단순히 인간적인 능력이 아니라 그 이상이었습니다. 그들은 신이 양심을 통해 말씀하신다고 여겼습니다. 즉 양심은 인간의 내면에서 말씀하시는 하느님의 목소리로, 선한 것을 승인하고 악한 것을 책망하는 역할을 한다고 보았습니다. 이러한 양심에 대한 발견, 즉 인간이 양심을 가진 존재라는 사실은 참으로 경이로운 것이었습니다. 그리스인들의 이러한 해석에 따르면, 양심은 하느님께서 우리에게 말씀하시는 도구라고 할 수 있습니다. 일부 사람들은 이러한 양심의 개념이 플라톤이 자주 언급한 '아남네시스ά-νάμνησις'라는 개념과 관련이 있다고 보았습니다. '아남네시스'란 인간이 무언가를 즉각적으로 아는 것이 아니라, 플라톤주의자들에 따르면 하느님께서 처음부터 인간 안에 심어 주신 것을 기억해 내는 과정을 의미합니다. 즉, 이것이 바로 '기억'이라는 개념입니다.

    왜 제가 양심에 대해 언급하며 강의를 시작했는지 아십니까? 그것은 양심이야말로 우리를 인간답게 만드는 가장 중요한 능력 중 하나이기 때문입니다. 더욱이 양심은 우리가 잘못한 일에 대해 아픔과 후회를 느끼게 해 준다는 점에서 매우 중요합니다. 그래서 소위 '수치심, 양심의 가책, 죄책감'이라 불리는 것을 불러일으킵니다. 그러므로 죄책감을 느낀다는 것은 우리의 양심이 죽지 않고 활동한다는 증거입니다. 우리는 모두 양심을 가지고 있습니다. 이는 우리가 내면의 목소리를 지니고 있음을 의미합니다. 고대 그리스인들에 따르면 내면의 목소리는 바로 하느님의 목소리, 즉 '시네이데시스'라 불리는 것이었습니다. 양심은 우리의 삶에서 선에 부합하지 않는 것을 발견하게 해 주는 역할을 합니다.

죄에 대한 자각, 죄책감, 그리고 용서 청하기

    삶 속에서 우리는 죄책감을 계속 쌓아 가곤 합니다. 하지만 여러분도 알다시피 우리가 죄책감과 수치심을 계속 쌓아 가기만 한다면 어느 순간 미치고 말 것입니다. 그러므로 용서를 청하는 행위는 우리의 삶에서 매우 특별하고도 중요한 청원입니다. 종교의 역사를 살펴보면, 신들의 분노를 달래기 위해 다양한 의식과 제사가 존재해 왔습니다. 그러나 그러한 의식이나 제사는 진정한 위안을 주지 못했습니다. 그래서 사람들은 똑같은 희생 제사와 예물을 반복해야만 했습니다. 그러나 예수 그리스도께서 사람들 가운데 강생하시어 죄의 용서를 선포하셨습니다. 이것이야말로 참된 해방과 구원입니다. 이 사실이야말로 우리에게 너무도 중요한 진리입니다. 그러므로 우리가 주님께 '저희 죄를 용서하시고'라고 청하는 것은, 양심을 지닌 모든 인간 존재의 가장 깊은 본성에 속하는 것입니다.

우리는 양심을 지니고 있습니다. 그러나 양심을 대하는 방식에는 두 가지 가능성이 있습니다. 첫 번째는 하느님의 용서를 받아들이며 이렇게 고백하는 것입니다. "저의 하느님, 저를 용서해 주십니다." 두 번째 가능성은 악한 영에서 비롯된 것으로, 양심을 무시하거나 잠재우거나 심지어 죽이는 것입니다. 사실 하느님의 용서가 없다면 양심은 끔찍한 것이 될 수 있습니다. 왜냐하면 양심이 끊임없이 우리를 짓누르기 때문입니다. 우나무노 Miguel de Unamuno[64]는 "양심은 하나의 병이다."라고까지 말한 바 있습니다. 그는 양심이 우리로 하여금 점점 더 큰 부담감을 느끼게 한다고 생각했기 때문입니다. 그러나 양심이 병이라는 주장은 사실이 아닙니다. 양심은 우

---

64 스페인의 철학자, 작가, 시인, 극작가이자 교수였습니다. 스페인 문화와 사상의 부흥에 크게 기여했으며, 그의 작품과 철학은 현대 실존주의 철학과 문학에 영향을 미쳤습니다. - 역주

리의 삶에서 무슨 일이 일어나고 있는지 보여 주는 일종의 '신호' 또는 '증인' 같은 역할을 합니다.

한번 상상해 보십시오. 자동차를 운전하다가 갑자기 낭떠러지가 나타난다면 어떻게 하겠습니까? 두 가지 선택지가 있습니다. 급히 브레이크를 밟아 낭떠러지로 떨어지는 것을 피하려고 노력하거나, 눈을 감아 버리는 것입니다. 눈을 감는다는 것은 양심을 외면하는 행동입니다. 하지만 양심을 외면한다고 해서 악을 피할 수 있는 것은 아닙니다. 잠시 고통을 피할 수는 있겠지만 악 자체는 여전히 그대로 남아 있습니다. 또 다른 예를 들어 보겠습니다. 어떤 사람이 큰 문제를 안고 있다고 가정해 보십시오. 그에겐 두 가지 선택지가 있습니다. 하나는 정면으로 그 문제에 맞서 해결하려고 노력하는 것이고, 다른 하나는 잊기 위해 술을 마시는 것입니다. 여기서 두 번째 선택은 문제를 해결하지 못합니다. 단지 문제를 덮어 두고 잠시 잊게 할 뿐입니다.

이와 마찬가지로 우리가 양심을 무감각하게 만들거나 마취시키려고 할 때, 그것은 우리가 심각한 질병 중 하나를 자초하는 것입니다. 이는 여러 철학자의 가르침을 통해 확인할 수 있습니다. 예를 들어 그리스 철학자 플라톤은 저서 「티마이오스 $Tίμαιος$」에서 이렇게 말합니다. "자신의 질병을 알지 못하는 것보다 더 심각한 질병은 없다." 즉, 가장 심각한 병은 자신이 병들었다는 사실조차 인식하지 못하는 것입니다. 왜냐하면 플라톤의 말처럼, 자신이 병들었다는 사실을 깨닫게 되면 그 병을 치료할 수 있기 때문입니다. 그래서 죄책감은 나쁜 것이 아닙니다. 우리에게 무언가 잘못되었다는 사실을 일깨워 주는 하나의 신호입니다. 따라서 죄책감이 들 때는 먼저 하느님의 은총을 청하여 우리의 삶을 변화시킨 다음에 그분의 용서를 구해야 합니다.

열이 나는 것이 꼭 나쁘기만 할까요? 그렇지 않습니다. 열은 우리의 몸이 감염되었음을 알려 주는 신호입니다. 의사가 때때로 진통제를 먹지 말라고 하는 이유는 어디가 아픈지 정확히 알아내는 것이 중요하기 때문입니다. 단순히 고통을 피하려고만 한다면 우리 몸에 어떤 문제가 있는지 알 수 없게 됩니다. 이와 관련하여 앞서 소개했던 전신 마비가 된 루이스 신부님의 말씀이 있습니다. 루이스 신부님이 가장 어렵게 느끼는 점은 아무런 통증도 느끼지 못하는 것, 즉 목 아래로는 전혀 감각이 없는 상태라는 점입니다. 신부님은 이로 인해 심각한 질병이 생겨도 알아차릴 수가 없다고 하셨습니다. 그래서 신부님은 지속적으로 건강검진을 받아야 한다고 말씀하셨습니다. 이처럼 양심은 고통과 비슷한 점이 있지만, 양심을 가지고 있다는 것은 참으로 소중한 일입니다. 그러나 양심을 억누르거나 마취시키거나 무시하려는 태도는 매우 잘못된 일입니다. 아니, 잘못된 수준을 넘어 최악의 태도입니다. 그래서 우리가 하느님께 '저희 죄를 용서하시고'라고 기도할 때 이미 중요한 사실 하나를 인정한 셈입니다. 그것은 우리가 양심을 가지고 있으며, 그 양심에 따라 살아가고자 한다는 점입니다.

그러므로 형제 여러분, 우리에게 닥칠 수 있는 최악의 일 중 하나는 죄의식, 즉 죄에 대한 감각을 잃어버리는 것입니다. 만일 신자들이 죄를 지으며 살아가고 있음에도 불구하고, 사제가 인기 때문에 죄를 죄라고 분명히 지적하지 않고 별로 중요하지 않은 것처럼 대충 넘어간다면, 이는 신자들에게 진정으로 봉사하지 않는 비겁한 사목자의 태도입니다. 절대로 그런 태도를 가져서는 안 됩니다. 그리스도께서는 결코 그렇게 말씀하시지 않았습니다. 그리스도께서는 이렇게 말씀하셨습니다. "네가 죄를 지었느냐?" "그 죄를 인정하느냐?" "나는 너를 용서한다." 그러나 예수님은 우리가 저지른 죄가 중요하지 않거나 대수롭지 않다고 말씀하신 적이 단 한 번도 없었습니다. 그건 결코 해결책이 될 수 없습니다. 진정한 해결책은 바로 용서입니다. 하지만 절대 죄와 악을 과소평가해서는 안 됩니다. 죄책감은 오히려 좋은 것입니다. 잘못된 일에 대해 죄책감을 느끼는 것은 매우 좋은 일이며, 바로 이것이 양심의 역할입니다. 따라서 양심을 올바르게 양성해야 합니다.

양심은 여러 가지 방식으로 무뎌질 수 있습니다. 첫째, 잘못된 조언을 통해서 무뎌집니다. 예를 들어 제가 "괜찮아. 아무 일도 없을 거야."라고 말하는 사람에게 계속해서 의존하면 무뎌집니다. 겉으로는 괜찮아 보여도 마음속 깊은 곳에서는 스스로를 속일 수 없습니다. 둘째, 해로운 독서를 통해 양심이 무뎌집니다. 셋째, 양심을 무뎌지게 하는 또 다른 방법은 죄에 익숙해져서 습관적으로 죄 가운데 사는 것입니다. 이것은 우리를 회개하지 못하게 하는 끔찍한 병입니다. 이것이야말로 최악입니다. 그러므로 빵을 빵이라 부르고, 포도주는 포도주라고 부르는 것이 좋습니다. 흰 것을 흰 것이라 하고, 검은 것을 검은 것이라고 말하는 것이 좋습니다. 이러한 태도는 우리 자신과 다른 사람들에게 큰 도움이 됩니다. 따라서 우리는 서로의 양심에 도움을 줄 수 있는 사람이 되어야 합니다. 이 모든 것을 설명하는 이유는 주님의 기도에서 '저희 죄를 용서하시고'라는 청원이 무엇을 의미하는지 올바르게 이해하기 위해서입니다. 하지만 무엇보다도 놀라운 사실은 하느님께서 우리의 죄를 용서하신다는 점입니다. 그러나 하느님께서는 자신의 죄를 깨닫는 사람들을 용서하십니다. 왜냐하면 하느님께서는 우리가 인정하는 것만을 용서하실 수 있기 때문입니다. 따라서 고해성사와 회개를 위해 죄에 대한 아픔이 필요하며, 아파하는 마음을 담아 하느님께 이렇게 고백해야 합니다. "주님, 제가 사랑이 부족하여 이웃을 사랑하지 않았던 저의 죄를 부끄럽게 여깁니다. 게으름과 나태함에 빠져 소중한 시간을 낭비했던 저의 죄로 인해 가슴이 아픕니다. 정결을 지키지 못한 저의 죄로 인해 깊은 괴로움을 느낍니다. 순명에 불충했던 저의 죄로 인해 고통스럽습니다. 기도를 소홀히 했던 저의 죄가 부끄럽습니다. 이 모든 잘못이 제 마음을 아프게 합니다. 주님, 저를 용서하시고 제가 다시 일어설 힘을 주십시오."

우리는 하느님의 은총에 머물지 않으면 마음 편히 잠자리에 들 수 없습니다. 만일 내가 마음 편히 잠들지 못하고 있다면, 그것은 내 양심이 무언가를 느끼기 시작했다는 뜻입니다. 오히려 잠들지 못하는 것이 다행입니다. 왜냐하면 우리의 양심이 죽어 있지 않고 살아 있다는 증거이기 때문입니다. 만일 자동차의 경고등이 모두 꺼져 있다면 이는 분명 나쁜 일입니다. 경고등이 꺼져 있으면 엔진 과열이나 연료 부족 같은 문제를 알 수 없기 때문입니다. 경고등은 우리에게 문제를 알려 주는 중요한 장치입니다. 이와 마찬가지로 양심의 자각은 우리의 영적 상태를 점검하고 올바른 길로 나아갈 수 있도록 도와주는 필수적인 도구입니다. 따라서 밤에 양심의 가책으로 잠을 이루지 못하는 것은 좋은 일입니다. 이것은 지나치게 세심하거나 쓸데없는 걱정과는 다릅니다. 정상적인 사람이라면 누구나 경험할 수 있는 자연스러운 일이며, 죄로 인해 잠을 설치는 것은 당연한 반응입니다. 건물의 전원이 차단되었을 때 비상등이 켜지는 것처럼, 이 상황은 우리 내면의 '비상등'이 켜진 것과 같습니다. 양심에 따라 진심으로 죄를 고백하고 회개하면 마음의 평화를 되찾고 다시 잠을 깊이 잘 수 있습니다. 그러므로 양심의 소리에 귀를 기울이는 사람은 이렇게 기도하게 됩니다. "저의 하느님, 저의 죄를 용서해 주시어 제 영혼에 평화를 주시고, 제 양심의 짐을 가볍게 해 주소서." 하느님께서는 고해성사를 통해 우리의 죄를 용서해 주십니다. 하느님께서는 무한히 자비로우신 분입니다. 그래서 우리는 하느님을 구원자, 구속자, 우리를 해방하시는 분이라고 부릅니다. 우리가 양심을 지닌 이유가 바로 여기에 있습니다. 만일 우리가 양심이 없다면 해방자도, 구속자도, 구원자도, 그 누구도 필요 없게 될 것입니다.

다른 이들을 용서하기

이제 주님의 기도 중 '저희에게 잘못한 이를 저희가 용서하오니, 저희 죄를 용서하시고'라는 구절의 첫 번째 부분에 대해 다뤄 보겠습니다. '저희에게 잘못한 이를 저희가 용서하오니'라는 기도를 마음에 새기며 깊이 들여다보도록 하겠습니다. 사실 이 기도문은 단순하게 이해되거나 실천하기 쉬운 내용이 아닙니다. 이 기도를 처음 접했을 때 우리가 흔히 빠질 수 있는 오해는 이렇습니다. "아! 하느님께서는 나에게 이런저런 조건을 제시하시면서, 내가 그런 조건을 충족해야만 나에게 용서를 베푸신다는 말이군요." 그러나 이는 결코 사실이 아닙니다. 절대 그렇지 않습니다. 하느님은 언제나 용서하십니다. 다만 하느님의 용서는, 다른 사람을 용서하며 살아가는 사람에게만 열린다는 것입니다. 다시 말해 우리가 작은 일이라도 용서를 실천하고 체험할 때만 하느님의 용서가 우리의 마음속으로 들어올 수 있습니다.

예수님께서는 "~처럼"이라는 표현을 여러 번 사용하셨습니다.

"아버지께서 나를 보내신 것처럼 나도 너희를 보낸다."(요한 20,21) "내가 너희를 사랑한 것처럼 너희도 서로 사랑하여라."(요한 13,34) 그렇다면 "내가 너희를 용서한 것처럼 너희도 너희에게 잘못한 이를 용서하여라."라는 말씀은 무엇을 뜻할까요? 하느님의 용서를 체험하는 것과 우리가 다른 이를 용서하는 경험은 결코 분리할 수 없다는 사실을 의미합니다. 하느님께서 주시는 용서는 우리가 다른 이를 용서하는 실천을 통해 비로소 온전히 완성됩니다. 하느님의 용서를 막는 두 가지 원인이 있을 수 있습니다. 첫 번째는 양심을 무디게 하거나 잠들게 하거나 죽이는 것입니다. 만일 내가 양심[시네이데시스]을 잃어버렸거나 내면의 소리를 듣지 못한다면, 이는 스스로 하느님의 용서를 저버리는 것입니다. 내가 죄의식조차 없는데 하느님께서 어떻게 나를 용서하실 수 있겠습니까? 두 번째는 내가 다른 사람을 용서하지 않으면 하느님의 용서를 받아들이는 내 마음의 문을 닫게 됩니다.

형제 여러분! 오늘 주님께서는 우리에게 두 가지 빛을 비춰 주십니다. 첫 번째 빛 안에서 주님께서는 이렇게 말씀하십니다. "네 양심을 깨워라! 죄의 감각을 무디게 하는 마취 상태에서 벗어나 너의 양심을 깨어나게 하여라!" 양심이 깨어나고 우리가 죄의 용서를 체험하게 될 때 하느님의 용서가 얼마나 위대한지 비로소 깨닫게 됩니다. 이는 정말이지 말로 표현할 수 없는 너무도 감미로운 체험입니다. 그리고 두 번째 빛 안에서 우리는 주님께 이렇게 물어야 합니다. "주님, 제가 누구를 용서해야 합니까?" 용서가 진실과 정의를 없애는 것은 아닙니다. 예를 들어 내 것을 훔친 사람을 용서할 수는 있지만, 그가 훔친 것을 나에게 돌려주도록 요구해야 합니다. 그래서 누군가가 절도죄를 고백할 때, 우리는 반드시 그가 훔친 것을 되돌려주도록 권고해야 합니다.

이제부터 남을 용서하는 것과 양심을 깨우는 것에 대해 더 깊이 성찰해 보겠습니다. 먼저 남을 용서하는 것부터 시작해 보겠습니다. 나는 정말로 나의 원수까지도 용서할 수 있을까요? 요한 크리소스토모 성인은 마태오 복음서에 대한 주석에서 이렇게 말씀하십니다. "원수를 용서하는 것은 우리가 하느님을 가장 닮게 만드는 일입니다." 우리가 하느님과 깊이 일치되어 있음을 가장 강렬하게 체험할 수 있는 순간은 바로 원수를 용서할 때입니다. 왜냐하면 원수를 용서하는 행위는 가장 순수한 무상성이 드러나는 행위이기 때문입니다. 그 다음으로 양심을 깨우는 것에 대해 생각해 보겠습니다. "주님, 제 양심이 깨어 있게 해 주소서!"라고 기도하면서, 우리의 양심이 항상 깨어 있도록 해야 합니다.

오늘 오후의 묵상을 위해 도움이 될 수 있는 성경 이야기를 하나 소개하겠습니다. 바로 마르코 복음서 2장 3절에서 12절까지에 나오는 말씀입니다. 이 본문은 예수님이 중풍 병자를 고쳐 주신 사건을 다루고 있습니다. 중풍 병자의 친구들이 그를 들것에 실어 예수님에게 데려가기 위해 지붕을 벗기고 내려보냈습니다. 중풍 병자가 예수님 앞에 다다르자, 예수님은 이렇게 말씀하십니다. "얘야, 너는 죄를 용서받았다."(마르 2,5) 이 말씀은 당시 사람들에게 엄청난 충격을 주었습니다. 큰 스캔들이었습니다. 형제 여러분! 무슨 일이 벌어진 건지 아시겠습니까? 사실 이는 오늘날 우리 시대에도 여전히 중요한 도전입니다. 왜냐하면 우리는 여전히 하느님의 용서가 얼마나 놀라운 선물인지 깨닫지 못하고 있기 때문입니다. 하느님의 용서는 이 세상의 그 무엇보다도 소중하고 특별한 선물이라는 사실을 우리는 여전히 잘 모르고 있습니다.

고해성사

물론 예수님은 당신 말씀의 의미를 완벽히 알고 계셨습니다. 예수님은 중풍 병자에게 가장 고통스러운 것이 그의 몸 상태가 아니라는 것을 아셨습니다. 그래서 그의 죄를 용서하신 것입니다. 죄의 용서는 인간에게 줄 수 있는 가장 큰 위로입니다. 여러분도 고해성사를 통해 그 위로를 경험하신 적이 있을 것입니다. 저 또한 마찬가지입니다. 죄의 무거운 짐을 지고 오는 이들에게 새로운 생명을 되돌려주는 그 순간은 정말로 아름답고 감동적입니다. 저는 오랫동안 고해성사를 보지 않았던 사람들은 물론 수도자들조차도 오랜 시간이 지난 후에야 양심이 깨어나 하느님께 용서를 구하기로 결심하는 모습을 보았습니다. 그리고 고해성사를 마친 후, 그들의 얼굴에 떠오른 행복한 미소는 세상 어떤 것과도 비교할 수 없는 아름다움이었습니다. 이처럼 하느님의 용서는 그 무엇과도 견줄 수 없는 참된 행복을 주는 놀라운 선물입니다.

예수님이 중풍 병자에게 주신 선물은 인간이 받을 수 있는 가장 위대한 선물이었습니다. 바로 중풍 병자의 죄를 용서하신 것입니다. 그러나 그 자리에 있던 사람들은 충격을 받았습니다. 이는 그들이 죄의 용서를 믿지 않았거나, 오직 하느님만이 죄를 용서하실 수 있다고 생각했기 때문입니다. 그래서 예수님께서는 이렇게 말씀하셨습니다. "'너는 죄를 용서받았다.' 하고 말하는 것과 '일어나 네 들것을 가지고 걸어가라.' 하고 말하는 것 가운데에서 어느 쪽이 더 쉬우냐?"(마르 2,9) 내적이고 영원한 생명을 되돌려주고, 은총의 삶과 성령의 성전이 되는 삶으로 회복시키는 기적은 육체의 건강을 회복시키는 기적보다 훨씬 더 크고 위대합니다. 그래서 우리가 하느님께 "저의 죄를 용서해 주십시오."라고 간청하는 것입니다. 동시에 우리는 하느님께 이렇게 말씀드려야 합니다. "주님, 저는 제 죄를 자각하며 진심으로 뉘우치고 있습니다. 또한 저에게 잘못한 사람들을 용서하오니 저의 죄를 용서해 주십시오." 형제 여러분! 자신의 죄를 하느님께 고백하고 그분의 용서를 체험하는 것만큼 놀랍고도 경이로운 일은 없습니다. 우리가 "저의 죄를 용서해 주십시오."라고 기도할 때마다 곧바로 고해성사를 떠올리면서 주님께 이렇게 고백해야 합니다. "저의 하느님, 제가 고해성사를 보기로 결심했습니다. 주님께서 주시는 생명의 성사, 곧 화해의 성사에 나아갈 결심을 했습니다. 지금까지 고해소에서 털어놓지 못했던, 숨겨 두었던 저의 모든 죄까지도 용기 있게 고백하고 용서받을 수 있도록 도와주십시오."

중풍 병자의 치유 이야기를 읽고 묵상하는 시간을 가지면 많은 깨달음을 얻을 수 있습니다. 우선 죄의 용서가 얼마나 놀라운 은총인지를 새삼 깨닫게 됩니다. 이어서 우리의 양심 상태에 대해 성찰하도록 이끌어 줍니다. 나아가 내가 양심을 어떻게 형성해 왔는지에 대해서도 되돌아보게 됩니다. 사실 양심을 바르게 형성하는 데 가장 큰 도움을 주는 것 중 하나가 바로 「가톨릭 교회 교리서」입니다. 어떤 것이 옳은 것인지, 또는 무엇이 하느님의 뜻에 부합하는지 고민이 될 때 우리는 가톨릭교회의 교리와 교도권의 가르침에 의지해야 합니다. 반면 듣기 좋은 말만 해 주거나, 우리가 듣고 싶어 하는 말만 해 줄 것 같은 사람들에게 의지해서는 안 됩니다. 특히 절대로 무속인을 만나서는 안 됩니다. 그런 사람들은 진정으로 우리를 위한 사람들이 아닙니다. 예를 들어 우리가 "아무래도 암에 걸린 것 같아. 어떡하지?"라고 물었을 때 "아니야, 그럴 리 없어. 검사할 필요도 없고!"라고 말하는 사람이 과연 좋은 친구일까요? 오히려 이렇게 말해 주는 사람이 진정으로 우리를 위하는 친구입니다. "일단 병원에 가서 빨리 검사해 봐." 비록 그 말이 충격적일지라도 진실을 말해 주는 사람이 참된 친구입니다.

양심을 바르게 양성하는 방법 중 하나는 우리에게 올바른 길을 제시해 줄 수 있는 믿을 만한 사람에게 조언을 구하는 것입니다. 기억하십시오. 양심 성찰은 내 양심의 상태뿐만 아니라 내가 그동안 어떻게 양심을 형성해 왔는지를 돌아보는 시간입니다. 또한 내가 다른 사람들의 양심을 어떻게 돕고 이끌어 왔는지에 대해서도 성찰해야 합니다. 내가 그리스도의 가르침을 진실하게 전하고 있는지, 아니면 내 마음대로 도덕적 기준이나 교리를 만들어 내고 있지는 않은지, 선악을 내 기준으로 판단하고 있지는 않은지 깊이 성찰해야 합니다. 더불어 하느님께서 우리에게 주신 용서의 은총에 감사드리며 그 은총을 갈망해야 합니다. 만일 우리가 오늘 오후의 기도 시간 동안 온 마음을 다해 집중하고 정성을 다해 기도에 몰입한다면, 하느님께서 우리를 얼마나 깊이 사랑하시는지 깨닫게 될 것입니다. 또한 그 사랑이 우리의 죄를 말끔히 용서해 주고, 우리의 양심을 죽음의 무거운 짐에서 해방시켜 주는 것을 체험하며 놀라운 평화를 느끼게 될 것입니다. 참으로 하느님은 우리의 구원자이시고 그리스도는 우리의 구속자이십니다!

> 하늘에 계신 우리 아버지
> 아버지의 이름이 거룩히 빛나시며, 아버지의 나라가 오시며
> 아버지의 뜻이 하늘에서와 같이 땅에서도 이루어지소서!
> 오늘 저희에게 일용할 양식을 주시고
> 저희에게 잘못한 이를 저희가 용서하오니, 저희 죄를 용서하시고

저희를 유혹에 빠지지 않게 하시고, 악에서 구하소서. 아멘.

영광이 성부와 성자와 성령께
처음과 같이 이제와 항상 영원히. 아멘.

16장
유혹에 빠지지 않게 하시고 악에서 구하소서

성부와 성자와 성령의 이름으로. 아멘.

하늘에 계신 우리 아버지
아버지의 이름이 거룩히 빛나시며, 아버지의 나라가 오시며
아버지의 뜻이 하늘에서와 같이 땅에서도 이루어지소서!
오늘 저희에게 일용할 양식을 주시고
저희에게 잘못한 이를 저희가 용서하오니, 저희 죄를 용서하시고
저희를 유혹에 빠지지 않게 하시고, 악에서 구하소서. 아멘.

이제 피정의 마지막 시간이 되었습니다. 마지막 남은 시간을 최대한 잘 활용해야 합니다. 이 시간엔 지금까지 주님 앞에서 묵상하며 깨달았던 것들을 다시 한 번 정리하고, 앞으로 실천할 구체적

인 결심을 종이에 명확히 적어 두는 것이 필요합니다. 이렇게 기록해 두면 이후에 그 결심들을 다시 돌아보고 점검할 수 있습니다. 이는 우리가 삶의 성화聖化, 즉 거룩함으로 나아가려는 열망을 가지고 끊임없이 노력하며 투쟁하고 있는지, 또 하느님께 가까이 다가가기 위해 자신의 나태함이나 죄와 싸우고 있는지를 살펴보는 데 도움이 될 것입니다.

이제 주님의 기도에서 마지막 부분에 해당하는 구절인 '저희를 유혹에 빠지지 않게 하시고, 악에서 구하소서.'를 묵상해 보겠습니다. 형제 여러분! 마지막 날에 유혹과 악에 관해 이야기하는 것이 다소 의기소침해 보이거나 덜 돋보이는 주제처럼 느껴질 수도 있겠습니다. 하지만 저는 오히려 이 주제로 끝맺는 것이 매우 적절한 섭리라고 생각합니다.

지금 우리는 매우 영적인 분위기 속에 있습니다. 피정을 마치고 이곳을 떠나 일상으로 돌아가면 하느님의 은총이 비처럼 우리에게 내려올 것입니다. 그러나 동시에 하느님께서 피정 중에 우리 안에 심어 주신 모든 은총을 파괴하려는 악의 유혹도 함께 다가올 것입니다. 따라서 피정의 마지막 날에 자신에게 이런 질문을 던져 볼 필요가 있습니다. "피정을 마치고 나서, 당장 오늘부터 나는 어떤 유혹들을 만나게 될까?" 이 질문에 대해 조금 더 자세히 살펴보도록 하겠습니다.

시련은 좋은 것이며 필요한 것

우선 토마스 아퀴나스 성인의 가르침을 따라 매우 중요한 점을 살펴보도록 하겠습니다. 유혹에는 두 가지 종류가 있다고 성인은 말씀하셨습니다. 첫 번째는 나쁘지 않은 유혹입니다. 이는 하느님께서 우리를 성장시키기 위해 허락하시는 '기회'나 '시험'입니다. 우리가 종종 이런 것을 유혹이라고 부르지만, 사실 이는 하느님께서 우리를 내적으로 성장시키기 위해 주시는 선물입니다. 이러한 것들은 진정한 의미의 유혹이 아니라 '시련'입니다. 그래서 우리가 '악에서 구하소서.'라고 기도할 때, 우리는 주님께 죄로부터 우리를 구원해 달라고 간청하는 것이지 시련에서 구원해 달라고 간청하는 것이 아닙니다. 왜냐하면 시련은 종종 우리가 내적으로 성장할 수 있는 기회를 제공하기 때문입니다. 어린아이에게서 모든 어려움을 없애 버린다면, 그 아이는 결국 불행해질 것이라는 사실을 우리는 잘 알고 있습니다. 왜냐하면 어려움을 겪지 않으면 배우지도 못하고 강해질 수도 없기 때문입니다. 마찬가지로 운동선수에게 힘겨운 훈련을 전혀 시키지 않으면서 "힘들게 하지 않아도 돼. 애쓸 필요 없어."라고 말한다면, 그 선수는 절대 경기에서 승리할 수 없습니다.

우리도 이와 같은 상황에 부닥칠 때가 많습니다. 살면서 겪는 많은 일들은 하느님께서 의도적으로 우리를 위해 마련해 주신 좋은 시험들입니다. 그러므로 우리가 성령의 빛 안에서 첫 번째로 해야 할 일은 불평하고 싶은 마음이 들 때 잠시 멈추어 생각하는 것입니다. '내가 지금 불평하려는 이 일이 어쩌면 나의 내적 성장을 위한 것이고, 성화를 이루기 위한 과정은 아닐까?' 이처럼 시련은 우리가 거룩함으로 나아가는 데 있어 필수적인 역할을 합니다. 그러므로 불평하기 전에 시련의 의미를 깊이 성찰하며, 이를 통해 성장할 수 있도록 하느님께 마음을 열어야 합니다. 예기치 못한 사건, 뜻밖의 사고, 질병, 갑작스럽게 찾아온 성가신 사람, 열쇠가 맞지 않아 본당에 들어가지 못하는 상황, 자동차에서 나는 이상한 소리, 누군가가 나를 불쾌하게 쳐다보는 일 등, 이 모든 것이 악이 아니라 하느님께서 우리의 성화를 위해 허락하신 시련이자 시험일 수 있습니다.

히브리인들에게 보낸 서간에서는 그리스도께서 고난을 겪으심으로써 순종을 배우셨다고 말합니다(5,8 참조). 그러므로 우리가 주님의 기도에서 '저희를 악에서 구하소서.'라고 기도할 때, 이는 하느님께 시련이나 고난에서 우리를 구원해 달라고 간청하는 것이 아닙니다. 왜냐하면 그런 시련들은 우리에게 유익할 수 있기 때문입니다. 그렇다면 왜 주님의 기도에서 이런 기도를 드리는 것일까요? 얼핏 들으면 혼란스러울 수 있겠지만, 우리가 '저희를 악에서 구하소서.'라고 기도하더라도, 만일 그 시련이 우리에게 유익하다면 하느님께서 그 시련에서 우리를 구하지 않으시기를 청하는 것이기도 합니다. 토마스 아퀴나스 성인은 여기에 덧붙여 '때로는 우리의 삶에 유익하다면', 혹은 '주님의 뜻이라면'이라는 조건을 달아 하느님께 그러한 기도를 드릴 수 있다고 말씀하십니다.

여러분도 그렇겠지만 저 역시 암에 걸린 아이들의 이야기를 자주 들었습니다. 그중 구체적인 사례 하나를 소개하고자 합니다. 한 소녀가 15살 때 암 진단을 받았고, 그로 인해 소녀의 삶은 완전히 바뀌었습니다. 과거에 다소 폐쇄적이고 이기적이었던 소녀는 암을 치료하면서 하느님과 깊은 만남을 가지게 되었고 삶이 크게 바뀌었습니다. 지금 17살이 된 그녀는 이렇게 말합니다. "암은 제가 살면서 받은 가장 큰 선물 중 하나입니다." 그렇다면 이런 경우 암이 악일까요? 악이란 하느님과 우리를 분리시키는 것을 말합니다. 하지만 이 경우, 암은 오히려 그녀를 하느님께 더 가까이 다가가게 하는 시련이었습니다. 그러니 "하느님, 찬미 받으소서!"라고 고백할 수밖에 없습니다. 따라서 우리가 '주님, 저희를 유혹에 빠지지 않게 하시고 악에서 구하소서.'라고 기도할 때, 이는 하느님께 시련에서 우리를 구원해 달라고 간청하는 것이 아닙니다. 시험과 시련을 없애 달라고 요청하는 것도 아닙니다. 오히려 그 반대입니다! 어려움은 우리에게 유익하기 때문입니다. 축구 선수를 비롯한 운동선수에게 훌륭한 코치가 무엇을 요구할까요? 어려운 훈련을 요구하며 선수들의 성장을 이끌어 냅니다. 이런 분이야말로 훌륭한 코치입니다. 그러므로 형제 여러분, 삶에 어려움이 찾아올 때 하느님께 감사드리십시오. 왜냐하면 훌륭한 코치이신 하느님께서 우리를 성장시키기 위해 그러한 어려움들을 허락하시기 때문입니다.

언젠가 아무런 어려움도 없이 아침에 일어나 이렇게 말하는 날이 올 수도 있습니다. "아픈 데도 없고, 고통도 하나 없고, 불편한 데도 없고, 모든 것이 마음에 드네." 그럴 때 주위를 잘 둘러보십시오. 아마도 네 명의 대천사와 성모님과 프란치스코 살레시오 성인이 당신 곁에 계실 겁니다. 왜냐하면 그날이 바로 당신의 마지막 날이자 천국으로 가는 날일 테니까요. 그러므로 만일 허리가 아프고, 또 다른 장례 미사에 가야 하며, 난방비를 낼 돈이 부족하고, 본당에 누군가 낙서를 해 놓았다면… 이는 하느님께서 당신을 훈련시키고 계신다는 뜻입니다. 그러니 형제 여러분, "시련 만세!"라고 외쳐야 합니다. 이는 마치 우리의 '영적 전투 구호'와도 같습니다. 또한 '저희를 유혹에 빠지지 않게 하소서.'라는 기도 역시 매우 흥미롭습니다. 우리는 '저희를 유혹에서 구하소서.'라고 청하지 않습니다. 대신 '유혹에 빠지지 않게' 해 달라고 청합니다. 유혹 역시 우리의 성장을 돕기 때문입니다. 우리는 모두 유혹을 겪습니다. 심지어 그리스도께서도 유혹을 겪으셨습니다! 이 사실은 성경을 통해 분명하게 알 수 있습니다.

첫 번째 유혹의 근원인 육체

유혹이 세 가지 근원에서 온다는 설명은 다소 고전적으로 들릴지도 모릅니다. 즉 유혹이 육체와 악마와 세상에서 비롯된다는 것입니다. 이러한 설명은 고리타분하거나 르네상스 시대의 영성적 관점처럼 느껴질 수 있습니다. 하지만 토마스 아퀴나스 성인과 많은 고전 영성 작가들은 이 세 가지 유혹의 근원에 관해 깊이 탐구하며, 이를 아름답고 심도 있게 설명합니다. 이 설명은 우리에게 진정으로 위험한 것이 무엇인지, 그 위험의 초점이 어디에 있는지 이해하는 데 많은 도움을 줍니다. 이는 마치 평화를 지키기 위해 최전선으로 떠나는 용감한 군인들로 구성된 부대와도 같습니다. 그들이 위험한 최전선으로 나가기 전에, 지휘관이 어디가 위험 지역인지 상세히 알려 주는 것은 필수입니다. 우리 역시 이러한 과정이 필요합니다.

먼저 토마스 아퀴나스 성인은 유혹의 첫 번째 근원이 '육체'라고 말합니다. 그런데 성인은 육체 자체가 나쁜 것은 아니라고 말씀하십니다. 본래 인간의 육체와 영혼은 완벽한 조화를 이루고 있었지만 원죄로 인해 그 조화가 깨졌다고 설명합니다. 그래서 육체와 영혼 사이에 갈등과 분리가 생겼다는 것입니다. 이에 따라 육체 자체는 원죄로 상처를 입었고 영적인 것과 대립하는 경향을 보이게 되었습니다. 육체는 자신을 절대화하려는 성향을 보이면서 마치 삶의 궁극적인 목표가 오직 쾌락, 편안함, 그리고 더 만족스럽고 안락한 것만을 추구하는 것인 양 행동합니다. 반면 영혼은 이와 정반대의 것을 추구합니다.

우리는 하느님께서 스스로 편안한 길을 선택하지 않으셨다는 것을 알고 있습니다. 하느님께서는 가장 낮고 보잘것없어 보이는 육체를 취하시어 이 세상에 강생하셨습니다. 게다가 결국 십자가에서 죽음을 맞이하셨습니다. 표현이 다소 과격할 수 있지만, 인간의 관점에서 보자면 이러한 선택은 미쳤다는 소리를 들을 법합니다. 맞습니다. 하느님은 사랑 때문에 '미치신' 것입니다. 사랑은 때로 미친 것처럼 보일 수 있기 때문입니다. 베르나르도 성인은 이렇게 말했습니다. "사랑하지 않는 사람들의 눈에 사랑하는 사람들은 미친 것처럼 보입니다."

육체와의 싸움이란 바로 이런 것입니다. 예를 들어 접시에 다섯 조각의 고기가 놓여 있다면, 가장 작고 맛없어 보이는 것을 내가 먼저 집어먹는 것입니다. 그리하여 내 형제들이 더 좋은 것을 먹을 수 있도록 하는 것입니다. 해야 할 일이 있다면 내가 먼저 나서고, 내 형제에게서 그 짐을 덜어 주는 것이 바로 육체와의 싸움입니다. 이런 일은 가족 관계에서도 흔히 볼 수 있습니다. 예를 들어 전화가 울립니다. "따르릉, 따르릉!" 그러나 아무도 전화를 받으러 가지 않습니다. 결국 누군가는 자리에서 일어나 전화를 받으러 갑니다. 그 사람은 전화를 받으러 가는 것이 좋았을까요? 아닙니다. 그는 사랑 안에서 살고 있고 거룩함에 대한 열망을 가지고 있기 때문에 그렇게 행동한 겁니다. 또 다른 예를 들어 보겠습니다. 집에서 커피를 마신 후 컵을 싱크대에 그냥 두고 가는 경우가 있습니다. 그런데 나중에 돌아와 보니 그 컵이 깨끗하게 씻겨 있습니다. 어떻게 된 걸까요? 누군가가 대신 설거지를 한 것입니다. 그렇다면 왜 내가 먼저 그 일을 하지 않았을까요? 우리는 누군가의 봉사를 당연하게 여기고 점점 편안함과 안락함만을 추구하는 사람이 되어서는 안 됩니다. 그렇게 되면 내 육체는 오직 안락함과 쾌락과 즐거움만을 추구하게 됩니다.

물론 쾌락 자체가 나쁜 것은 아닙니다. 그러나 무질서한 쾌락은 스스로를 절대화하면서 문제를 일으킵니다. 이러한 무질서로 인해 순결과 정결을 위배하는 죄의 뿌리가 돋게 됩니다. 결국 하느님과의 관계를 비롯하여 고귀한 가치와 목표, 그리고 삶의 방향성마저 잃어버린 채 오직 자기 자신의 이익만을 추구하는 태도를 가지게 됩니다. 그렇다면 여기서 문제가 되는 부분은 무엇일까요? 토마스 아퀴나스 성인은 이를 가리켜 "영혼의 가능성을 차단한다."[65]고 표현합니다. 또한 지혜서는 이렇게 확신합니다. "썩어 없어질 육신이 영혼을 무겁게 하고 흙으로 된 이 천막이 시름겨운 정신을 짓누릅니다."(9,15) 우리는 유혹이 분명할 때 싸워야 한다는 사실을 알고 있습니다. 이에 대해 바오로 사도는 로마 신자들에게 보낸 서간에서 이렇게 고백합니다. "나의 내적 인간은 하느님의 법을 두고 기뻐합니다. 그러나 내 지체 안에는 다른 법이 있어 내 이성의 법과 대

---

[65] 육체의 욕구와 쾌락을 무질서하게 추구하거나 지나치게 강조할 때, 영적 성장이나 영혼의 본질적인 활동이 방해를 받는다는 뜻입니다. - 역주

결하고 있음을 나는 봅니다. 그 다른 법이 나를 내 지체 안에 있는 죄의 법에 사로잡히게 합니다."(7,22-23) 이 말씀에서 우리는 영적인 인간과 육적인 인간 사이의 싸움이 우리 안에 존재한다는 사실을 분명하게 알 수 있습니다. 외적으로나 내적으로 끊임없이 싸우셨던 바오로 사도의 고백은 그 현실을 확실하게 알려 줍니다. 이러한 싸움이 존재한다는 사실을 인식하는 것 자체가 중요합니다. 그러므로 유혹의 첫 번째 근원은 바로 육체입니다.

두 번째 유혹의 근원인 악마

두 번째 유혹의 근원은 바로 악마입니다. 악마는 실제로 존재하며, 그의 가장 큰 승리 중 하나는 그가 존재하지 않는다고 믿게 만드는 것입니다. 다시 말해 악마는 존재하지만, 자신의 존재가 인식되지 않기를 바랍니다. 우리가 적을 알아차린다면 그를 상대할 준비를 할 수 있기 때문입니다. 토마스 아퀴나스 성인은 이에 대해 다음과 같이 말씀하십니다. "만일 인간의 육체가 승리하여 인간이 스스로를 아래로 끌어내리고 있다면, 그때 악마는 더 이상 아무 일도 하지 않습니다." 악마는 우리를 공격하려고 준비하지만, 우리가 이미 자기 자신을 공격하는 모습을 보이면, 악마는 그 순간 우리를 내버려둔다는 뜻입니다.

토마스 아퀴나스 성인은 바오로 사도의 다음 말씀을 근거로 설명을 이어 갑니다. "우리의 전투 상대는 인간이 아니라, 권세와 권력들과 이 어두운 세계의 지배자들과 하늘에 있는 악령들입니다."(에페 6,12) 따라서 우리는 단지 육체와 싸우는 것에 그치지 않고 악마와도 싸워야 합니다. 그렇다면 악마는 어떻게 활동할까요? 이에 대해 로욜라의 이냐시오 성인은 「영신 수련」에서 이렇게 설명하십니다. "악마는 마치 장군이나 지휘관이 요새의 가장 약한 곳을 공격하는 것과 같이, 영혼의 가장 약하고 결함이 많은 곳을 찾아 그곳을 습격해 우리를 정복하려고 힘씁니다. 그리고 이를 위해 분노, 교만, 그리고 다른 영적인 악습을 통해 영혼 안으로 습격해 들어갑니다."(327항 참조) 여기에서 특히 분노와 교만이 중요하게 등장합니다. 분노와 교만은 곧 악마입니다. 특히 교만은 모든 죄의 뿌리입니다. 이것은 우리의 첫 조상인 아담과 하와가 지은 죄를 통해 명확히 드러납니다. "너희 눈이 열려 하느님처럼 되어서"(창세 3,5)라는 말처럼, 교만이란 죄는 분노와 함께 근본적으로 하느님을 거스르고 진리를 왜곡하며 하느님의 주권과 사랑에 반대하는 것입니다. 그래서 베드로 사도는 첫째 서간에서 이렇게 말씀하십니다. "정신을 차리고 깨어 있도록 하십시오. 여러분의 적대자 악마가 으르렁거리는 사자처럼 누구를 삼킬까 하고 찾아 돌아다닙니다."(1베드 5,8) 악마는 우리의 약한 부분을 찾을 때까지 주위를 맴돌며 기회를 엿봅니다. 이것이 바로 우리의 적대자인 악마가 공격하는 방식입니다. 만일 우리가 악을 행하려 한다면, 우리도 악마와 똑같은 방식으로 행동하게 됩니다. 이는 마치 도둑이 집 주위를 돌며 가장 약한 곳을 찾아 침입하려는 것과 같습니다. 결국 분노와 교만이 바로 우리의 약점입니다.

토마스 아퀴나스 성인, 로욜라의 이냐시오 성인, 그리고 다른 영성가들이 한 목소리로 강조하는 중요한 사실이 있습니다. 악마는 항상 모습을 드러내지 않고 자신을 위장한다는 것입니다. 그렇다면 악마는 무엇으로 위장할까요? 바로 빛의 천사로 위장합니다. 바오로 사도는 코린토 신자들에게 보낸 둘째 서간에서 이렇게 말씀하십니다. "그러한 자들은 그리스도의 사도로 위장한 거짓 사도이며 사람을 속이려고 일하는 자들입니다. 그러나 놀랄 일이 아닙니다. 사탄도 빛의 천사로 위장합니다."(11,13-14) 그런데 형제 여러분, 우리는 반드시 바오로 사도의 서간을 읽어야 합니다. 이는 단순히 바오로 사도가 제 이름과 같아서 자랑하려는 것도 아니며, 우리가 지금 바오로의 해[66]를 보내고 있기 때문만도 아닙니다. 바오로 사도의 서간들은 정말로 놀라운 진리의 열쇠들을 우리에게 제공합니다. 우리는 종종 악마의 속임수에 넘어가 그가 가장 좋은 것처럼 믿게 됩니다. 여기에서 바로 우리의 분노와 교만과 적대감의 뿌리가 생겨납니다. 악마는 여전히 '빛의 천사'로 위장하여 우리를 현혹하고 있습

---

66 가톨릭교회는 사도 바오로 탄생 2000주년을 기념하여 2008년 6월 28일부터 2009년 6월 29일까지를 '바오로의 해'로 선포하였습니다. - 역주

니다. 우리가 이것을 깨닫지 못하면 결국 악마의 유혹에 넘어가고 말 것입니다.

세 번째 유혹의 근원인 세상

세 번째 유혹의 근원은 세상입니다. 어제 세상의 유혹에 대해 일부 말씀드린 바 있습니다. 하지만 오늘은 어제 다루지 않았던 부분을 이야기하고자 합니다. 토마스 아퀴나스 성인은 특히 '세상의 박해 앞에서의 두려움'에 대해 강조하십니다. 주님께서는 이미 우리가 박해받을 것이라고 경고하셨습니다. 그리스도의 제자로서 살아가면 항상 박해가 뒤따를 것이라는 말씀입니다. 여러분이 그리스도의 참된 제자로 살아가게 되면 여러분을 비판하는 사람들, 심지어 여러분을 위협하는 사람들까지도 생길 것입니다. 그러므로 위협을 받는 일은 그리스도의 제자가 된 사람들에게 본래 뒤따르는 것입니다. 바른 양심과 진리와 결단력을 가지고 행동하면 위협을 받는 것은 자연스러운 일입니다. 이와 관련하여 토마스 아퀴나스 성인은 두려움에 굴복하거나 위축되지 않도록 주님께 간구해야 한다고 말씀하십니다. 그래서 마태오 복음서를 보면 주님께서 이렇게 말씀하십니다. "육신은 죽여도 영혼은 죽이지 못하는 자들을 두려워하지 마라."(10,28)

제 사무실에는 매우 특별한 사진이 하나 있습니다. 여러분이 그 사진을 보신다면 정말 놀라실 겁니다. 그 사진에 관한 사연을 소개하겠습니다. 보통 사진을 처음 본 사람들은 사진 속 인물이 영화배우라고 생각합니다. 사진 속 인물은 젊은 남자로 머리는 헝클어져 있고 손은 뒤로 묶인 채 환한 미소를 짓고 있습니다. 그는 하얀 셔츠를 입고 있으며 그의 눈빛에서는 평온함이 넘칩니다. 사람들이 묻습니다. "이 사람, 영화배우인가요?" 하지만 사진 속 인물은 1936년 스페인의 우에스카주 시에타모Siétamo에서 처형된 한 사제[67]입니다. 스페인 내전 당시, 공화파 군대에 러시아의 한 기자가 합류했습니다. 이 기자는 스페인 내전 때 자행된 가톨릭교회에 대한 박해를 심도 있게 취재하고자 했습니다. 그는 공화파와 함께 다니며 많은 사진을 찍었고, 그중 일부는 신문에 발표했지만 다른 사진들은 공개하지 않고 개인적으로 보관했습니다. 그가 세상을 떠난 후, 그의 가족은 미공개 사진들을 모두 EFE 통신사에 판매했습니다. 그러나 이 사진 중 일부는 관심을 받지 못하고 다른 사람에게 그냥 넘겨졌습니다. 이후 어떤 사람이 이 사진을 한 주교님에게 전달했고, 바로 그 주교님이 저에게 그 사진을 주셨습니다. 이렇게 해서 제 사무실까지 오게 된 그 사진에는 참으로 감동적인 스토리가 담겨 있습니다. 사진 속 신부님은 손이 뒤로 묶인 채 처형을 앞두고 있었습니다. 사진을 찍은 기자는 사진 뒷면에 다음과 같은 설명을 적었습니

---

[67] 1936년 8월 18일에 처형당한 복자 마르틴 마르티네스 파스쿠알Martín Martínez Pascual 신부님을 가리킵니다.

다. "스페인 신부. 공화파 군대에 의해 처형되기 직전. 1936년 8월, 시에타모." 저는 그 사진을 볼 때마다 엄청난 힘을 얻습니다. 사진 속 신부님은 순교자였습니다. 신부님의 죽음은 단순한 사건이 아니라 하느님 안에서 살아온 삶의 열매라고 저는 생각합니다. 신부님은 당신의 육신을 죽이려는 사람들을 두려워하지 않았습니다. 신부님이 두려워한 것은 오직 영혼을 죽일 수 있는 것뿐이었습니다. 사진 속 신부님의 평온한 얼굴은 하느님과 함께하는 평화를 나타냅니다. 그러니 우리도 박해를 두려워하지 맙시다.

이것으로 토마스 아퀴나스 성인이 설명하신 유혹들에 대한 가르침을 마칩니다. 마지막으로, 우리가 오늘 오후에 맞닥뜨릴 수 있는 몇 가지 유혹들에 대해 말씀드리겠습니다. 첫 번째는 이런 생각입니다. '며칠 동안 이렇게 기도했는데, 오늘 오후만큼은 기도를 쉬어도 괜찮겠지. 이 정도로 과하게 기도했으니 조금쯤 쉬는 것도 괜찮겠지!' 이런 생각이 바로 우리를 편안함에 빠뜨리려는 유혹입니다. 악마의 또 다른 유혹은 다음과 같은 생각을 우리의 마음에 심는 것입니다. '네가 아무리 노력해도 세상은 변하지 않아. 네가 뭘 해도 세상은 안 변해. 네가 뭘 해도 소용없어. 모든 것은 변함없이 계속될 거야.' 또는 '싸우지 마. 어차피 아무것도 변하지 않아.' 이것이 바로 절망의 유혹입니다. 그리고 세상을 향한 유혹도 있습니다. '지금부터 내가 갑자기 기도를 많이 하고 이런저런 신앙적인 행동을 한다면, 어쩌면 세상 사람들이 나를 비웃고 비아냥거릴지도 몰라.' 사실 이것은 신앙 때문에 받는 박해입니다. 스페인에서도 이런 일이 정말 많았습니다. 수천 명이 그런 박해를 겪었습니다. 그런데 또 다른 형태의 박해도 있습니다. 바로 동료들이나 친한 친구들로부터 받는 내부적인 박해, 즉 비판과 조롱입니다. 우리는 이러한 모든 유혹들과 맞서 싸워야 합니다. 아멘.

영광이 성부와 성자와 성령께
처음과 같이 이제와 항상 영원히. 아멘.

맺음말

피정 강의를 마쳤습니다.
저의 하느님, 이 얼마나 큰 은총인지요!
얼마나 놀라운 기적들을 많이 보았는지요!
그리고 무엇보다도 진정으로 가치 있는 것이 무엇인지를
보았습니다.
바로 오직 당신, 하느님! 당신께 영광을 돌리는 것.
세상 속에서 그리스도가 되어 내 이웃 안에서 당신을
섬기는 것이 얼마나 귀한 일인지 알게 되었습니다.
그리고 제 형제들 한 사람 한 사람 안에서
오직 당신만을 볼 수 있기를 간절히 바랍니다.
제가 참으로 순수한 영혼들을 만났습니다.
하느님, 당신께서 어떤 사람들 안에서 당신 자신을
드러내시는지 분명히 알게 되었습니다!
하느님, 당신을 사랑합니다. 당신을 너무도 깊이 사랑합니다.
저는 성체성사 안에 계신 당신을 향한 사랑에
완전히 빠졌습니다!
성체 조배를 하며 감실 안에 계신 당신을 사랑스럽게
바라보는 제 모습을 사람들이 비웃는다 해도,

저는 상관없습니다.
저는 당신 외에 그 어떤 것도 바라지 않습니다.
오직 당신만을 원합니다!
피정에 참석했던 한 사람 한 사람을 위해 당신께 간청합니다.
또한 그들을 통해 주신 은총에 대해 당신께
감사와 찬미와 영광을 드립니다.
세세에 영원히 당신께 영광이 있으시기를 바라나이다!

- 피정 강의를 마친 후
아직 공개되지 않은 파블로 도밍게스 신부의 일기 중에서